Für Ulli

ERFOLGREICH RADIO MACHEN

Mit Beiträgen von Dennis Clark, Robert Kindermann, John Mönninghoff, Arno Müller und Steve Reynolds

UVK Verlagsgesellschaft mbH | Konstanz und München

INHALT

INTRO

A DIE BASIS 13

A1	**Das Format**	14
A2	**Das Programm**	18
	» Musik im Mittelpunkt	19
	» Mittel optimal einsetzen	20
	» Eine klare Strategie	21
	» Lokale Nachrichten	23
A3	**Marktforschung – Interview mit John Mönninghoff**	26
A4	**Der Relaunch**	34
	» Neue Marken haben gute Chancen	35

B ON AIR MARKETING 43

B1	**Was ist On Air Marketing?**	44
	» Die Wahrnehmung ist entscheidender als die Produktqualität	46
	» Kostenlos den Weitesten Hörerkreis mobilisieren	46
B2	**Effizientes On Air Marketing**	48
	» Der Claim	50
	» Die Images	52
	» Musikimages zuerst!	52
	» Eigene Negativimages	53

	» Negativimages des Wettbewerbers	55
	» Das optimale „Wording"	55
	» Weitere USPs für das On Air Marketing	57
B3	**Hookpromos**	**60**
	» Konzeption einer Hookpromo-Staffel	61
	» Die Mischung	62
	» Position des Hookpromos	65
	» Formen für Hookpromos	65
B4	**OAM in Elementen und der Moderation**	**68**
	» Der OAM-Aircheck	69

C DIE MORNINGSHOW 75

C1	**So funktioniert die Morgensendung**	**76**
	» Die Protagonisten und die Strategie	80
	» Muss der Anchor immer männlich sein?	82
	» Frauen sind beliebter und Männer führen die Shows	84
C2	**Der optimale Anchor und sein Team**	**86**
	» Zusammenstellung des Teams	88
	» Vielfalt an Charakteren	90
	» Themenkompetenzen	94
	» Persönliches – der Moderator als Freund	96
	» Meinungen – das Salz in der Suppe	98
	» Authentizität – auf Dauer ein Gewinn	98
C3	**Der Hörer und die Show**	**100**
	» Themenfilter als „Sicherheitsnetz"	101
C4	**Content is King**	**104**
	» Benchmarks – der Allrounder	106
	» Der ewige Kampf der Geschlechter	108
	» Standards nicht vergessen	109
	» Blitzermeldungen gut dosieren	110
	» Nachrichten – morgendliche Grundversorgung	110
C5	**Arno Müller über Morningshows**	**112**
	» Willkommen im Einschaltquoten-Spiel!	113

	» Teasen Sie mit festen Verabredungen	114
	» Kommunikation, die durchdringt	115
	» Menschen hören Radio allein	116
	» Die häufigsten Fehler	116
	» Lassen Sie Ihre Hörer einen Teil der Arbeit machen	118
	» Geben Sie Ihrer Show Persönlichkeit	118
	» Keep it stupid and simple!	119
C6	**Launch einer neuen Morgensendung**	**122**
	» Keine Entscheidung ohne Casting!	123
	» Workshop zum Start	124
C7	**Steve Reynolds über Erfolgsfaktoren**	**128**
	» 33 Geheimnisse erfolgreicher Morningshows	129
C8	**Social Media in der Morningshow**	**132**

D MODERATION — 137

D1	**Musikstrategie verkaufen**	**138**
	» Tagesteilbezogene Moderationen und Musicsells	142
	» Nutzenorientierte Moderationen	144
	» Sinnvolle Claimeinbindung	144
	» Kreativität	146
	» Tagesaktualität	146
	» Regional	147
	» Persönlich	147
	» Kollektives Gedächtnis	148
	» Musicsells mit Mehrwert	149
D2	**Die häufigsten Fehler und wie man sie vermeidet**	**150**
D3	**Teasing**	**162**
	» Twitter als Orientierung	163
	» Bekanntmachen von Benchmarks	164
	» Quoten-Optimierer	164
	» Aufbau von Images	165
	» Verankerung von Musikimages	166
	» Mehrwert schaffen	166

	» Zum Wiedereinschalten reizen	167
	» Teasing in der Praxis	167
D4	**Doppelmoderation**	**170**
	» Rollenverteilung	171
	» Themenkompetenzen und Grundregeln festlegen	172
	» Persönlich statt neutral	172
D5	**Der Aircheck**	**174**
	» Ziele besprechen	175
	» Gemeinsam bessere Lösungen finden	176
	» Vorbilder und Hörbeispiele anbieten	177
	» Nicht kleinlich sein	177
	» Überprüfbare Ziele gemeinsam verabreden	177

E THEMEN FINDEN UND KREATIV UMSETZEN — 183

E1	**Themenkriterien**	**184**
E2	**Themengebiete**	**188**
	» Sex, Geld, Gesundheit	189
E3	**Umsetzungsvarianten**	**192**
E4	**Redaktionskonferenzen**	**196**
	» Protokoll führen	198
	» Verantwortlichkeiten festlegen	199
	» Vorausplanung systematisieren	201
	» Quellen erweitern	202
	» Big Data zur Themenfindung	202
E5	**Sportthemen**	**204**

F GEWINNSPIELE — 209

F1	**Nutzen und Schaden**	**210**

F2	**Design eines Gewinnspiels**	**214**
	» Die Ideen der Anderen	217
F3	**Mit Gewinnspielen Quoten und Images optimieren**	**218**
	» Musik im Mittelpunkt	219
	» Moderator und Morningshow im Mittelpunkt	221
	» Gewinnspiele für die Einschaltquote	222
F4	**Welcher (Geld-)Preis ist der Beste?**	**224**
	» Am besten Sie verschenken Geld	226
F5	**Dauer und Intensität von Gewinnspielen**	**228**
	» Sechs Wochen Mindestlaufzeit	229
	» Die richtige Dosierung	230
	» Intensität – und ihre Auswirkungen auf Märkte	231
	» Der richtige Zeitpunkt für den Ausstieg	232
F6	**Wenn „kein Gewinnspiel" die beste Promotion ist**	**234**
	» Die gewinnspielfreie Oase	235
	» Negative Gewinnspielimages	237
	» Zurückhaltung bei Relaunches und großen Imageproblemen	237
F7	**Promotion Design**	**240**

G MUSIK — 245

G1	**Warum breite Musikformate weniger Chancen haben**	**246**
	» Stay on Track	249
G2	**Die Erwartungen des Hörers erfüllen**	**250**
G3	**Musikmarktforschung**	**252**
	» Was ein Musiktest können muss	253
	» Zusammenstellung eines Musiktests	254
	» Auswertung eines Musiktests	255
G4	**Aktuelle Rotation**	**256**
	» Behalten Sie den Kernsound im Blick	258
	» Vernachlässigen Sie den Burn	258
	» Behalten Sie die richtigen Songs lange genug in der Rotation	259

H WERBUNG UND SALES PROMOTIONS 261

H1 Werbeplanung optimal gestalten 262
- » Die besten Spots zu Beginn des Blocks senden 264
- » Viele kurze oder wenige lange Stopsets? 265

H2 Sales Promotions gewinnbringend umsetzen 268
- » Wenn Programm und Verkauf zusammenarbeiten 269
- » Fertige „Gefäße" nutzen 270
- » Ein gutes Moderatoren-Briefing ist die „halbe Miete" 271

I ROBERT KINDERMANN: JUNGE ZIELGRUPPEN EROBERN 275

I1 Radio und Werbung individualisieren 276
I2 Investition in digitale Empfangbarkeit und Bewegtbild 284
I3 Big Data nutzen 290
I4 Relevanz für Digital Natives 294

X ANHANG 301

X1 Literatur & Links 302
X2 Glossar 304
X3 Index 311
X4 Bildnachweis 316

ZITAT

„FORMAT IST VERLÄSSLICHKEIT"

JOHN MÖNNINGHOFF, COLEMAN EUROPE

Intro

Ich liebe Formatradio, denn ich liebe Radio – und jeder Sender hat ein Format. Vom Kultur- und Infoformat *Deutschlandfunk* bis zum alternativen Musikformat *FluxFM*, vom Massenprodukt *Antenne Bayern* bis zum lokalen „Underdog" *Schwarzwaldradio*. Von jedem dieser Sender weiß ich, was ich erwarten kann und jeden diesen Sender schalte ich für etwas Bestimmtes ein – für eine bestimmte Art von Musik, für eine bestimmte Mischung aus Kulturbeiträgen und musikalischen Überraschungen, für aktuelle Hits oder Informationen aus der Region. Insofern ist dies ein Buch für Radiomacher aller Arten von Sendern. Denn es geht um Formatradio.
Vor allem aber ist dies ein Buch für Menschen, deren Sender sich täglich im Kampf um Marktanteile und Werbeerlöse behaupten müssen. Darauf kommt es in den werbefinanzierten Programmen an. Natürlich dürfen wir dabei nicht aufhören, Risiken einzugehen und Neues zu wagen. Aber am Ende des Tages ist auch Radio „nur" ein Produkt, das möglichst vielen Menschen gefallen muss. Diese Aufgabe ist heute schwieriger denn je – neue Verbreitungswege und große Anbieter ähnlicher Dienste werden es uns Radiomachern in den nächsten Jahren schwerer machen, Marktanteile auszubauen und (junge) Hörer für unser Angebot zu begeistern. Bei all diesem wirtschaftlichen Druck und den Herausforderungen des digitalen Wandels darf Radio dennoch eines nicht verlieren: seinen Zauber. Radio ist das emotionalste aller Medien, es funktioniert nur über das Hören und damit über Fantasie und das berühmte „Kino im Kopf".
Damit Radio auch im digitalen Wandel und hoffentlich darüber hinaus noch viele Menschen begeistert, habe ich dieses Buch geschrieben.

Das Buch führt junge Kollegen in die wichtigsten Bereiche eines werbefinanzierten Radiosenders ein und soll Profis helfen, bereits vorhandenes Wissen zu sortieren (alle Fachbegriffe sind in einem Glossar ab Seite 304 erklärt). Tipps, Anregungen und Ideen sind in Listen zusammengefasst, die Orientierung bieten oder sich zum Überprüfen der eigenen Programmqualität eignen. Benutzen Sie diese Listen für die tägliche Arbeit und lassen Sie sich von hochkarätigen Kollegen wie Dennis Clark, Arno Müller, John Mönninghoff und Steve Reynolds inspirieren. Im Fließtext wird mit QR-Codes auf ergänzende Informationen zum Text verlinkt. Die beiden Checklisten auf Seite 178–181 können Sie als digitales Zusatzangebot auf www.uvk.de ansehen oder downloaden.

In diesem Sinne: viel Spaß mit diesem Buch und der Optimierung „Ihres" Radioformates – des Fundamentes, das uns für unsere Hörer verlässlich macht!

Leipzig, im Mai 2015   Yvonne Malak

A

DIE BASIS

A1   **14**
Das Format

A2   **18**
Das Programm

A3   **26**
Marktforschung

A4   **34**
Der Relaunch

A Die Basis

A1 DAS FORMAT

A1 Das Format

Voraussetzung für ein erfolgreiches Radioprogramm ist zunächst das Finden, später Besetzen, der optimalen Marktposition, also des Formats eines Senders. Wer heute noch ein neues Programm launchen bzw. einen Sender mit einem anderen, neuen Format relaunchen möchte, findet sich dabei oftmals in einer „Nische" wieder. Die Positionen für das klassische, breite AC-Format (Adult Contemporary) sind in den Ländern mit hochentwickelten Radioprogrammen, wie Deutschland, Großbritannien oder Skandinavien in der Regel mindestens einmal, manchmal auch zwei- bis dreifach besetzt – je nach Landesmediengesetz meistens durch einen öffentlich-rechtlichen Sender und/oder ein bis zwei private Programme. Erfolgreich sind dabei nicht immer nur die, die das beste Programm machen – den größten Erfolg kann oft der Sender mit der Position des Ersten für sich verbuchen. Vielleicht gibt es auch in „Ihrem Markt" einen Sender, der in seinem Sendegebiet der Pionier im AC-Bereich war und objektiv nicht unbedingt ein Programm nach „Goldstandard" macht – aber er war eben der Erste und erfüllte so (oft unbewusst und mit viel Glück) eine wichtige Grundregel der Positionierung:

„Das erste Gebot im Marketing: Seien Sie Erster. Es ist besser, Erster zu sein, als besser zu sein. (...) Es ist erheblich leichter, ein Produkt auf den Markt zu bringen, das den Konsumenten als erstes in den Sinn kommt, als eines, von dem sie erst nachweisen müssen, dass es besser ist als das der Konkurrenz, die zuerst am Drücker war." (Ries/Trout 2001: 14)

> Sucht man also die optimale Marktlücke für einen neuen Sender oder einen Relaunch, braucht man vor allem eins: eine in den Köpfen der potenziellen Hörer noch freie Position mit relevantem Marktpotenzial.

Die Grundannahme dabei ist die von tausenden Marktforschungen bewiesene Tatsache, dass für kommerziell ausgerichtete Programme die „richtige" Musik in der optimalen Mischung und eine ansprechende Morgensendung die Grundsteine für den Erfolg bilden – ergänzt durch die wichtigsten Informationsbestandteile, regionale Kompetenz und aufmerksamkeitsstarke Aktionen. Die Wichtigkeit der Position des Ersten wird von den Erkenntnissen des Neuromarketing, einer Wissenschaft, die Hirnforschung, Psychologie, Kommunikationswissenschaft und Werbewirkungsforschung zusammenbringt, untermauert:

A Die Basis

„Es gibt nur zwei Plätze im Kopf der Konsumenten: erster Platz oder dahinter (...) Es spielt also keine Rolle, ob eine Marke an zweiter oder dritter Position liegt. The winner takes it all."

Es gibt Sender-Chefs, die ein objektiv handwerklich gut gemachtes Programm verantworten und sich wundern, warum sie auch nach Jahren weit abgeschlagen hinter dem Marktführer liegen und es einfach nicht schaffen, dicht aufzuschließen oder gar die Nummer Eins Position zu erreichen. Der Grund für diese unbefriedigende Situation ist meistens eine Marktposition, die mit Start des neueren Programms bereits besetzt war oder im Laufe der Jahre von einem Wettbewerber mit einem insgesamt strategisch besser ausgerichteten Produkt für sich beansprucht wurde – selten liegt es einfach an einem „schlechten" Programm. Ein Blick nach Österreich erklärt die Problematik am einfachsten und klarsten: Der öffentlich rechtliche Sender Ö3, den es seit den 1960er-Jahren gibt und der seit 1996 ein durchformatiertes AC-Format anbietet, ist in allen Bundesländern Marktführer – oft mit unglaublich hohen Marktanteilen und Tagesreichweiten bis zu 40 Prozent.
Die wesentlichen Produktvorteile des Senders sind „Spaß am Morgen" und eine breite Musikmischung für die Zielgruppe von 14-49 Jahren mit Songs der letzten 20-30 Jahre. Fast die Hälfte des Programms besteht aus aktuellen Hits aus den Charts der letzten ein bis drei Jahre. In der Morgensendung bietet Ö3 viele Comedy-Elemente und längere unterhaltungsorientierte Wortstrecken.
Obwohl 1998 in Österreich 15 neue private Sender in den einzelnen Bundesländern zugelassen wurden, bleibt das öffentlich-rechtliche dritte Programm in der Zielgruppe 14-49 im ganzen Land nach wie vor die Nummer eins! Warum? Weil es das erste seiner Art auf dem Markt war. Mit einer breiten Musikmischung mit hohem Anteil aktueller Hits angepasst an die Zielgruppe 14-49 sowie einer unterhaltsame Morgensendung bieten alle (!) privaten Wettbewerber ebenfalls zwei der wichtigsten Produktmerkmale klassischer AC-Formate an und somit ein sehr ähnlich ausgerichtetes Produkt wie das von Ö3. Diese Sender sind austauschbar.

> Kommt ein Sender mit einem austauschbaren Programm als zweiter oder dritter in einen Markt, hat er nur wenig Daseinsberechtigung. Diese Art von Programm gibt es ja bereits.

A1 Das Format

2001 kam in Österreich ein neuer nationaler Anbieter dazu. Zunächst mit geringem Erfolg. *KRONEHIT Radio* spielte ebenfalls ähnliche Musik wie die anderen privaten Anbieter und *Ö3*. Die Quittung für dieses „Me-Too-Produkt" waren verschwindend geringe Markanteile deutlich unter der Fünf-Prozentmarke.

Dann machte der Sender doch noch alles anders als die Wettbewerber – und wurde erfolgreich! Nach einem Relaunch wurde aus *KRONEHIT Radio* die neue Marke *KRONEHIT* und nutzte ihre Chance. Das rundum erneuerte Produkt setzte als Markenkern auf ein enges Musikformat mit fast ausschließlich aktuellen Hits – keiner der Songs dort ist aus dem letzten Jahrtausend – und den Slogan „Die meiste Musik" bzw. „Wir sind die meiste Musik". Der Sender klang nun nicht mehr wie eine Kopie von *Ö3*, sondern neu und anders. *KRONEHIT* war also der erste Radiosender seiner Art in Österreich. Die Belohnung: eine Nummer-Zwei-Position unter den Hitradios in der Zielgruppe 19-49 hinter *Ö3* in vielen Märkten Österreichs und Tagesreichweiten bis zu 20 Prozent.

Ein Format anzubieten, das es bereits seit Jahren in guter Qualität auf einem Markt gibt, ist also ein wirtschaftlich schwieriges (bis hoffnungsloses) Unterfangen. Wer kein Geld verbrennen möchte, ist besser beraten, sich seine „eigene" neue Position zu suchen. In hoch entwickelten Märkten ist diese Position oft ein Nischenformat – die Grundidee bleibt aber auch dabei die Idee der Position des „Ersten".

Die wichtigste Aufgabe vor einem Relaunch oder Neustart eines Radioprogramms lautet also: Finden Sie die richtige Marktposition.

A Die Basis

A2 DAS PROGRAMM

Musik im Mittelpunkt	**19**
Mittel optimal einsetzen	**20**
Eine klare Strategie	**21**
Lokale Nachrichten	**23**

A2 Das Programm

Wenn die Strategie stimmt, ist der weitere Weg zu einem erfolgreichen Radioprogramm „nur" noch Handwerk. Dabei gibt es einige unerlässliche Komponenten und einige Bestandteile, die für den Produkterfolg gar nicht notwendig sind. Vor allem für kleinere Sender mit begrenztem Budget ist es wichtig, die Energie zunächst in die „kriegsentscheidenden" Faktoren zu investieren – zuallererst in eine strategische Marktforschung, die ein erfolgversprechendes Format entwickelt.

Musik im Mittelpunkt

Erlöse durch Werbeeinnahmen erwirtschaften und damit Arbeitsplätze und Programmqualität sichern – das ist die Erwartung, die Gesellschafter an die Geschäftsführer der privaten Radiostationen haben. Auch die öffentlich-rechtlichen Sender erwirtschaften erhebliche Summen durch Werbung – im Jahr 2012 im deutschen Hörfunk 262 Millionen Euro – und gleichen sich in der Programmausrichtung immer mehr den Privatsendern an. Denn am Ende des Tages geht es in beiden Systemen um Marktanteile. Egal wie gering die technischen Reichweiten einer privaten Station und damit die potenziellen Werbeerlöse sind, sie muss sich dennoch gegen Wettbewerb öffentlich-rechtlicher „Dickschiffe" behaupten, wie z. B. gegen *SWR1* und *3* in Baden-Württemberg oder gegen *Bayern 1* und *3* in Bayern. Dazu kommen in den genannten Bundesländern große, ertragreiche Privatsender wie *Radio Regenbogen* oder *Antenne Bayern*. Alle wollen einen möglichst großen Teil des Werbekuchens.
Mehr als 90 Prozent der Marktanteile in Deutschland verteilen sich auf Formate mit sehr hohem Musikanteil. Die wortorientierten Programme von *Deutschlandradio Kultur* und *Deutschlandfunk* kommen national zusammen gerade mal auf einen Hördauer-Marktanteil von 1,5 Prozent.
Beispiel Bayern: Laut Funkanalyse Bayern 2014 nutzen dort nur knapp fünf Prozent der Hörer die bayrischen Wortformate (*B5 aktuell*: 2 Prozent Marktanteil, *Bayern 2*: 2,4 Prozent). Der Rest verteilt sich auf Musiksender wie *Antenne Bayern* (28,1 Prozent), die bayrischen Lokalradios (17,6 Prozent), *Bayern 3* und *Bayern 1* (zusammen 37,8 Prozent Markanteil) sowie *BR-Klassik* mit 0,7 Prozent Marktanteil.
Bei all diesen Sendern steht die Musik im Mittelpunkt und macht teilweise mehr als 80 Prozent des Programminhalts aus.

A Die Basis

Heißt: Die Zusammenstellung der Musik, das Musikformat eines Senders, ist (nicht nur) für werbefinanzierte Programme der wichtigste Einschaltgrund.

Stimmt das Musikformat nicht, sind alle anderen Bemühungen – z. B. im Bereich lokale Information oder Nachrichten – nur von mäßigem Erfolg gekrönt.

Die Mischung in der richtigen Gewichtung macht den Erfolg. Die Mischung aus für die Zielgruppe optimal ausgewählter und zusammengestellter Musik, einer ansprechenden Morgensendung, einem durchhörbaren Tagesprogramm, regionalen Informationen, Nachrichten und Service. Dabei ist nicht jede Komponente gleichermaßen wichtig für den Erfolg eines Senders und entsprechend sollten auch Manpower und Budgets verteilt sein. So investieren lokale Sender gerne viel Geld in die lokalen Nachrichten und wundern sich dann, warum dieser scheinbar so wertvolle USP (Unique Selling Point) nur geringe Marktanteile beschert. Natürlich sind lokale Informationen auch ein Grund, einen Sender zu wählen. Wenn aber gleichzeitig in der Planung des Musikprogramms Fehler gemacht werden, wird dieser Sender kurz für die lokalen Nachrichten eingeschaltet und danach wechselt man wieder zu der Radiostation, die garantiert Musik „nach meinem Geschmack" bietet. Wäre die Grundidee „lokale Informationen als USP" Erfolg bringend, würden die 66 Lokalstationen in Bayern nicht bei einem Marktanteil von insgesamt unter 18 Prozent dahindümpeln, während die landesweiten Musiksender um die 66 Prozent des Kuchens abbekommen – das 3,6-fache! Übrigens werden lokale Stationen immer als „vor Ort" wahrgenommen. Allein durch einige lokale Meldungen in den Nachrichten, Wetterberichte, Verkehrsmeldungen und Werbung – selbst, wenn sie kaum klassische lokale Berichterstattung machen.

Mittel optimal einsetzen

In Berlin kann man regelmäßig beobachten, wie Sender zu Beginn der Einschaltquotenerhebungen Anfang September und Anfang Januar hunderttausende Euros in Gewinnspiele investieren (vgl. Kapitel F ab Seite 209). Aber auch diese Investition bringt maximal eine kurzfristige Rendite. Schließlich sind diese Gewinnspiele auch irgendwann wieder vorbei und die Marktausrichtung eines nicht relevanten Senders bleibt dieselbe.

Sender – auch kleine lokale Sender – die ihr Geld im Programmbereich richtig investieren, das Personalbudget optimal verteilen und dabei auf die Erfolg entscheidenden Kriterien setzen, können dagegen längerfristig in einem Markt punkten und auch gegen große Sender wie *Antenne Bayern* oder swr erfolgreich bestehen. Lokalstationen in diesen Bundesländern, die jahrelang bedeutende Marktanteile gewinnen und sich gegen „die Großen" behaupten, setzen nie auf „lokale Information" als hauptsächlichen USP, sondern immer zuerst auf eine relevante musikalische Position in Verbindung mit einer unterhaltsamen Morgensendung als Resultat einer funktionierenden Strategie. Im Kampf „David gegen Goliat" sind Ihre Steinschleudern für die Programmabteilung:

» die grundsätzliche Strategie mit einer unterscheidbaren, einzigartigen Position im Markt,
» die richtigen Songs in der optimalen Zusammensetzung,
» das On Air Marketing in Elementen und Moderation,
» eine klare, einfache Off Air Kommunikation,
» eine formatgerechte Morningshow mit eigenem USP und
» ein durchhörbares Tagesprogramm mit sympathischer Moderation.

Der Rest ist zweitrangig! Natürlich braucht ein Sender auch Lokal-, Deutschland- und Welt-Nachrichten, zusätzliche Redakteure und zuverlässigen (Verkehrs-)Service. Nachrichten, Informationen und Service haben aber nachgelagerte Prioritäten. Ihr Nutzen kommt erst dann zum Tragen, wenn Positionierung, Musik und Morningshow stimmen.

Genauso wichtig wie das Priorisieren der Budgetverteilung im Bereich Programm ist selbstverständlich das ausgewogene Einsetzen der restlichen Mittel für die Verkaufsabteilung, das Eventmarketing, die Technik und für die Experten für das Internet, Social Media, ein Digital Change Management usw.

Eine klare Strategie

Ein gutes Beispiel für Erfolg mit einer klaren und funktionierenden Strategie in einem eigentlich gesättigten Markt ist der Sender *die neue welle* in Karlsruhe. Ein Lokalsender in Baden-Württemberg, der damit den Grundstein für eine Erfolgsgeschichte gelegt hat.

Dieser Sender hat sich im Jahr 2006 auf Basis einer Marktforschung eine

A Die Basis

Endlich gute Musik im Radio!

Jetzt einschalten

die neue welle

Der beste Musikmix aus 4 Jahrzehnten

Karlsruhe 101.8 • Pforzheim 91.4 • Baden-Baden 100.9

Abb. 1: Beispiel für eine klare, einfache Kommunikation bei der Neugründung eines Senders

Position zwischen *SWR1* und *SWR3* gesucht und alle anderen „Steinschleudern" exakt wie in der Aufzählung auf Seite 21 benutzt. Obwohl *die neue welle* nicht im Ansatz über das (Werbe-)Budget des SWR verfügt, konnte der Sender in seinem Kernsendegebiet beachtliche Marktanteile erobern und seine Marke etablieren. Der Relaunch von hit1 zu *die neue welle* im Januar 2007 gilt als der erfolgreichste Relaunch des neuen Jahrtausends.
Der Sender setzt auf eine zu diesem Zeitpunkt im baden-württembergischen Radiomarkt einzigartige Strategie (Gold Variety AC), eine funktionierende On Air Promotion (in Elementen und der Moderation), eine sympathische Morgensendung aus der Lebenswelt der Hörer, ein durchhörbares Tagesprogramm (basierend auf Musik) und zum Sendestart auf eine klare, einfache Off Air Kommunikation (Claim und Sendername).
Bereits ein Jahr nach dem Sendestart konnte dieser kleine Sender, der vielleicht über ein Zwanzigstel des Budgets von *SWR3* verfügt, bereits relevante Marktanteile gewinnen. Siehe Abb. auf Seite 24.
Die Basis für diesen Erfolg schafften eine optimale Strategie mit der Position „des Ersten" sowie der bestmögliche Einsatz der Mittel und die Konzentration auf die entscheidenden Bereiche wie On Air Marketing, und Morningshow. Heute hat der Sender ein klares Profil gegenüber dem Wettbewerb und ist nicht mehr austauschbar. Das alles ohne die Lokalkompetenz zu vernachlässigen (der Sender regionalisiert seine Lokalnachrichten sogar dreifach für drei verschiedene Sendestrecken!). Eigentlich ganz einfach.

Lokale Nachrichten

Lokale Nachrichten sind ein wichtiger Bestandteil eines funktionierenden Konzepts für lokale Radiosender – keine Frage. Sie reichen aber nicht aus, um dauerhaft Hörer zu binden und eine entsprechende Hördauer zu generieren. Nicht umsonst können die bayrischen Lokalsender im Schnitt gerade mal 60 Prozent der Hördauer von *Antenne Bayern* für sich verbuchen. Warum? Weil deren Programm oft austauschbar ist und weil einige Sender wie in den 1980er-Jahren immer noch darauf setzen, mit lokalen Beiträgen zu punkten statt mit einer unterhaltsamen Morgensendung und einem Musikprogramm, das einen eigenen USP hat. *hitradio.rt1* in Augsburg, das (genau wie die oben erwähnte *neue welle* in Karlsruhe) in

A Die Basis

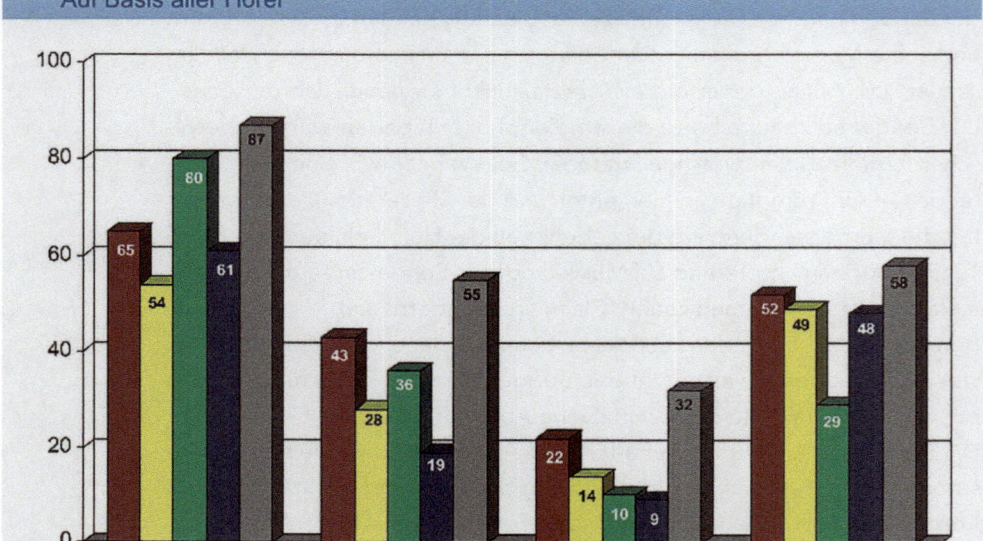

Hörerverhalten
Auf Basis aller Hörer

Abb. 2: Marktforschung von Coleman Insights für die Zielgruppe 19-59 im Kreis Karlsruhe für die neue welle im Jahr 2008

Sachen Marktposition, On Air Marketing und Morningshow die richtigen Prioritäten setzt, ist seit vielen Jahren Marktführer in Augsburg Stadt und Land – vor *Bayern 1*, *Bayern 3* und *Antenne Bayern* sowie dem lokalen Mitbewerber *Radio Fantasy*. Auch bei *hitradio.rt1* gibt es natürlich qualitativ hochwertige Lokalnachrichten. Allerdings ist dies nicht der einzige USP des Senders. On Air Marketing in Moderation und Elementen, der Unterhaltungswert der Morgensendung sowie ein zielgruppengerechtes, regelmäßig durch Marktforschung evaluiertes Tagesprogramm und natürlich strategisch ausgewählte Musik bilden die Basis des Erfolgs – garniert von hervorragenden lokalen Informationen.

Lokale Informationen sind ein wichtiger Erfolgsfaktor – wenn man ihnen den richtigen Stellenwert gibt.

A2 Das Programm

Es ist sinnvoll, bei einem knappen finanziellen Gesamtvolumen nur einen geringen Teil des Personalbudgets in die lokalen Informationen und die Nachrichtenredaktion zu investieren. Nachrichten kann man heutzutage in bester Qualität zukaufen und für kleine Sender (auch für die meisten großen Musiksender) sind sie keine Erfolg entscheidenden Faktoren. Die Betonung liegt dabei auf dem Wort „entscheidend". Bei wohlgemerkt begrenztem Budget macht es mehr Sinn, in einige starke Moderationspersönlichkeiten zu investieren, als in eine große Nachrichtenredaktion. Das Geld ist für regelmäßige Marktbeobachtungen und Marktforschungen sowie herausragende Entertainer besser angelegt, als für Beiträge aus dem Rathaus.

A Die Basis

A3 MARKT-FORSCHUNG

Interview mit John Mönninghoff

> **EIN SENDER IN EINEM WETTBEWERBSMARKT IST NACH UNSERER ERFAHRUNG NUR ERFOLGREICH, WENN DIE IMAGES DES SENDERS MIT DEN MUSIKWÜNSCHEN SEINER ZIELGRUPPE ÜBEREINSTIMMEN.**
>
> JOHN MÖNNINGHOFF, COLEMAN EUROPE

Allein die App radio.de bietet mehr als 17.000 Radioprogramme zur Auswahl. Wer „seine" Musik hören will, sucht sich den passenden Stream auf Spotify oder anderswo. BMW bietet in seinen „Connected Cars" 80 Millionen Songs im Bordcomputer an. Musik bekomme ich also überall – und mit entsprechender Flatrate sogar kostenlos. John Mönninghoff ist der europäische Partner der US-Firma Coleman Insights Media Research und führt mit Coleman Europe seit 1991 strategische Marktforschung für Sender von Madrid bis Moskau und von Hamburg bis Augsburg durch. Die amerikanische „Mutter" von Coleman Europe gehört zu den größten und erfolgreichsten Radioberatungsfirmen der Welt. Das Unternehmen (www.ColemanInsights.com) berät internationale Sendergruppen und nationale Stationen gleichermaßen wie Lokalsender in Bayern und Baden-Württemberg oder der Schweiz.

A Die Basis

Herr Mönninghoff, Pandora, Spotify und viele weitere Angebote bieten inzwischen Zusatzfunktionen, die den Nutzern helfen, ihren individuellen Geschmack in der Musik genauer zu bedienen, als es ihr Lieblingssender kann. warum bleibt die richtige Musik der entscheidende Faktor für den Erfolg eines Radiosenders?

Offensichtlich stellen für eine – noch – breite Mehrheit die vielen Möglichkeiten im Netz, sich individuellere, auf ihren Geschmack zugeschnittene, Musikprogramme zusammenzustellen, einen zu kleinen Mehrwert dar, um sich aktiv um diese Optimierung zu kümmern. Anders gesagt, diese vermeintliche Verbesserung ihres Musikgenusses rechtfertigt den dafür nötigen Aufwand nicht. Sei er auch noch so gering. Das bedeutet, die meisten Hörer sind mit der Musik ihres Senders zufrieden genug, um sich nicht mit einer Alternative im Web zu beschäftigen, zumal fast jeder inzwischen auf seine eigene Musikauswahl über das Handy oder andere mobile Geräte zurückgreifen kann. Diejenigen, die wirklich nach Alternativen im Netz suchen und dort auch ihre Lieblingsmusik finden, haben eher eine Vorliebe für Musik jenseits des Mainstream.

Bei jungen Konsumenten gilt: Die Anstrengungen, die beste Musik zu finden, und diese Ergebnisse auch mit Freunden zu teilen, sind ganz anders motiviert und deshalb lohnenswert. Musik spielt im Leben von Teenagern eine viel bedeutendere Rolle. Jede Entdeckung von neuen technologischen Entwicklungen, auch zum Konsumieren und Finden von Musik, wird schneller angenommen und in das Leben integriert. Deshalb ist diese Zielgruppe besonders kritisch und intolerant, wenn Sender den „falschen" Song spielen. Die jüngeren Hörer zufriedenstellend zu bedienen, stellt demnach die größte Herausforderung für einen Sender dar. Aber die Instrumente dafür gibt es ja. Ein Musiktest muss heute ganz anderen Anforderungen genügen, als früher.

Ein weiterer Grund, warum Radio noch nicht stärker unter den vielen Möglichkeiten gelitten hat, die das Internet bietet, individualisierte, auf seinen Geschmack fokussierte Musik zu beschaffen, sind – Moderatoren. Gleichzeitig können Moderatoren und das gesprochene Wort ein Grund dafür sein auf eine Alternative im Netz oder auf UKW auszuweichen.

Wir haben durch Studien immer wieder gelernt, dass das Gefühl, nicht allein zu sein, ein weiterer guter Grund ist, Radio zu hören – solange die Musik passt.

A3 Marktforschung

Abb. 3: Modell der Imagepyramide von Coleman Insights Media Research

Wie sieht eine gute strategische Marktforschung aus Ihrer Sicht aus?

Wie bei jeder Marke, muss ein Sender genau wissen, wie die Hörer ihn im Vergleich zum Wettbewerb sehen. Dabei kann die Wahrnehmung der Nutzer zum Teil deutlich vom Selbstbild des Senders und seinem aktuellen Produkt abweichen. Ein Sender in einem Wettbewerbsmarkt ist nach unserer Erfahrung nur erfolgreich, wenn die Images des Senders mit den Musikwünschen seiner Zielgruppe übereinstimmen. Seine Musikimages genau zu kennen, damit man sie auch managen kann, ist die Basis für nachhaltigen Erfolg. Symbolisiert haben wir diese Notwendigkeit in unserem Modell der Imagepyramide.

Wir haben in allen Untersuchungen quer durch Europa und in den USA gelernt, dass die Wichtigkeit der Musikimages über alle Kulturen hinweg gleich ist. Auch die Größe des Senders spielt dabei keine Rolle. Die Musikimages prägen die Marke und sind verantwortlich für Hörerakzeptanz.

Eine gute strategische Studie untersucht aber natürlich deutlich mehr als nur Musikvorlieben in bestimmten Zielgruppen und entsprechende

Images des Senders. Weitere relevante Stärken und Schwächen der Wettbewerber werden sichtbar, Stärken und Schwächen der Morgensendung und einzelner Moderatoren werden bewertet, Inhalte auf Akzeptanz untersucht und mögliche Kommunikationsstrategien überprüft. Im Ergebnis hat der Sender nicht einen Wust von Daten sondern einen genauen Plan, wie er mit den Ergebnissen umgehen sollte. Er weiß, was die Marke bisher beflügelt oder bremst, ob eine Investition in Marketingmaßnahmen zurzeit sinnvoll ist und Früchte tragen kann oder ob der Zeitpunkt falsch wäre, solange einzelne Programmpositionen nicht verbessert sind. Die Studie sagt also auch, an welcher Stelle das meist ohnehin knappe Budget am besten eingesetzt wäre und eine Rendite erzielen kann.

Wie finden Sie heraus, welche Musik die richtige für einen Sender ist? Welche Parameter entscheiden?

Nachdem über die strategische Studie klar ist, welche Musikrichtungen der Sender spielen sollte, entscheidet ein strategisch ausgerichteter Musiktest über die einzelnen Songs. Die Qualität steht und fällt mit der Stichprobe, die man wählt. Die Teilnehmer werden auf Basis der Ergebnisse der strategischen Studie definiert. Mit gestiegenem Wettbewerbsdruck durch Konkurrenzsender und Angebote anderer Medien sind auch die Anforderungen an den Musiktest gestiegen. Ebenso die Musikfilter, die einige Hörer durchlaufen müssen, bevor sie am Test teilnehmen können. Hier gilt es Fehler zu vermeiden. Die nächste Fehlerquelle sind eindimensionale Bewertungskriterien der Songs. Es wird dann nur gemessen, wie bekannt und beliebt ein Titel ist und der sogenannte „Burn", der sagt, wie viele Teilnehmer einen bestimmten Song schon zu häufig gehört haben. Das genügt den Anforderungen an einen zeitgemäßen Musiktest allerdings noch nicht.

Der häufigste Fehler besteht dann darin, einfach die Besttester zu spielen. Und das schadet in den meisten Fällen mehr als es nützt. Ein echter Radiohit sollte also nicht nur bei den Zielgruppen des Senders gut abschneiden, sondern auch bei den Fans derjenigen Musikrichtungen kompatibel sein, die für den Sender wirklich entscheidend sind. Cluster-Analysen können das klar aufzeigen. Und die Songs, die die Programmleitung auswählt, sollten auch bei dem eigenen Sender erwartet werden. In jedem anderen Fall läuft es wie

SELBST EINIGE ETABLIERTE SENDER SUCHEN DAS HEIL IN MEHR BREITE UND SIND ÜBERRASCHT, WENN DER SCHUSS NACH HINTEN LOSGEHT.

ZITAT

JOHN MÖNNINGHOFF, COLEMAN EUROPE

beim Lieblingsitaliener, der plötzlich auch Sushi serviert: Beides ist zwar sehr beliebt, aber wohin gehen Sie jetzt, wenn Sie italienisch essen wollen? Zu einem „richtigen" Italiener, der andere ist Ihnen suspekt. Also überlassen wir Sushi dem Japaner, auch wenn es noch so gut „testet".

Was empfehlen Sie Ihren Kunden, wenn in einem Markt bereits alle Positionen mit großem Hörerpotenzial besetzt sind? Haben Sie ein oder mehrere Beispiele aus Märkten, in denen es die klassischen Formate von AC über CHR bis Rock schon gab und es Ihren Kunden trotzdem gelungen ist, ein wirtschaftlich erfolgreiches Produkt zu platzieren?

Solche Märkte gibt es ja kaum in Europa – höchstens in Stockholm, vielleicht noch in Madrid und Moskau. In Stockholm wollte unser Kunde unbedingt ein Jugendformat etablieren, wegen seiner Gesamtstrategie in Skandinavien. Das war eine große Herausforderung, denn es gab zu der Zeit bereits 3 (!) Jugendsender, die in der Altersgruppe 14-25 besonders erfolgreich waren: *P3*, *Power Hit* und *Energy*. Und es gab noch einen verständlichen Wunsch des Auftraggebers: Ihr erfolgreicher AC-Sender sollte nicht beschädigt werden.

Das Ergebnis 2004: *The Voice of Hip Hop and RnB*. Wir waren stolz, dass der Kunde verstanden hat, dass wir in so einer engen Wettbewerbssituation sehr spitz angreifen mussten. Wir spielten deutlich mehr Hip Hop, als es auf Grund der Ergebnisse des Musiktests nötig gewesen wäre. Aber der Sender brauchte schnell ein klares Profil mit entsprechender Leidenschaft der Hörer. Erst ab Jahr zwei haben wir die Sounds mehr in Richtung R&B bewegt. Der neue Jugendsender war ein voller Erfolg. Einer der Wettbewerber musste sogar aufgeben und verschwand vom Markt. Die Herausforderung so eines klaren Formats: Wenn der Appeal der tragenden Musikrichtung nachlässt, muss sich der Sender bewegen. Auch diese Phase konnte der Sender erfolgreich meistern, als Hip Hop immer weniger Fans in Stockholm hatte.

Was ist bei der Bestimmung der richtigen Position, des optimalen Formates, nach Ihrer Erfahrung der häufigste Irrtum und warum?

Man hört im Radio häufig: „Wir müssen breiter aufgestellt sein. Wenn wir diese Musikrichtung/Dekade weglassen, sind wir zu eng." Diese Philosophie hat vielen Eigentümern schon Millionenverluste beschert, ob wir nach Italien schauen oder in andere Länder Europas oder im Lande bleiben: Sender starten zu breit, werden dadurch austauschbar, gewinnen kein Profil und damit keine nennenswerte Hörerschaft. Selbst einige etablierte Sender suchen das Heil in mehr Breite und sind überrascht, wenn der Schuss nach hinten losgeht.

Wird sich das Finden der optimalen Marktposition für ein Produkt durch die digitalen Verbreitungswege und neue Anbieter wie Streamingdienste oder iTunes-Radio verändern?

Neue Anbieter verschärfen natürlich immer den Wettbewerb. Und dabei kann es sich um webbasierten zusätzlichen Wettbewerb genau so handeln wie andere Wettbewerber wie *YouTube* oder neue Film- und TV-Abruf-Kanäle wie *maxdome* oder *Netflix*. Und die Herausforderung liegt möglicherweise nicht nur in der Musik. Neue Angebote wie *Spotify* oder *Pandora* in den USA haben keine Moderatoren (und damit keine Chance, zu viel zu reden). Und ihre Werbung, wenn es welche gibt, beschränkt sich auf wenige Minuten. Und das könnte den Wettbewerb grundsätzlich verändern. Immer neue Angebote werden sich wie *Spotify* mit umfangreichen

A3 Marktforschung

Analyseinstrumenten um den individuellen Geschmack ihrer Nutzer kümmern. Das kann Radio nicht leisten.
Deshalb muss Radio mit anderen Stärken punkten und hoffen, dass individualisierte Playlists – sogar für einzelne Stunden am Tag je nach Beschäftigung (Fahrt zur Arbeit, Arbeit, Feierabend, Wochenende) – den Nutzern in Wirklichkeit nicht wichtig genug sein werden.

A Die Basis

A4 DER RELAUNCH

Neue Marken haben gute Chancen

Seit dem Jahrtausendwechsel hat sich im mitteleuropäischen Radiomarkt vieles geändert: Die ein gutes Jahrzehnt zuvor noch unerfahrenen Privatradiomacher wurden immer professioneller. Der öffentlich-rechtliche Rundfunk hatte plötzlich ernstzunehmende Wettbewerber und musste sich ebenfalls mit Themen wie „Marktforschung", „Musiktest" und „On Air Marketing" beschäftigen. Die Digitalisierung verschärft seit Beginn der 2010er-Jahre den Wettbewerb u. a. durch Streamingdienste und zusätzliche Audio- und Videoangebote, die um Mediennutzungszeit und Werbespendings kämpfen. Während all das passierte, sind einige Marken auf der Strecke geblieben – aus drei unterschiedlichen Gründen:

Mangelnde Kontinuität: Einige Marken haben immer wieder versucht, dem Wettbewerb neu zu begegnen, Strategien wurden angepasst und wieder geändert, Werbeslogans jährlich neu erfunden, Morningshows verzweifelt ausgetauscht, weil keine den erwünschten Erfolg versprach. Mit derartigen Aktionen haben die Verantwortlichen die jeweilige Marke nachhaltig geschädigt.

Falsch verstandene USPs: Andere Sender verfolgten Mitte der 2010er-Jahre immer noch dieselbe Ende der 1980er-Jahre von den Landesmedienanstalten vorgegebene Ausrichtung – als Lokalsender, der nur mit lokalen Inhalten punkten wollte (bzw. sollte). An diesen Marken ging die Professionalisierung des Rundfunks teilweise völlig vorbei.

Schlechte Kopie: Die dritte Gruppe der nachhaltig beschädigten Marken sind die, die sich darauf konzentriert haben, den großen Mitbewerber zu kopieren und in die Austauschbarkeitsfalle getappt sind – nach dem Motto „wenn die Strategie bei dem großen landesweiten Sender funktioniert, machen wir es einfach genauso und sind dabei einfach der Lokalsender von vor Ort." In diesem Fall nur dumm, dass der Landesweite immer besser und beliebter wurde und die Lokalität als Alleinstellungsmerkmal nicht ausreichte, um Hörermassen nachhaltig zu binden.

Neue Marken haben gute Chancen

In diesen Fällen ist die beste Strategie, eine komplett neue Strategie zu wählen. Neu heißt in diesem Fall: neuer Name, neue Marke, neues Format. Radio ist immer noch das Tagesbegleitmedium Nummer 1. Es ist überall, es ist kostenlos und es gibt keinen Grund, ein neues Radioprodukt,

A Die Basis

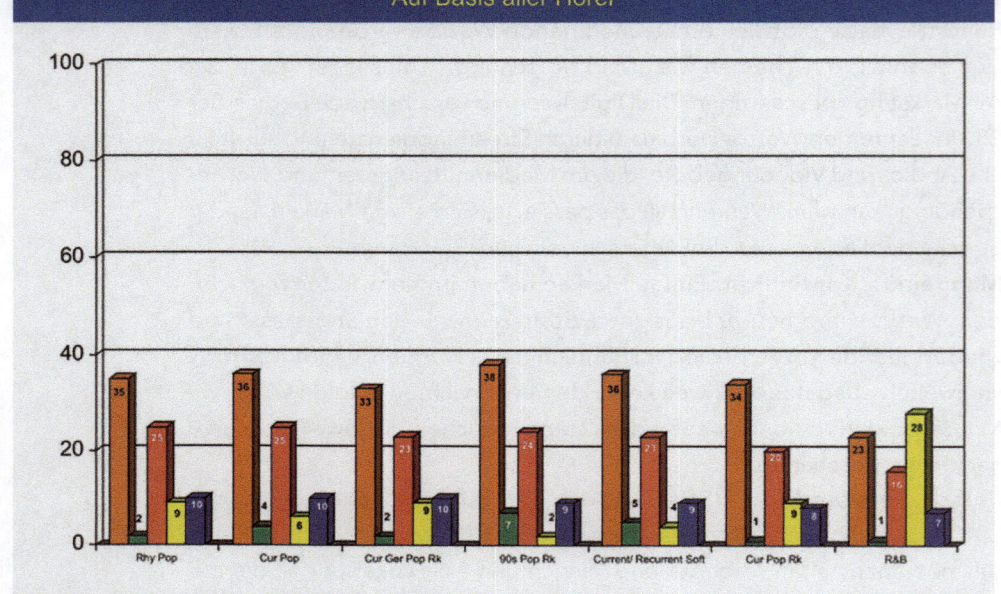

Musik-Images der Sender
Auf Basis aller Hörer

Abb. 4: Marktforschungsergebnisse von Coleman Insights für den Sender hit1. Untersucht wurden die Images bestimmter Musikrichtungen. 600 Hörer zwischen 14 und 59 wurden befragt, welche Musik sie bei welchem Sender erwarten.

dessen Werbeplakat oder Facebook-Banner gerade eine relevante Botschaft transportiert hat, nicht mal auszuprobieren. Macht dieser Sender dann einen guten ersten Eindruck, also stimmt die Musik (und im besten Fall auch noch die Morgensendung), stehen die Chancen gut, von den jeweiligen neuen Hörern in das sogenannte „Relevant Set" aufgenommen und mit etwas Glück der neue Stammsender zu werden.

Hier ein Beispiel aus einer Marktforschung von Coleman Inisghts, die die Situation eines Senders zeigt (vgl. auch die Geschichte des Senders die neue welle auf Seite 21), der für keinerlei Musiksegment stand (und auch sonst für keinerlei relevante USPs wie eine ansprechende Morgensendung oder sympathische Moderatorenpersönlichkeiten). Dieses Produkt war ein klassischer Fall für eine beschädigte Marke, sodass die Gesellschafter entschieden haben, diese Marke zu ersetzen. Der „alte" Sender hieß

A4 Der Relaunch

Musik-Images der Sender
Auf Basis aller Hörer (Fortsetzung)

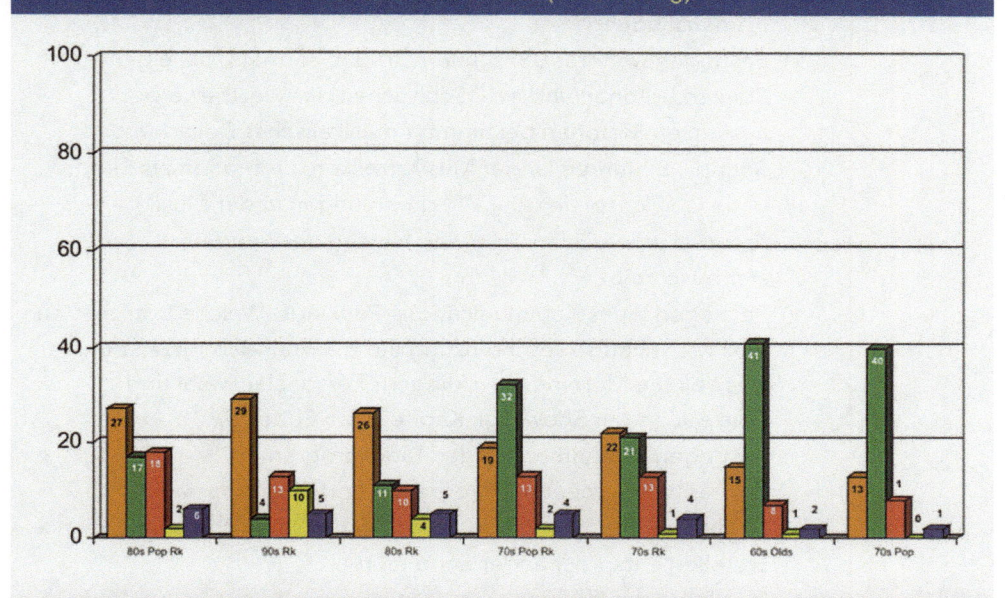

Abb. 5: Dieses Beispiel zeigt einen Sender (hit1), für den es keinen Einschaltgrund gibt, da er zum Zeitpunkt der Untersuchung weder für aktuelle Hits stand noch für Oldies aus den 1960ern und 1970ern.

hit1 und befand sich Mitte der 2000er-Jahre im Wettbewerb mit großen Flaggschiffen wie *SWR1, SWR3, Radio Regenbogen* und *bigFM* – in einer aussichtslosen Position und mit verschwindend geringen Marktanteilen. Denn der Sender stand – wie die folgenden Marktforschungsergebnisse zeigen – für nichts.

Wenn ein Sender also für nichts steht, was für die Wahl eines Radiosenders ausschlaggebend ist (Musik und Morningshow), hilft nur noch ein Relaunch. Alte Marke „beerdigen", neue Marke mit neuem Namen positionieren. Die Schritte dahin sind immer dieselben – davon ausgehend, dass der Sender mittels einer Marktforschung eine neue Strategie mit ausreichend Hörerpotenzial gefunden und die Musik dazu ebenfalls auf Basis von Research (vgl. dazu auch „Musikplanung" ab Seite 245) zusammengestellt wird.

A Die Basis

CHECKLISTE

Relaunch eines Senders
- » Bestimmen eines Formats, das noch nicht besetzt ist und ein ausreichendes Hörerpotenzial in einer relevanten Zielgruppe bietet.
- » Namensfindung.
- » Festlegen weiterer USPs innerhalb des Formats, die eigene Stärken betonen und evtl. Schwächen der Wettbewerber ausnutzen (Betonen bestimmter musikalischer Dekaden oder Sounds, Einführen langer Musikstrecken, Promotion als Sender ohne Gewinnspiele oder Wiederholungen in der Musik).
- » Kreieren eines Claims, der den Nutzen des Senders klar beschreibt.
- » Festlegen eines Kommunikations-Rankings. Welche Botschaften sind wie wichtig? Beschränkung auf die drei wichtigsten Punkte!
- » Wie soll die Morningshow klingen? Personalauswahl und Konzeption der Show (vgl. Kapitel C ab Seite 75).
- » Festlegen der Anmutung des Tagesprogramms.
- » Konzeption Wochenendprogramm und Musikspecials.
- » Nachrichtenformat und Sendezeiten für Nachrichten und Service.
- » Erstellen entsprechender Sendeuhren.
- » Musiktest durchführen.
- » Sendeuhren nach strategischen Grundlagen erstellen (Beispiel: Bei einem Hitformat sollten die beliebtesten aktuellen Hits bzw. ganz neue Songs immer nach einem Moderationsplatz stattfinden, der Song an der Openerposition sollte den Kernsound des Senders repräsentieren)
- » Musikuhren erstellen.
- » Konzept für die On Air Promotion. Welche Aussagen, welche Elemente?
- » Elemente strategisch texten.
- » Liners bzw. Liner-Bausteine für die Moderatoren texten.
- » Jinglepaket und Station Voice finden. Elemente produzieren.
- » Elemente-Uhr erstellen
- » Klare, einfache Off Air Kommunikation – entsprechendes Agenturbriefing.
- » Digitale Strategie erstellen.
- » Anfertigen eines Moderatoren- und Teambriefings.
- » On Air Countdown für das neue Programm.

A4 Der Relaunch

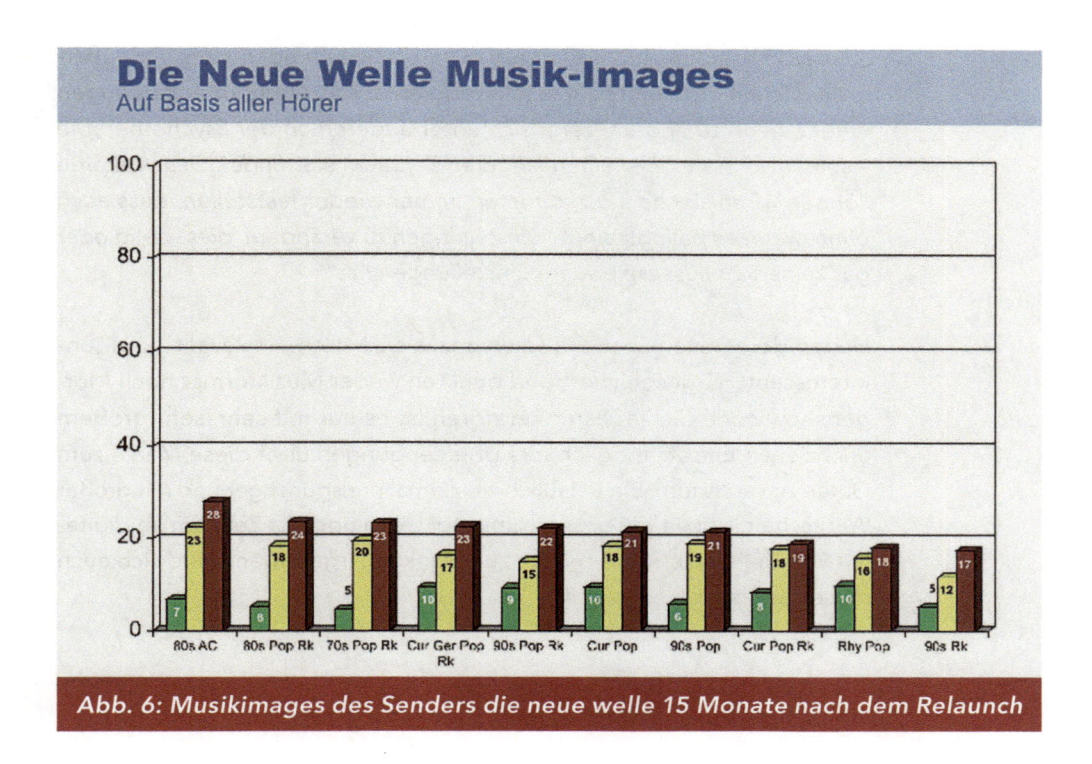

Die Neue Welle Musik-Images
Auf Basis aller Hörer

	80s AC	80s Pop Rk	70s Pop Rk	Cur Ger Pop Rk	80s Pop Rk	Cur Pop	90s Pop	Cur Pop Rk	Rhy Pop	90s Rk
grün	7	6	5	10	9	16	6	8	10	5
gelb	23	18	20	17	15	18	19	18	16	12
braun	28	24	23	23	22	21	21	19	18	17

Abb. 6: Musikimages des Senders die neue welle 15 Monate nach dem Relaunch

Vorausgesetzt, die Personalfragen sind geklärt und die wichtigsten Sendungen – allen voran die Morgenshow – mit guten Mitarbeitern besetzt, dauert ein Relaunch vom Tag der Entscheidung bis zur Umsetzung on air nicht länger als drei Monate. Das ist nach wie vor der große Vorteil des Radios: Es ist ein schnelles Medium und Neues kann sofort umgesetzt werden. Mit Professionalität und den richtigen Menschen kann dann gelingen, was dem Sender *die neue welle* gelang – innerhalb eines Jahres wurde aus einer Radiostation die für nichts steht eine Station mit einem klaren Bild – eine echte Marke.

Bevor also ein Sender zum fünften Mal behauptet, „das neue Radio XY" sei noch besser als das alte und hätte nun eine noch unterhaltsamere Morgensendung, macht es sehr oft Sinn, sich von einer beschädigten Marke zu trennen und auf den „Neu-Effekt" eines noch nicht dagewesenen Radiosenders zu setzen. Tausende Bücher beschäftigen sich schließlich damit, wie schwer es ist, die Überzeugungen von Menschen nachhaltig zu verändern. Jack Trout schreibt schreibt hierzu (Trout 2004: 33):

A Die Basis

„Jedes Programm zur Veränderung von Überzeugungen steht vor außerordentlichen Problemen. Wie schwierig es ist, die Grundüberzeugungen einer Person zu ändern, zeigt sich unter anderem in der Psychotherapie – selbst wenn sie über einen längeren Zeitraum stattfindet. Des Weiteren können wir in solchen Programmen immer wieder feststellen, dass auch dann, wenn es gelingt, einige Einstellungen zu verändern, dies wenig oder gar keinen Einfluss auf andere Einstellungen hat".

Haben Hörer einen Sender also erstmal als gänzlich „irrelevant" und „uninteressant" abgespeichert und punkten weder Musikformat noch Morgenshow noch die Tagesmoderatoren ist es nur mit sehr, sehr großem finanziellen Einsatz möglich, die Überzeugungen über diese Marke zum Guten zu verändern. Ein Relaunch ist allemal preisgünstiger und mit großer Wahrscheinlichkeit die bessere Lösung. Denn noch ist Zeit, um im digitalen Wandel starke Radiomarken zu verankern. Irgendwann wird sich auch dieses Zeitfenster schließen.

> **DENN NOCH IST ZEIT, UM IM DIGITALEN WANDEL STARKE RADIOMARKEN ZU VERANKERN. IRGENDWANN WIRD SICH AUCH DIESES ZEITFENSTER SCHLIESSEN.**
>
> YVONNE MALAK

B

ON AIR MARKETING

B1   **44**
Was ist On Air Marketing?

B2   **48**
Effizientes On Air Marketing

B3   **60**
Hookpromos

B4   **68**
OAM in Elementen und der Moderation

B On Air Marketing

B1 WAS IST ON AIR MARKETING?

Die Wahrnehmung ist entscheidender als die Produktqualität	**46**
Kostenlos den Weitesten Hörerkreis mobilisieren	**46**

B1 Was ist On Air Marketing?

Im „Uhrwerk Radioprogramm" ist das Rädchen On Air Marketing unerlässlich, um die bestmögliche Marktposition zu erreichen und zu verteidigen. Und dennoch ist dieses Rädchen in der Mitte der 2010-er-Jahre nach wie vor unterschätzt und in vielen Sendern gar nicht als eigene Abteilung vorhanden bzw. oft nicht mal mit einem eigenen Mitarbeiter mit speziellen Fachkenntnissen besetzt. Dabei kann On Air Marketing so viel!

On Air Marketing wird oft gleichgesetzt mit dem Begriff „On Air Promotion". Unter On Air Promotion verstehen einige Sender nur das Programmieren von Gewinnspielen und die Zusammenarbeit von Verkauf und Programm on air – in der Regel in der Form von Sales Promotions. On Air Marketing ist aber viel mehr – es ist die beste kostenlose Waffe im Kampf um mehr Hörer.
Der Begriff „On Air Promotion" fasst klassische Gewinnspielkreation und -Umsetzung, die Zusammenarbeit zwischen Programm und Verkauf und das On Air Marketing zusammen. Was aber genau versteht man unter On Air Marketing? Ich definiere diesen Begriff wie folgt:

> On Air Marketing (OAM) ist das kreative und unterhaltsame Nutzen von Sendezeit im „eigenen" Radioprogramm, um die Produktvorteile des Programms (sowie evtl. die Nachteile des Programms von Wettbewerbern) an den Weitesten Hörerkreis zu kommunizieren, mit dem Ziel möglichst viele WHK-Hörer in Stammhörer umzuwandeln, indem deren Wahrnehmung über den Sender in die erwünschte Richtung gelenkt wird.

Was kann bzw. soll OAM erreichen?
» OAM soll den eigenen Sender klar positionieren, die USPs herausarbeiten, die wichtigen Images verstärken und damit die Wahrnehmung der Hörer für den Sender positiv beeinflussen.
» OAM hilft, negative Images loszuwerden und durch neue positive Images zu ersetzen.
» OAM kann den Mitbewerber zum eigenen Vorteil repositionieren, kann also die Schwächen des Mitbewerbers benennen und dadurch eigene Vorteile betonen.

Die Wahrnehmung ist entscheidender als die Produktqualität

Warum ist On Air Marketing so wichtig für die Positionierung eines Radiosenders? „Positioning is not what you do to a product. Positioning is what you do to the mind of the prospect", schreiben Al Ries und Jack Trout im Original des Marketing-Klassikers „Positioning, the battle for your mind" im Jahre 1986. Für das Radio übersetzt, heißt das: „Positionierung ist nicht die Arbeit am Produkt. Positionierung ist die Beeinflussung der Wahrnehmung der Radiohörer."
Produkte funktionieren über Images – über das, was der Nutzer über sie denkt. Ein Produkt kann noch so gut sein. Wenn die Konsumenten, in unserem Falle die Hörer, das „Falsche" über ein Produkt denken, wird es keinen Erfolg haben. Ein Produkt ist das, was die Nutzer über es denken. Opel baut sicher keine schlechten Autos, aber die Wahrnehmung des Produkts bei potenziellen Käufern war so negativ, dass die Marke dadurch mit erheblichen Absatzproblemen zu kämpfen hatte und sich im Frühjahr 2014 für die Image-Kampagne www.umparken-im-kopf.de entschieden hat, die das Unternehmen einige Millionen an Werbegeldern in den verschiedensten Mediengattungen gekostet hat. Eine Marke wie Opel kann nicht einfach ihren Namen wechseln und in neuem Gewand auftreten – ein Radiosender kann das.

Kostenlos den Weitesten Hörerkreis mobilisieren

Im Gegensatz zu Opel haben Radiosender einen weiteren erheblichen Vorteil, der allzu oft nicht optimal genutzt wird: Sie besitzen ein Kommunikationsmedium mit wertvoller Werbefläche, die keinen Cent kostet! Der Weiteste Hörerkreis (WHK) eines Radiosenders ist in der Regel (mindestens) doppelt so groß wie die Zahl seiner Stammhörer (manchmal auch dreimal so groß). Und: in den letzten Jahren haben Hörer laut Media-Analyse (MA) im Schnitt 1,7 Sender am Tag genutzt. Jüngere Hörer etwas mehr, ältere etwas weniger. Bei Radioformaten für die Zielgruppe 14-59

B1 Was ist On Air Marketing?

kann man also davon ausgehen, dass jeder Hörer regelmäßig zwei bis drei Sender am Tag nutzt. Also zusätzlich zu seinem Stammsender noch ein bis zwei weitere Sender gelegentlich einschaltet. Mit On Air Marketing kann man also nicht nur die Bindung der Stammhörer optimieren und sicherstellen, dass diese immer das richtige über den jeweiligen Sender denken, man kann auch die Wechselhörer aus dem WHK mit seinen Botschaften erreichen und im besten Fall beeinflussen, diesen Sender öfter zu hören bzw. zu seinem Stammsender zu machen. Das nennt man WHK-Konversion – die Umwandlung von WHK-Hörern in Stammhörer. Eine sehr gute WHK-Konversion liegt bei 50 Prozent und darüber. Recht viel mehr ist nur schwer erreichbar und gelingt meist nur Spartenprogrammen mit besonders treuen Fans, die sonst musikalisch und inhaltlich wenige Alternativen im Markt haben. Wenn die WHK-Konversion eines Senders aber deutlich unter 50 Prozent liegt – der WHK also weit mehr als doppelt so groß ist, wie die Anzahl der Stammhörer – dann sollten die Verantwortlichen an der Optimierung des On Air Marketing „ihres Senders" arbeiten – vorausgesetzt, das Programm bietet keine Abschaltfaktoren, die für die schlechte WHK-Umwandlung verantwortlich sind.

Ein optimales On Air Marketing ist also unerlässlich
» für den Aufbau einer Marke,
» für das Ausbauen des eigenen Erfolgs und
» für das Halten und Erweitern einer Marktposition

On Air Marketing ist Markenbildung on air.

Diese Markenbildung findet im gesamten Radioprogramm statt: zwischen den einzelnen Musiktiteln, innerhalb ausgewählter Moderationen, in Promos vor oder nach den Werbeblöcken, in Form von „Liners", also festgeschriebenen Marketing-Aussagen für die Moderatoren oder Nachrichtenredakteure, in den Showopenern usw.. Vor dem Texten der Elemente und Liners stehen eine Bestandsaufnahme und ein sinnvolles Konzept für das eigene On Air Marketing.

B On Air Marketing

B2 EFFIZIENTES ON AIR MARKETING

Der Claim	**50**
Die Images	**52**
Musikimages zuerst!	**52**
Eigene Negativimages	**53**
Negativimages des Wettbewerbers	**55**
Das optimale „Wording"	**55**
Weitere USPs für das On Air Marketing	**57**

B2 Effizientes On Air Marketing

Zunächst braucht jeder Sender ein Konzept für sein On Air Marketing, das sich meistens aus den Ergebnissen der Marktforschung ergibt. Diese zeigt in der Regel, welche Positionen besetzt werden und welche Botschaften demnach kommuniziert werden müssen. Aus Marktforschung oder eigener Sendeanalyse ergeben sich außerdem Images, die verteidigt werden müssen, sowie mit etwas Glück Schwächen von Wettbewerbern, die genutzt werden können, um eigene Vorteile zu betonen oder die Nachteile des Konkurrenzsenders konkret zu benennen.

Verschaffen Sie sich deshalb vor dem Erstellen des Konzepts Klarheit über folgende Punkte:

Welches Image hat der Sender?
- » Ist der aktuelle Sender-Claim geeignet, um das Produkt und dessen Vorteile optimal zu beschreiben? Handelt es sich idealerweise um einen Musik-Claim?
- » Wenn ja: Wird der Claim ausreichend mit dem Sender in Verbindung gebracht oder besteht eine große Verwechslungsgefahr mit einem Wettbewerber?
- » Welches Image braucht mein Sender unbedingt, um die bestmögliche Position im Markt zu erreichen?
- » Gibt es alte Negativimages die die Marke noch belasten?
- » Gibt es relevante Schwächen bei einem wichtigen Wettbewerber, deren konkretes Benennen zum eigenen Vorteil sein könnten (zu viel Werbung, zu viele Wiederholungen in der Musik?)
- » Welche Begriffe benutzt der Wettbewerber? Welche sind für das eigene Produkt noch frei (z. B. „Vielfalt" versus „Abwechslung")?
- » Für welche USPs neben der Musik kann der Sender noch erfolgreich stehen (z. B. eine unterhaltsame Morgensendung)?

CHECKLISTE

Oftmals wundern sich Senderchefs über schwache Einschaltquoten und Marktanteile, obwohl sie scheinbar alles richtig machen und die wichtigsten Schritte auf dem Weg zum Erfolg perfekt gegangen sind: Sie waren die ersten in ihrem Format, die Musik entspricht laut Tests den Hörerwünschen, die Morgensendung kommt gut an, deren Protagonisten sind beliebt und auch der Rest stimmt. Diese Senderchefs vernachlässigen oft einen entscheidenden Punkt: das Kommunizieren der entscheidenden Senderimages durch ein durchdachtes On Air Marketing. Und damit ist nicht das ständige Aufsagen des Senderclaims durch die Moderatoren oder die Station Voice gemeint, sondern die sinnvolle Kommunikation der wichtigen USPs. Was bietet mir dieser Sender, was andere nicht bieten? Was ist der Nutzen des Hörers, wenn er diesen Sender einschaltet?

Ohne ein funktionierendes On Air Marketing erreichen Sender nur selten den maximal möglichen Marktanteil – das gilt auch, wenn sie die einzige Alternative im Markt für ein bestimmtes Format sind. Denn On Air Marketing hilft auch dabei, bereits vorhandene Hörer noch besser zu binden und diese dazu bewegen, den Sender länger zu hören bzw. öfter einzuschalten. OAM hilft außerdem, Feinheiten zu betonen oder sekundäre Produktvorteile so herauszuarbeiten, dass sie auch im WHK verstanden werden.

Wenn also klar ist, welche Images entscheidend sind, welche mehr und welche nicht mehr ganz so häufig kommuniziert werden müssen, welche Begriffe sich eignen und welche bereits „besetzt" sind, welche weiteren USPs relevant sind und ob der Wettbewerber eventuell Schwächen hat, die zum eigenen Vorteil genutzt werden könnten, ist es Zeit, die einzelnen Bestandteile der künftigen On Air Promotion exakt zu definieren und in ein entsprechendes Konzept zu bringen.

Der Claim

Der Kern des On Air Marketings eines Senders ist dessen Claim, also sein „Werbeslogan". Dieser sollte das Produkt möglichst exakt beschreiben, so wie z. B.: „Mehr Musik, mehr Vielfalt – mit dem besten Musikmix aus vier Jahrzehnten". Denn die wichtigsten Bestandteile eines Claims, der optimal für das Produkt arbeitet, sind laut John Mönninghoff, President Coleman Europe:

„Klare Aussagen zum wesentlichen Nutzen des Programms bezogen auf die Musik und zwar ausschließlich auf die Musik. Musik ist der Haupteinschaltgrund und die Vorstellung über die bei einem Sender zu erwartende Musik entscheidet immer noch über Wohl und Wehe bei den Reichweiten, das heißt nicht, dass alle anderen Programmelemente zu vernachlässigen wären." (Overbeck 2009: 232)

Nicht umsonst muten viele Claims ähnlich an. Eine Tatsache, die von Kritikern erfolgreicher kommerzieller Radiosender (und ähnlich aufgebauter öffentlich-rechtlicher Sender) oft bemängelt wird. Dabei ist es dem Hörer vollkommen egal, ob irgendein Privatradio im Norden der Republik mit einem ähnlichen Slogan wirbt, wie beispielsweise der öffentlich-rechtliche *hr3* in der Mitte Deutschlands. Einige Bestandteile sind wichtig, um Aussagen über das Format zu treffen, das die Bedürfnisse der Hörer bei der Suche nach ihrem Lieblingssender erfüllt. Deshalb finden sich die Worte „Mix", „Mischung", „Abwechslung" und „Vielfalt" in einer Mehrzahl der Claims deutschsprachiger Musiksender. Hintergrund ist, dass – dies zeigen die Marktforschungen vieler AC-Formate von Flensburg bis Freiburg – eine möglichst abwechslungsreiche Musikmischung für erwachsene Hörer eines der Top-Kriterien für die Wahl des Lieblingssenders ist. Über alle Altersgruppen ab Mitte 20 aufwärts hinweg und bei Männern und Frauen gleichermaßen. Ca. zwei Drittel bis über 70 Prozent der erwachsenen Hörer eines Musiksenders nennen dies bei entsprechenden Befragungen als wichtiges Kriterium für die Wahl ihres Lieblingsprogramms.

Ein weiterer wichtiger Bestandteil ist eine Beschreibung der Mischung des Senders. Oftmals werden Dekaden dafür herangezogen (1980er, 1990er, 2000er und das Beste von heute) oder Umschreibungen wie „die besten neuen Hits und unsere Greatest Hits". Dabei ist zu berücksichtigen, welches „Format" der direkte Wettbewerber für seinen Claim benutzt.

Ein Beispiel: Ein großer landesweiter Hitsender sah in seiner Marktforschung, dass jeder Claim, der Dekaden enthält, von der Mehrheit der Hörer mit einem direkten Wettbewerber assoziiert wurde. Dekaden-Claims waren also für diesen Sender zu vermeiden – sie hätten indirekt Werbung für den Mitbewerber gemacht.

Bei der Wahl eines neuen oder Änderung eines bestehenden Slogans kommt es also nicht nur darauf an, die Musikmischung gut zu beschreiben. Man sollte auch darauf achten, welche Begrifflichkeiten bereits besetzt sind und möglicherweise dem Wettbewerber nutzen könnten.

Problemlos zu kreieren sind Claims für Rock-, Alternative-, oder ganz junge aktuelle Hit-Formate. Diese lassen sich relativ einfach beschreiben, z. B. mit der Aussage „die besten aktuellen Hits". Bei solchen Formaten sind kreative Claims auch weniger riskant, weil sich hier mit einfachen Worten ein Format konkret beschreiben lässt.

Die Images

Die optimale Kommunikation der Images setzt eine Marktforschung oder eine eigene Analyse voraus, die die für den Erfolg des Senders sinnvollen und notwendigen Images aufzeigt. Sinnvolle Images sind diejenigen, die nicht haushoch durch einen starken Wettbewerb besetzt sind. Anderweitig haushoch besetzte Images zu bekommen, bedeutet einen Kampf gegen Windmühlen, den ein Sender nur mit dem Einsatz von sehr viel Geld für Außenmarketing und einem sehr langen Atem gewinnen kann:

„Das Erste, was Sie brauchen, um Ihre Botschaft unauslöschlich im Gedächtnis zu verankern, ist keine Botschaft. Es ist ein Gedächtnis, und zwar ein unbelastetes. Ein Gedächtnis also, das noch nicht durch die Botschaft einer anderen Marke belastet ist." (Ries/Trout 2001: 18)

Musikimages zuerst!

Unbedingt zu gewinnen – also in den Köpfen der Hörer zu besetzen – sind dabei zunächst die Images für die „richtige" Musik, also für Musik, für die es eine Marktlücke und natürlich auch ein entsprechendes Hörerpotenzial gibt. Als Voraussetzung gilt eine in sich kompatible musikalische Zusammenstellung, die nicht regelmäßig die eine oder andere Zielgruppe zum Abschalten bewegt. Dabei sind nicht alle Images, die „richtig" sind, auch wichtig. Bestimmte Dekaden, wie z. B. die Musik der 1990er oder 2000er in einem auf Vielfalt basierenden CHR-Format sind wichtig für die gesamte Anmutung des Senders und für eine wirklich vielfältige Musikmischung, aber je nach Markt-Situation können sie für das On Air Marketing absolut irrelevant sein. Z. B. wenn es darum geht, die Position für die „besten aktuellen Hits" zu erobern oder verteidigen.

Das Gewinnen der wichtigen und richtigen Musikimages (und – wie oben bereits erwähnt – des Images für eine „abwechslungsreiche Musikmischung") entscheidet maßgeblich über Erfolg und Misserfolg eines Senders. Genauso wie die Entscheidung für den Kauf einer der zahlreichen Zahnpastamarken im gut sortierten Drogeriemarkt im Kopf des Käufers unbewusst über Images und Produktvorteile stattfindet, findet die Wahl des Radiosenders ebenfalls unbewusst über die Wahrnehmung statt:

B2 Effizientes On Air Marketing

Es geht darum, was der Konsument über die ihm zur Verfügung stehenden Sender denkt. Alles dreht sich also um die jeweiligen Senderimages und deren Relevanz für die Auswahl eines Senders.

Eigene Negativimages

Eine professionelle Marktforschung oder eine solide eigene Senderanalyse zeigt nicht nur auf, welche positiven Images zu gewinnen sind, sondern auch, welche negativen Images das Produkt in den Köpfen der Nutzer belasten. Typische Negativimages sind z. B.:

» Images für die „falsche" Musik wie Oldies bei einem Sender, der als Hitradio anmuten will oder Images für polarisierende Sounds wie Rap/Hip Hop bei einem Sender, der auch konservative Hörer jenseits der 35 ansprechen will,
» Images für zu viel Wortbeiträge,
» Images für zu viele Wiederholungen in der Musik,
» Images für zu viel Werbung,
» Images für zu viele Gewinnspiele und
» Images für eine zu altbackene/zu junge Ansprache.

Natürlich kann man versuchen, alle diese Images ausschließlich durch ein „besseres" Programm in die gewünschte Richtung zu lenken. Effektiver wird es aber durch zusätzliches gezieltes On Air Marketing. Denn wie eingangs erwähnt, geht es nicht nur darum, ein gutes Produkt zu kreieren, sondern es geht vor allen Dingen darum, die Wahrnehmung des Konsumenten zu beeinflussen.

Ein gutes Beispiel, wie leicht man die Wahrnehmung des Konsumenten über OAM beeinflussen kann, ist der Sender *BB Radio*. Der sehr erfolgreiche Sender im hart umkämpften Markt Berlin-Brandenburg hatte plötzlich das Problem, für zu viele Wiederholungen in der Musik zu stehen. Mehr als ein Viertel aller Hörer im Gesamtmarkt nahm *BB Radio* als Sender wahr, der dieselben Songs zu häufig wiederholt. Alle großen Wettbewerber standen nur mit Werten um die 10 Prozent für „zu viele Wiederholungen in der Musik". Problematisch wurde dieses Image auch deshalb, weil es eines der zu diesem Zeitpunkt höchsten Senderimages war. Wäre dieses Negativimage deutlich von anderen Positivimages überlagert worden, hätte man es so akzeptieren können. In diesem Fall aber galt es, Positivimages zu verstärken, indem Negativimages reduziert werden. Denn es kommt nicht nur darauf an, entsprechende Images zu haben. Die Reihenfolge der Images ist entscheidend.

Hohe Positivimages nützen nichts, wenn sie durch noch höhere Negativimages überlagert werden. Die „richtigen" Images in der optimalen Reihenfolge sind entscheidend für den Erfolg eines Radiosenders. On Air Marketing dient auch dazu, diese Images zu managen und „falsche" Rankings zu korrigieren, also Images wieder in die „richtige" Reihenfolge zu bringen.

Was haben die Verantwortlichen bei *BB Radio* also gemacht? Die Musik geändert und mehr Songs in die Rotation gepackt? Nein. Oder doch – man hat insgesamt neun zusätzliche Songs gespielt. In der aktuellen Hitkategorie wurden für einen Zeitraum von ca. fünf Monaten statt fünf Songs, die sich alle fünf Stunden wiederholen, neun Songs gespielt, die dann alle neun Stunden liefen (ebenso wurden zwei weitere Hitkategorien von sieben auf neun Songs erweitert) Sonst wurde an der Musik, an den Songs und an den Turnovers nichts geändert. Der Programmchef Torsten Birenheide hat vor allem das On Air Marketing angepasst:

„Wir haben alles weggelassen, was wir nicht unbedingt kommunizieren mussten und haben uns darauf konzentriert, weniger Wiederholungen und mehr Vielfalt zu kommunizieren."

Die Kernaussage in abwechslungsreichen Elementen und kreativen Moderationen lautete: „Das w Vielfaltversprechen: Von 9 bis 18 Uhr kein Hit doppelt". Wichtig bei der Kommunikation war eine gute Dosierung: ca. zwei- bis dreimal pro Stunde dieselbe Botschaft – immer wieder neu und anders sowie das Verzichten auf andere Inhalte, die von dieser strategischen Kernaussage nur abgelenkt hätten.

Nach einem halben Jahr ergab eine neue Marktforschung eine Halbierung dieser schädlichen Images in der Wahrnehmung der Zielgruppe. Damit lagen diese Images in etwa gleichauf mit denen des Wettbewerbs. Außerdem wurde durch diese Promotion das wichtige Vielfaltimage nach oben katapultiert, so dass man hier von einem erfolgreichen Imagemanagement sprechen konnte: Negativimages wurden reduziert, Positivimages verstärkt.

Ob man die eigenen Schwächen in seinem OAM offen anspricht und zum Thema macht, ob man also negative Dinge tatsächlich kommuniziert, hängt von der Situation ab. Wenn eine große Mehrheit einen Sender z. B. auch nach Jahren mit einem frischen, jungen Programm immer noch für „altbacken" hält, kann es Sinn machen, diese vermeintliche Schwäche „offen anzusprechen", um dann in einem Element oder Promo das Gegenteil zu beweisen. Eine schöne Variante dafür sind Hörer-O-Töne, die in Promos eingebaut werden. Fremdes Lob ist in einer solchen Situation ein wunderbares Mittel – Eigenlob stinkt ja bekanntlich. Es gibt allerdings auch kaum etwas Schwierigeres im Bereich der Produktion von OAM-Elementen, als echte (!), gut klingende Hörer-O-Töne zu bekommen. Authentische Hörer-Testimonials zu finden, ist zwar aufwendig, aber effektiv.

Negativimages des Wettbewerbers

Natürlich kann OAM auch die Negativimages des Wettbewerbers zum eigenen Vorteil nutzen! Steht der Wettbewerber z. B. für zu viele Wiederholungen in der Musik, kann man die eigene „wiederholungsfreie Zone" mit einem kleinen Seitenhieb auf diesen („Während andere immer wieder dieselben Hits rauf und runter dudeln ...") als Vorteil darstellen und damit den Hörer erst recht auf die Nachteile des Wettbewerbers aufmerksam machen und diesen „re-positionieren". Diese Form des OAM funktioniert auch für andere Schwächen des Wettbewerbs wie z. B. „zu viel Wort" oder „zu viele Gewinnspiele". Vor allem das Image für „zu viele Gewinnspiele" kann man gut nutzen, um genervte Hörer via OAM abzuholen und von WHK-Hörern in Stammhörer umzuwandeln.

Das optimale „Wording"

Bei der Wahl der optimalen Begriffe für das OAM eines Senders sind drei Punkte entscheidend:
» Verständlichkeit,
» die Begriffe müssen gut „zu moderieren" sein und
» die Begriffe dürfen keinesfalls dem Wettbewerb zugeordnet werden.
Dass man im Nebenbei-Medium Radio Begriffe sofort verstehen und

richtig zuordnen können sollte, versteht sich von selbst. Deshalb ist Kreativität hier oftmals nicht angebracht. Umschreibungen wie der Slogan-Bestandteil „Dreiste Musik" eines öffentlich-rechtlichen Senders in Berlin-Brandenburg sind eben nicht so direkt wie ein einfaches „alle aktuellen Hits". Bei der Auswahl der entscheidenden Wordings ist Klarheit DAS Kriterium, kreativ sollte dann die Umsetzung in Elementen und Moderationen sein. „Werbung ist Sekundenkommunikation", schreiben auch Dirk Held und Christian Scheier in ihrem Buch „Wie Werbung wirkt". Angesichts der Tatsache, dass der Mensch heute jeden Tag 3.000 Werbebotschaften empfängt, ist eine Entschlüsselung des Codes „Dreiste Musik" möglicherweise zu anspruchsvoll für ihn.

Am „grünen Tisch" entwickelte Wordings wie der Slogan „Lieblingshits im Lieblingsmix" eines öffentlich-rechtlichen Senders in Süddeutschland scheinen auf den ersten Blick einprägsam, sind aber schwer in einen normalen Satz so einzubauen, dass dieser noch natürlich gesprochen klingt. Gut klingend ist eben nicht immer auch gut umzusetzen. „Die Lieblingshits im Lieblingsmix" waren dann auch schnell wieder aus der Moderation verschwunden.

Ein weiteres Kriterium für die Auswahl wichtiger Begriffe ist die Einzigartigkeit im Markt. Wem wird ein Begriff beim Nebenbei-Hören zugeordnet? Wahrscheinlich demjenigen, der diesen Begriff schon lange für sich besetzt hat!

Benutzt der Wettbewerb das Wording „alle aktuellen Hits" muss man eben ausweichen, z. B. auf „die besten Hits von heute". Arbeitet der Wettbewerb mit „dem besten Musikmix" ist der Begriff „Musikmix" in der eigenen Positionierung zu vermeiden. Mit einer guten Marktforschung und dem Überprüfen der Assoziation von Wordings sind Sie in jedem Fall auf der sicheren Seite. Übrigens werden gerne auch bereits scheinbar vergessene Begrifflichkeiten noch mit dem Wettbewerb assoziiert. Hat der „große" Wettbewerber vor Jahren einen Dekadenclaim benutzt, empfiehlt es sich, zur Sicherheit eine Assoziation mit einem Dekadenclaim abzutesten bzw. diesen anderweitig zu ersetzen.

Weitere USPs für das On Air Marketing

Neben den richtigen Musikimages und der Position einer vielfältigen Musikmischung können weitere Produktmerkmale helfen, in möglichst vielen für den Hörer relevanten Bereichen, eine entscheidende „Gedächtnisposition" zu besetzen.
Dazu gehört der USP „viel Musik am Stück" genauso wie das wichtige Erfolgskriterium einer ansprechenden Morgensendung. Radio wird nach wie vor vor allem wegen der Musik gehört. Wer nach einem stressigen Arbeitstag in das Auto steigt und einen Musiksender einschaltet, erwartet seine Musik. Wer sich mit Kollegen bei der Arbeit auf einen Sender einigen muss, tut dies natürlich in erster Linie nach Musikgeschmack. Gleich als nächstes folgen dann aber bei der Nutzung tagsüber bei der Arbeit Kriterien wie „viel Musik, wenig störendes Wort zwischendurch".
Auch hier gilt: Tue Gutes und rede darüber! Einfach nur viel Musik zu spielen reicht nicht aus. Beispiel aus einer Marktforschung in einem großen Wettbewerbsmarkt: Sender A spielt nachweisbar mehr Musik als Sender B. Bei Sender A dürfen die Moderatoren nur kurz auf die Songintros moderieren, es gibt lange Strecken ohne Werbung, das Programm wird nur selten durch Sonderwerbeformen oder lange Gewinnspielmoderationen unterbrochen. Sender B dagegen hat oft sehr lange Werbeblöcke, viele Sonderwerbeformen mit hohem Wortanteil und spielt im Schnitt mindestens einen Song pro Stunde weniger als Sender A.
Sender B aber hat spezielle Wordings für die langen Musikstrecken und bewirbt diese sogar auf Plakaten. Bei Sender B wird in den Moderationen zweimal pro Stunde an sinnvoller Stelle auf die extra lange Musikstrecken hingewiesen, außerdem laufen innerhalb dieser Strecken Elemente, die diese benennen.
In einer Marktforschung Mitte der 2010er-Jahre hat Sender B die Wahrnehmung des Wettbewerbsvorteils „viel Musik am Stück" in seinem Markt ausführlich untersucht. Trotz klar messbar mehr Musik beim Wettbewerber schlägt Sender B nicht nur Sender A beim Image für „die meiste Musik am Stück", sondern gewinnt dieses Image auch vor allen anderen Radiosendern in diesem Markt. Die Geheimwaffe heißt auch hier „On Air Marketing". Wie stark man seine Morningshow im Rahmen des OAM über Promos

oder Moderationen bewirbt, hängt logischerweise von deren Qualität ab. Je besser diese ankommt, desto mehr Promotion sollte dafür betrieben werden. Eine schwache Morgensendung oder eine Morningshow, die sich gerade erst im Aufbau befindet, sollte minimal beworben werden, etwa alle zwei Stunden einmal in einem kurzen Promo mit Hinweis auf einen massenkompatiblen Inhalt (und mit einer konkreten zeitlichen Verabredung auf diesen Inhalt!).

Eine gute, etablierte Morgensendung darf gerne häufig im OAM stattfinden – in allen erdenklichen Formen: z. B. Frontseller-Promos oder Backseller-Promos mit Frontsellern kombiniert. Vermeiden Sie dabei reine Backseller, also Promos, die nur auf die bereits abgelaufene Show zurückschauen – nach „hinten verkaufen" schafft keine Einschaltimpulse. Kombinieren Sie also immer Backseller mit dem Blick nach vorn und der Bewerbung mindestens eines Highlights der kommenden Show – bitte immer mit einer konkreten Uhrzeit. Ein Beispiel:

```
Morgen ab 7 Uhr ist Mario Barth live bei uns zu
Gast. Um 7 Uhr 10 fragen wir ihn, was das Ge-
heimnis seiner fast 15-jährigen Beziehung mit
seiner Freundin ist.
```

Wenn es mal keinen besonderen Inhalt zu teasen gibt, kann man sich immer mit der Ankündigung einer Benchmark behelfen:

```
Wie es mit Jesus weitergeht und ob sein Vater
ihm erlaubt, ein Spielcasino zu besuchen, hört
ihr morgen um 7 Uhr 10.
```

Die konkrete Verabredung ist dabei unerlässlich.

Schön sind auch Imagepromos, die die Protagonisten oder bestimmte Benchmarks unabhängig vom tagesaktuellen Frontseller bewerben. Diese Imagepromos beschreiben bestimmte Charaktermerkmale der Moderatoren und unterstützen diese mit unterhaltsamen O-Tönen, die Lust auf mehr machen. Am Ende all dieser Überlegungen steht das Erstellen eines OAM Konzeptes.

On Air Marketing

CHECKLISTE

» Kreieren Sie einen Claim, der das Produkt möglichst exakt beschreibt.
» Bestimmen Sie die drei wichtigsten Botschaften für Ihre On Air Kommunikation.
» Konzentrieren Sie sich auf das Wesentliche und werfen Sie alles Überflüssige über Bord.
» Erstellen Sie ein Ranking der wichtigsten Botschaften und legen Sie fest, wie häufig diese kommuniziert werden sollen.
» Besetzen Sie eigene Begriffe und vermeiden Sie Wordings der Wettbewerber.
» Versuchen Sie, die wichtigste Botschaft einmal in 20 Minuten sinnvoll zu kommunizieren. Die zweiwichtigste Botschaft ca. zweimal pro Stunde, die drittwichtigste ein- bis zweimal pro Stunde.
» Legen Sie fest, welche weiteren USPs in Promos kommuniziert werden sollen.
» Legen Sie klare Regeln für die Moderatoren fest.
» Leben Sie klare Regeln für den Einsatz der Elemente fest.
» Erstellen Sie eine OAM-Uhr.
» Kontrollieren Sie die Strategie im Rahmen von OAM-Airchecks.
» Seien Sie konsequent. Haben Sie Ausdauer und bleiben Sie bei einer Linie. Wenn Sie und Ihre Mitarbeiter bzw. Kollegen die Botschaften nicht mehr ertragen können, hat der WHK gerade angefangen, diese zu verstehen.

Der wichtigste USP ist und bleibt natürlich die Musik. Für das strategisch ausgeklügelte Bewerben der Musik gibt es kein besseres Tool als Hookpromos.

B On Air Marketing

B3 HOOKPROMOS

Konzeption einer Hookpromo-Staffel	**61**
Die Mischung	**62**
Position des Hookpromos	**65**
Formen für Hookpromos	**65**

Hookpromos sind das wichtigste Instrument zum Bewerben der musikalischen Positionierung eines Senders. Mit ihnen kann man das Format in kürzester Zeit exakt widerspiegeln und die Kernkompetenz des Senders in wenigen Sekunden „an den Hörer bringen". Außerdem lassen sich Musikimages korrigieren bzw. forcieren, in dem man einzelne Sounds oder Dekaden überbetont. Hookpromos können all das unterstützen, was zur Basis eines guten OAM gehört:

» die musikalische Positionierung widerspiegeln,
» angepeilte strategische Positionen überbetonen,
» den Claim BEWEISEN,
» Positivimages steigern,
» Negativimages reduzieren.

Und sie können dabei sogar Geschichten erzählen. Eines jedenfalls dürfen Hookpromos nie sein: langweilig! Hookpromos haben zwei wichtige Bestandteile: die Hooks (Refrains, Slogans), mit denen sie bestückt sind und die Texte, die das Format beschreiben. Diese können erreichen, dass diese Form der Eigenwerbung viele Facetten hat und – genau wie gute Werbespots – als Unterhaltungselement wahrgenommen wird.

Sich aber einfach nur hinzusetzen mit dem Vorsatz: „nun texte ich mal ein paar Hookpromos, die Produktion wird mit Hilfe der Musikredaktion schon etwas Vernünftiges daraus machen", ist ein wenig erfolgversprechender Weg.

Mehrere „unglücklich" bestückte Hookpromos können ein Bild ihres Senders widerspiegeln, das in eine ganz falsche „akustische Richtung" läuft, z. B., wenn ein „falscher" Sound überwiegt. So könnte ein Sender allein durch die Bestückung der Hookpromos zu rocklastig oder zu rhythmisch wirken.

Konzeption einer Hookpromo-Staffel

Hookpromos sind das beste Werkzeug zur Positionierung der musikalischen Strategie. Um dieses Werkzeug optimal einzusetzen und die Kommunikation unerwünschter Images zu verhindern, stehen vor dem Texten immer eine Reihe von strategischen Überlegungen:

B On Air Marketing

CHECKLISTE

Hookpromo-Konzept
» Welche Musikmischung soll im Hookpromo präsentiert werden? Müssen z. B. alle on air stattfindenden Dekaden auch im Hookpromo stattfinden? Oder macht das strategisch gar nicht so viel Sinn?
» Wie viele Hooks pro Promo sollen angespielt werden? Überall dieselbe Anzahl oder gibt es unterschiedliche Ansätze?
» Stehen bestimmte Sounds (z. B. Rocksounds oder rhythmische Sounds) im Vordergrund? Wenn ja, was bedeutet das für die Texte?
» Müssen bestimmte Dekaden oder eher die aktuellen Hits überbetont werden? Was ergibt sich daraus für die Text-Ideen?
» Welche Sender-USPs sollen im Hookpromo noch beworben werden (Vielfalt? Viel Musik am Stück? Spezielle Musikbenchmarks?)
» An welcher Position in der Sendeuhr soll das Hookpromo stehen? Was ergibt sich daraus für die Text-Ideen?
» Welche Formen sollen genutzt werden?

Die Mischung

Spiegelt man im Hookpromo exakt die Mischung wieder, die man im Programm spielt? Kommt darauf an! Verteilt man die Dekaden so wie in der Musikrotation – z. B. 25 Prozent aktuell, 20 Prozent Recurrents, 15 Prozent späte 2000er, 15 Prozent frühe 2000er, 15 Prozent 1990er und 10 Prozent 1980er? Kommt darauf an! Und wie verfährt man mit den Sounds? Kommt darauf an! Die Musik-Mischung, die Sie in Ihren Hookpromos präsentieren, hängt von vielen Faktoren ab:

CHECKLISTE

Musikmischung in Hookpromos
» Welche Sounds sind bei Ihren Hörern gerade besonders angesagt und für welche Sounds kann „Ihr Sender" überhaupt stehen?
» Gibt es Sounds und Dekaden mit denen der Sender zu stark assoziiert wird?
» Gibt es Dekaden oder Sounds, die für Ihre Strategie nicht relevant sind?
» Wird der Sender auf einem bestimmten Gebiet von einem Wettbewerber angegriffen und muss hier deshalb seine Images „verteidigen" – z. B. im Bereich der aktuellen Hits?

B3 Hookpromos

All diese Punkte bestimmen die Grundstrategie der Hookpromos für das optimale OAM. Nehmen wir folgende Situation, um ein Konzept für eine Staffel von Hookpromos zu kreieren: Das Format unseres Senders ist Hot AC. Die Musik verteilt sich wie folgt auf die Dekaden:
» 25 Prozent aktuell,
» 20 Prozent Recurrent,
» 15 Prozent späte 2000er, 15 Prozent frühe 2000er und
» 15 Prozent 1990er und 10 Prozent 1980er.

Die Sounds sind sehr poppig oder kommen aus dem Bereich Poprock. Wobei konservativer Pop der tragende Sound des Senders ist. Rhythmische Sounds, R&B, Dance und Rock spielen eine untergeordnete Rolle. Der Wettbewerb greift plötzlich im Segment der aktuellen Musik an und bewirbt verstärkt die Hits von heute. Dieses Image muss verteidigt und gewonnen werden.
Bei einem Drittel der Hörer im gesamten Markt hat unser Beispielsender eher „ältere" Images und steht ganz stark für die Hits aus den 1980ern und 1990ern, weil der Sender bis zu Beginn der 2010er-Jahre einen Großteil seines Programms mit Hits aus diesen beiden Dekaden bestritten hat. Außerdem soll die Vielfalt in der Musik beworben werden, da diese für die Hörer ein wichtiges Auswahlkriterium ist.
Der Sender hat also einige strategische Probleme. All diese genannten kritischen Punkte können in der Hörerwahrnehmung durch Hookpromos in eine bessere Richtung gelenkt werden. Zusammenfassend könnte man für den beschriebenen Beispielsender folgende Strategie empfehlen:
» aktuelle Hits überbetonen,
» konservative Sounds überbetonen,
» 1980er und 1990er eher selten einsetzen,
» aktuelle Hits textlich nach vorn stellen und
» Abwechslung in den Texten betonen und erklären.

Zur Vereinfachung könnte man z. B. 14 unterschiedliche Motive konzipieren und diese aufteilen in zwei Serien à sieben Hookpromos. Serie Nummer Eins betont die Abwechslung und enthält auch die Hits der 1980er und 1990er, die zweite Serie stellt die aktuellen Hits in den Vordergrund und präsentiert nur Musik von 2000 bis heute. Und so könnten diese Hookpromos musikalisch bestückt sein:

„Serie aktuelle Hits":
» drei Motive mit einem aktuellen Hit, einem Recurrent und einem späten 2000er; Sounds: zwei Pop, ein Poprock,
» drei weitere Motive mit zwei aktuellen Hits, einem Recurrent und einem frühen 2000er; Sounds: zwei Pop, ein Rhythmic, ein Poprock, eines mit zwei aktuellen Hits und einem Recurrent; Sounds: ein Pop, ein Poprock, ein Dance

„Serie Vielfalt":
» drei Motive mit einem aktuellen Hit, einem Recurrent und einem 1990er; Sounds: zwei Pop, ein Poprock,
» drei weitere mit zwei aktuellen Hits, einem späten 2000er und einem 1980er; Sounds: zwei Pop, ein Dance, ein Poprock,
» eines mit einem aktuellen Hit, einem frühen 2000er und einem 1990er; Sounds: ein Pop, ein Poprock, ein Rhythmic.

Insgesamt würde diese Hookpromostaffel für unseren Beispielsender folgende Dekaden und Sounds abdecken:

Aufteilung Dekaden einer Hookpromostaffel		
Dekaden	absolut	in Prozent
aktuelle Hits	21	44
Recurrents	10	21
2000er (frühe und späte)	10	21
1990er	4	8
1980er	3	6
Aufteilung Sounds einer Hookpromostaffel		
Sounds	absolut	in Prozent
Pop	26	54
Poprock	14	30
Rhythmic	4	8
Dance	4	8

Die strategisch wichtigen Dekaden und Sounds werden im fertigen Promo akustisch deutlich herausstechen und damit hörbar machen, wofür der Sender stehen will.

Plant man eine solche Staffel nicht strategisch, sondern „Pi mal Daumen" können schnell falsche Eindrücke entstehen, die möglicherweise sogar den Wettbewerb in seinem „Angriff" unterstützen, weil sie durch falsche Sound- und Dekadenverteilung ein akustisches Bild ergibt, das den eigenen Sender eher schwächt als stärkt. Im besten Fall bleiben strategisch weniger optimal geplante Hookpromos wirkungsfrei – und dann ist es schade um die vielen Arbeitsstunden, die vom Texten bis zum Produzieren in diesen Elementen versenkt wurden.

Position des Hookpromos

Hookpromos sind also das wichtigste Instrument zum Bewerben der musikalischen Positionierung eines Senders. Wann immer ein solches Element im Programm läuft, hat der Sender hohe Aufmerksamkeit für den nachfolgenden Song. Schließlich hat das Hookpromo gerade eine tolle Musikmischung und/ oder die besten aktuellen Hits kommuniziert – jedenfalls eine Botschaft von der der Sender weiß, dass ihr Inhalt attraktiv für eine Mehrheit der Hörer ist. Dieser Form der Bewerbung der Musik sind ja kostspielige Marktforschungen oder langwierige eigene Analysen vorausgegangen. Es ist also wichtig, diese Elemente sinnvoll in der Musikuhr zu positionieren. Die beste Position liegt vor einem strategisch wichtigen Song bzw. einer strategisch wichtigen Dekade. Bei unserem Beispielformat wäre das vor einem aktuellen Hit. Die zweitbeste Position für diesen Sender wäre vor einem Recurrent, also einem Song, der nicht älter als zwei oder drei Jahre ist. Kontraproduktiv würde das Hookpromo bei unserem Beispielsender vor einem Hit aus den 1980ern oder 1990ern wirken. Auch eine Position vor einem Song aus den 2000ern wäre nicht ganz optimal. Angenommen, es ist bei unserem Beispielsender möglich, das Hookpromo direkt vor einem Song aus der aktuellen Hitkategorie zu platzieren, dann käme als Form für die beschriebene „Staffel aktuelle Hits" auch die Form des „offenen Hookpromos" in Frage.

Formen für Hookpromos

Dank vieler unterschiedlicher Formen können Hookpromos ein Hörerlebnis sein und Spaß machen! Ich unterscheide folgende Formen:

» Standard-Hookpromos,
» offene Hookpromos,
» Hookpromos, die weitere USPs promoten,
» Hookpromos mit Testimonials,
» Hookpromos mit O-Tönen bzw. Mini-Hörspielen.

Standard-Hookpromos enthalten in der Regel den Senderclaim, beschreiben die musikalischen USPs in wenigen Worten, beinhalten ca. drei bis vier Hooks und sind vor allem eines: kurz! Spielraum für Kreativität gibt es hier nur in der Produktion. Ansonsten erfüllen diese Hookpromos ihren Zweck und sind z. B. für Sender geeignet, die sowieso gerade mit einem hohen Image für zu viel Werbung oder zu viel Wort zu kämpfen haben oder für Sender, deren musikalische Position nicht viele Worte braucht (Rockformate oder andere Spezialformate wie Urban Black).

Das offene Hookpromo ist eine schöne Form für Radiostationen, die vor allem eine bestimmte Dekade, wie die Hits aus den 1980ern, einen primären Sound wie Rock oder die aktuellen Hits in den Vordergrund ihrer strategischen Kommunikation stellen wollen. Ein solches Hookpromo bewirbt mit dem letzten Satz eben diesen USP und endet dann „offen". Beispiel: „Jetzt mit noch mehr Hits von heute. Hier der nächste." Diese Variante eröffnet die Möglichkeit, mit nur zwei Hooks im Promo zu arbeiten und dieses Element besonders kurz zu halten.

Mit Hookpromos kann man auch weitere wichtige Programmmerkmale in den Vordergrund rücken: z. B. lange Musikstrecken, Sendezeiten ohne Wiederholung in der Musik oder Musikspecials. Diese USPs können in eine Geschichte eingebunden werden, die sich durch das ganze Element zieht. Oder sie werden einfach am Ende des Elements besonders betont: „Und das alles tagsüber wiederholungsfrei! Von 9 bis 18 Uhr garantiert kein Hit doppelt."

Das Hookpromo mit Testimonials nutzt Hörer-O-Töne, um das Produkt zu beschreiben und dessen Vorteile zu präsentieren. Testimonials bringen Leben in die Elemente, sind aber schwer zu bekommen, weil sie auf alle Fälle eines sein müssen: authentisch! Einige Sender versuchen, diese Aufgabe von Schauspielern erledigen zu lassen – mich konnte das bislang nicht überzeugen.

Hookpromos mit O-Tönen sind eine wunderbare Variante, um Spaß in diese Elemente zu bringen und jedes Hookpromo zu einem Hörerlebnis zu machen. Dabei sind der Fantasie keine Grenzen gesetzt. So bekam der Sender *Radio TON* im Jahr 2002 den LfK-Medienpreis für eine Hookpromostaffel, die der Comedy-Autor Kenneth Maple getextet und der Stimmimitator Elmar Brandt gesprochen hatte: die Hookpromos waren allesamt von „Gerhard Schröder", „Hans Eichel" und anderen Politikern des Schröder Kabinetts gesprochen.

Schön sind auch kleine Geschichten: Diese eignen sich allerdings eher für etwas ältere, konservativere Formate und nicht für ein „schnelles", junges Hitradio:

```
Wenn Ihr Nachbar plötzlich das Radio laut
aufdreht …
HOOK DURCH DIE WAND / GEDÄMPFT
Wenn im Auto nebenan jemand auf dem Lenkrad
Schlagzeug spielt …
HOOK AUS DEM AUTO ZU HÖREN / STRASSENLÄRM
Wenn die Verkäuferin heute gute Laune hat …
LADENGLOCKE/ KASSE/ HOOK IM HINTERGRUND
Dann hören sie alle:
SENDER JINGLE
Mehr Vielfalt mit den größten Hits aus 4 Jahr-
zehnten.
SENDERNAME.
```

Eine solche Geschichte ist zwar Geschmackssache, wird aber eher bemerkt als ein schnelles Standard-Hookpromo! Natürlich nutzen sich solche Ideen schnell ab und müssen schon nach wenigen Wochen gegen neue Elemente ersetzt werden.

Mit witzigen Tönen (aus Filmen, von Hörern usw.), mit Soundeffekten und einem Regiekonzept für die Produktion und vor allem mit Kreativität kann man erreichen, dass Hookpromos nie langweilig sind.

B4 OAM IN ELEMENTEN UND DER MODERATION

B4 OAM in Elementen und der Moderation

OAM in Elementen ist seit Zulassung der ersten Privatsender in Deutschland eine Selbstverständlichkeit. Fast jeder Radiomacher kennt heute die wichtigsten Elemente – vom Showopener, dessen Stinger eine strategische Kernaussage enthalten sollte, über das strategische Drop In bis hin zu einem gut gemachten Hookpromo. Nicht zu vergessen die „Standards" wie ID Drops Jingles, Claim Drops, Claim Jingles, saisonale und Tagesteilelemente usw. Auf das Zusammenspiel zwischen Moderation und Elementen sowie einen wirklich sinnvollen Einsatz der Elemente durch den Moderator wird allerdings allzu oft nicht ausreichend geachtet. Sinnvoll ist es, in einem Showopener der beispielsweise „die meiste Musik" positioniert, in der dazugehörigen Moderation auch mehrere Songs anzukündigen. Ein gebrochenes Marketingversprechen hingegen wäre, ein Element mit der Aussage „die meiste Musik" während einer Morgensendung mit 60 Prozent Wortanteil einzusetzen.

Jede OAM-Aussage bestimmt das Erscheinungsbild des Senders. Dabei agiert der Moderator auch gleichzeitig als Stratege und bestimmt mit seinen Positionierungen und dem parallelen Einsatz von Elementen ganz erheblich die Position des Senders in den Köpfen der Konsumenten.

Das On Air Marketing in der Moderation und das Zusammenspiel von Moderation und Elementen sollten also ausgewogen und zielgerichtet, sinnvoll eingesetzt, unterhaltsam umgesetzt und gut aufeinander abgestimmt sein. Die Jingles sollten sinnvoll gesetzt und gut gefahren werden. Soweit die Theorie. Die Praxis sieht manchmal anders aus.

Der OAM-Aircheck

Ein interessantes Experiment ist, eine Sendeschiene ausschließlich unter dem Gesichtspunkt „On Air Marketing im Zusammenspiel aus Moderation und Elementen" zu analysieren. Folgende Punkte sollten dabei berücksichtigt werden:

OAM-Aircheck

» Hat der Moderator die Elemente sinnvoll eingesetzt? Sinnvoll innerhalb eines 30-Minuren-Segments, sinnvoll in der jeweiligen Position?
» Spiegeln sich die wichtigsten Aussagen des 30-Minuten-Segments innerhalb einer Stunde? Dies betrifft Aussagen in der Moderation

CHECKLISTE

B On Air Marketing

und Produktionen gleichermaßen.
» Sind die einzelnen Elemente zielgerichtet?
» Gibt es Elemente mit zu vielen Informationen, dass am Ende gar nichts hängen bleibt?
» Stimmt die Gewichtung der Botschaften?
» Wiederholen sich dieselben Botschaften zu häufig hintereinander?
» Hat der Moderator sich auch strategisch auf seine Show vorbereitet? Heißt: hat er sich Gedanken gemacht, wo welcher USP in der Moderation gut verkauft werden könnte?
» Sind die Botschaften sinnvoll eingesetzt, also passen sie zur Situation in der Sendeuhr?
» Sind Aussagen der Elemente und Moderationen aufeinander abgestimmt?
» Sind sie kreativ in einem schönen Sprachduktus eingebunden oder werden sie „aufgesagt"?
» Passt z. B. der jeweilige Showopener Stinger zur Moderation? Ergänzt sich beides oder doppelt es sich?
» Verschenkt der Moderator evtl. eine Chance, eine Botschaft zu verstärken bzw. eine Positionierung sinnvoll zu beweisen?
» Gibt es nach vielen Botschaften auch mal eine „Erholungsphase" nur mit einem kurzen ID-Element oder wird überpositioniert?
» Sind die Elemente abwechslungsreich eingesetzt?
» Sind Musik und Elemente gut „gefahren"?

Welche einzelnen Elemente dem Moderator zur Verfügung stehen und was diese aussagen, hängt dabei natürlich vor allem vom Format und der Strategie ab.
Eine Regel gilt aber für alle kommerziellen Formate mit dem Ziel effektiverer WHK-Konversion: Erstellen Sie eine funktionierende OAM-Uhr!

Eine klare OAM-Uhr, die aufzeigt, wo welcher strategische Inhalt kommuniziert wird und wie Elemente und Moderation zusammenspielen, ist die professionelle Basis eines erfolgreichen On Air Marketing.

Dabei ist wichtig, die strategischen Inhalte an sinnvollen Stellen zu kommunizieren, z. B. an einer Stelle über „viel Musik am Stück" zu sprechen, an der dieses Versprechen auch erfüllt wird. Oder dort die vielfältige Musikmischung zu benennen, wo sie auch beweisen werden kann. Moderation und Elemente sollten sich ergänzen, aber nicht wiederholen. Eine „Vielfalt"-Aussage des Moderators am Ende einer Moderation im Showopener, die im Kontext mit dem Verkaufen der nächsten Hits stattfindet, macht Sinn und ergänzt z. B. den Stinger des Showopeners, der vielleicht den Senderclaim enthält.

Songs „back to back" zu spielen, ohne eine ID dazwischen, kann sich gerade heutzutage kaum ein Sender leisten. Jede Position zwischen zwei Songs sollte so sinnvoll wie möglich für das On Air Marketing genutzt werden – und wenn es nur eine kurze Info ist, auf welchem Sender dieser tolle Song gerade läuft. Alles andere ist eine verschenkte Chance, dem Hörer mitzuteilen, an welchen Sender er sich erinnern soll, wenn er für die Media-Analyse angerufen und nach seiner Radionutzung des Vortages gefragt wird. Solange MA (bzw. FAB) in Deutschland und Radiotest in Österreich erinnerungsbasiert erhoben werden, sind zwei Songs back to back ohne ID meist wenig sinnvoll (es sei denn, es handelt sich um sehr große Sender wie *1live*, die außerdem kaum Konkurrenz in der Zielgruppe haben).

Eine reine Elemente-Uhr für einen Musiksender, dessen USPs aktuelle Hits in einer vielfältigen Musikmischung sowie längere Musikstrecken sind, könnte z. B. wie in der folgenden Abbildung dargestellt aussehen.

Ergänzt wird diese Uhr durch klare Vorgaben für die Moderatoren. Wo wird welcher USP in die Moderation eingebunden? Welche musikalischen Dekaden oder Sounds werden im Teasing besonders betont und welche müssen gar nicht erwähnt werden? Wenn die Moderatoren die Marktforschung oder die aktuelle Senderanalyse kennen und den strategischen Hintergrund dieser Vorgaben verstehen, steht einem erfolgreichen OAM nichts mehr im Weg.

Mit einem funktionierenden und wirkungsvollen On Air Marketing verhält es sich wie mit einer guten Ehe: Man muss immer wieder etwas dafür tun, man darf nicht nachlassen und wenn man konsequent daran arbeitet, wird man jedes Jahr aufs Neue belohnt. In der Ehe mit einem schönen Hochzeitstag, im Radio mit erfreulichen Einschaltquoten.

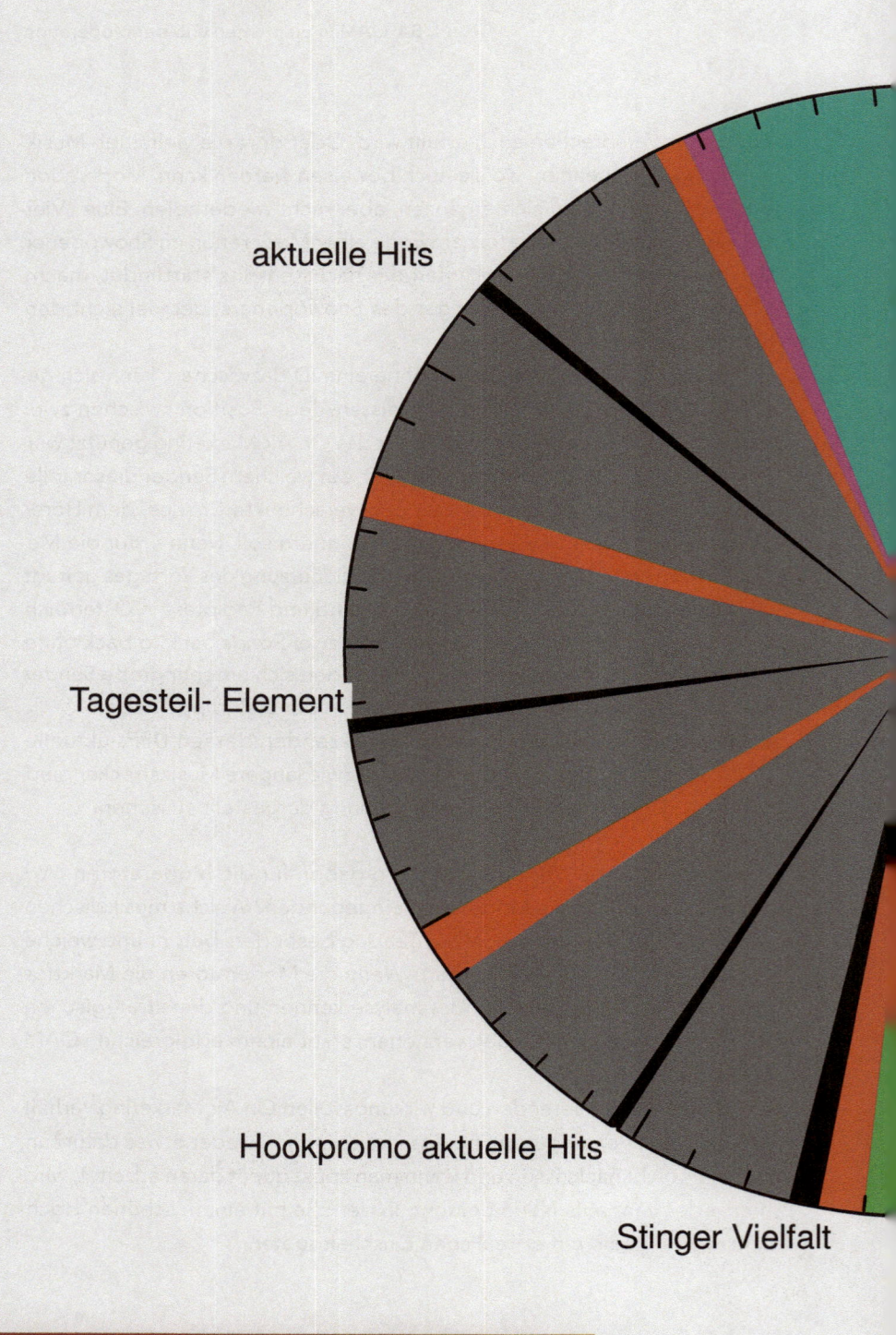

Abb. 7: Elemente-Uhr für einen Sender mit den USPs aktuelle Hits, lange Musikstrecken und Vielfalt in der Musik

Stinger Viel Musik

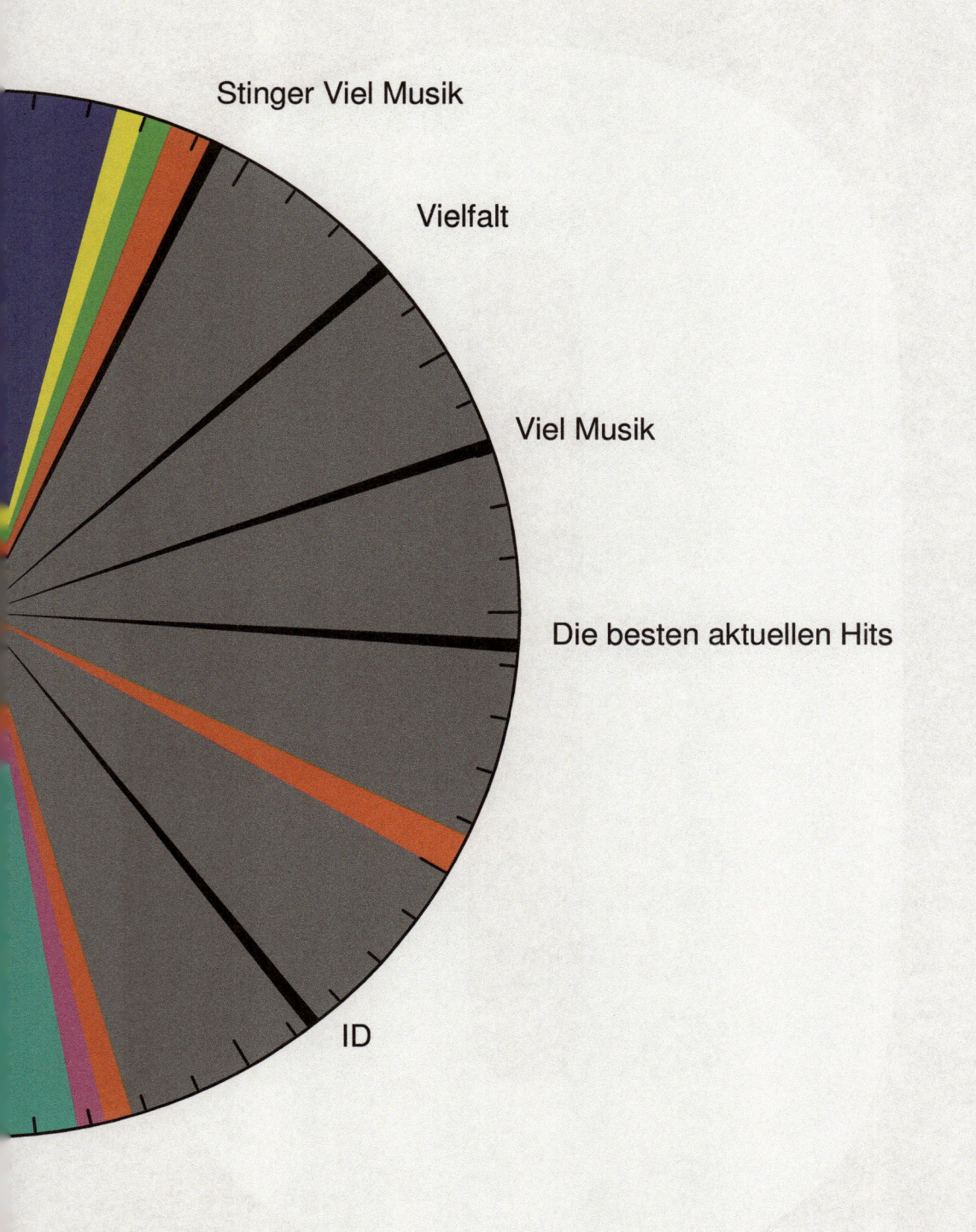

Vielfalt

Viel Musik

Die besten aktuellen Hits

ID

e

DIE MORNING-SHOW

C1   **76**
So funktioniert die Morgensendung

C2   **86**
Der optimale Anchor und sein Team

C3   **100**
Der Hörer und die Show

C4   **104**
Content is King

C5   **112**
Arno Müller über Morningshows

C6   **122**
Launch einer neuen Morgensendung

C7   **128**
Steve Reynolds über Erfolgsfaktoren

C8   **132**
Social Media in der Morningshow

C Die Morningshow

C1 SO FUNKTIONIERT DIE MORGENSENDUNG

Die Protagonisten und die Strategie	**80**
Muss der Anchor immer männlich sein?	**82**
Frauen sind beliebter und Männer führen die Shows	**84**

C1 So funktioniert die Morgensendung

Die Morningshow ist das Aushängeschild eines Radiosenders, die Königsdisziplin für Moderatoren und wenn es gut läuft, Quotenbringer für die Macher und Konstante für die Hörer in einem.

Zu keiner anderen Tageszeit ist das Radio als Begleiter so wichtig wie am Morgen. Zu keiner anderen Tageszeit hat das Radio mehr Potenzial als am Morgen, denn zu keiner anderen Tageszeit ist das Bedürfnis nach (schnellen, kurzen) Informationen so hoch wie am Morgen. Was bringt das Wetter heute? Wie ist die Lage auf den Straßen? Fahren alle öffentlichen Verkehrsmittel? Ist über Nacht in der Heimatregion etwas Wissenswertes passiert; etwas, was möglicherweise eine Bedeutung für den weiteren Verlauf meines Tages hat? Und zu keiner anderen Tageszeit ist das Bedürfnis nach Unterhaltung so hoch wie am Morgen.

Am intensivsten wird Radio in der Zeit zwischen 6 und 9 Uhr genutzt – im Schnitt am stärksten zwischen 7 und 8 Uhr. Wobei die Stunde mit dem größten Hörerpotenzial schwanken kann. In Formaten mit einer älteren Zielgruppe findet die Prime Time z. B. etwas später – ab 8 Uhr – statt. Je ländlicher eine Region geprägt ist bzw. je weiter die Menschen zur Arbeit fahren müssen (wie z. B. in der Großstadt Berlin mit ihren langen Wegen), desto früher beginnt sie.

Die morgendliche Autofahrt – immerhin benutzen 58 Prozent der Arbeitnehmer morgens den PKW (vgl. die Studie „Mobilität in Deutschland") – ist immer noch eine der Situationen, in denen Radio am intensivsten genutzt wird. Dazu kommt am Morgen eine starke Hörerbindung durch die Persönlichkeiten, die die Sendung prägen, was wiederum zu verstärkter Treue der Hörer „ihrer Morgenshow" gegenüber führt.

STUDIE: MOBILITÄT IN DEUTSCHLAND
» www.perm.ly/erm05

Alles zusammen – das Bedürfnis nach Information, Service und Unterhaltung, die starke Hörerbindung durch die besondere Art der Moderation und das kollektive Radiohören zwischen 7 und 8 Uhr, wenn die meisten Autofahrer unterwegs sind – führt morgens zu Reichweitenspitzen, die einen ganz erheblichen Anteil am Gesamtergebnis haben! So liegt die

C Die Morningshow

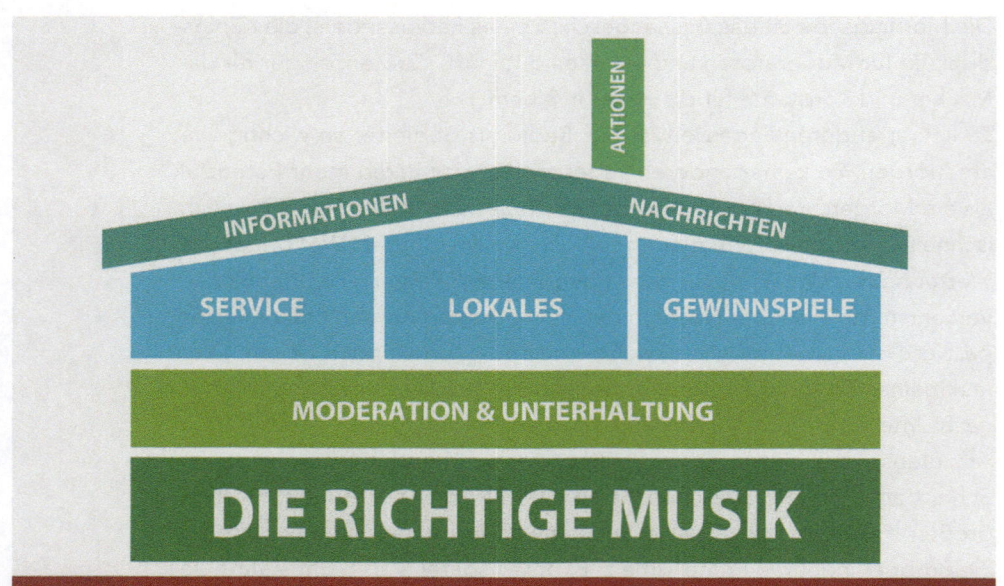

Abb. 8: Bedürfnisse an das Tagesprogramm eines Unterhaltungsformats bzw. Musiksenders

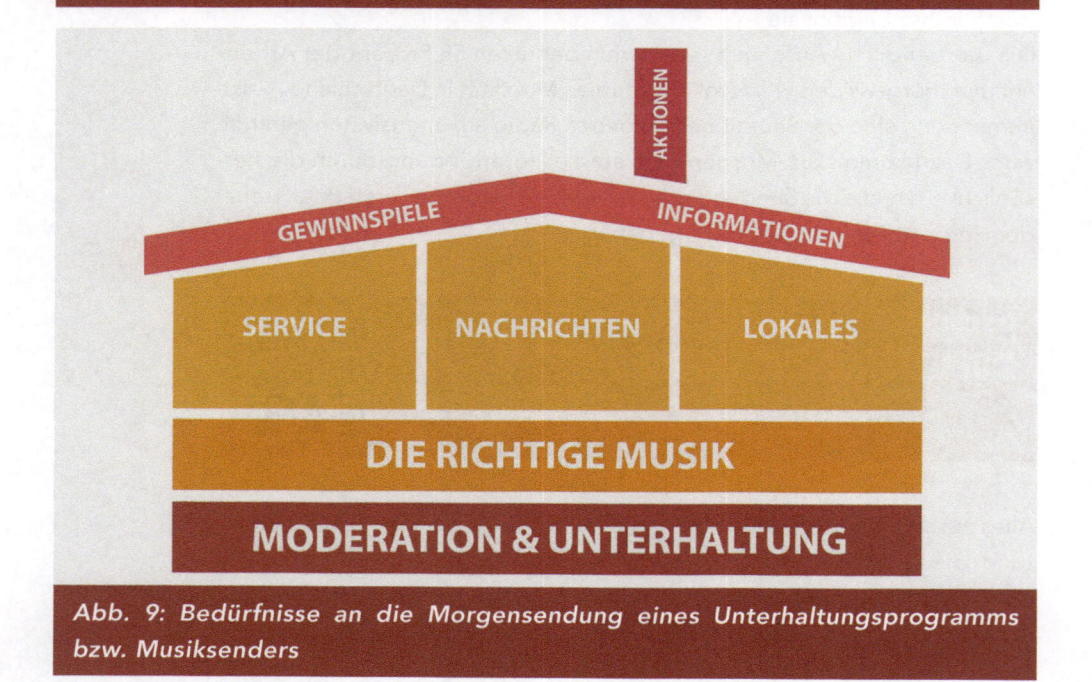

Abb. 9: Bedürfnisse an die Morgensendung eines Unterhaltungsprogramms bzw. Musiksenders

C1 So funktioniert die Morgensendung

Reichweite des Werbevermarkters RMS (Radio Marketing Services) in der Deutschlandkombi (Kombination aus verschiedenen Radiosendern aller Bundesländer) derzeit zwischen 10 und 18 Uhr zwischen 9,2 und 11,7 Millionen Hörern pro Stunde, zwischen 7 und 8 Uhr bei 15,8 Millionen Hörern und zwischen 8 und 9 Uhr noch bei mehr als 14,7 Millionen Hörern (Quelle: MA 2014, II) Ganz klar, dass hier allein die Morgensendungen aller RMS-Sender einen erheblichen Anteil am Gesamtergebnis von ca. 11, 6 Millionen Hörern pro durchschnittlicher Stunde haben zwischen 6 und 18 haben – dem Wert, der darüber bestimmt, welchen Preis ein Sender für eine Sekunde seiner Werbezeit verlangen kann.

Was die Morningshow so reizvoll für Macher und so wichtig für den Sendererfolg macht, sind die Bedürfnisse der Hörer an ihr Morgenprogramm. Diese unterscheiden sich stark von den Erwartungen an ein Begleitprogramm tagsüber (nach 9 Uhr) – siehe Abbildung 8.

Morgens dagegen nehmen Moderation und Unterhaltung den größten Teil der Basis dieses „Radio-Hauses" ein und auch für das schützende Dach werden die Prioritäten anders gesetzt – siehe Abbildung 9.

Die scheinbare Unwichtigkeit der Musik mag paradox erscheinen, wo doch hier ständig die Rede von der Einzigartigkeit und Wichtigkeit des Musikformats ist. Natürlich ist für uns Macher die Auswahl der Musik am Morgen sogar noch wichtiger als am Tag – z. B. sorgt eine extra angefertigte Musikuhr für die Morgensendung dafür, dass dort nur die allerbesten Songs laufen (z. B. die Titel aus der sogenannten „Power-Kategorie"). Viele Hörer „ertragen" aber gerne eine Musikauswahl, die nicht 100prozentig ihren Geschmack trifft, um eine besonders attraktive Morgensendung mit hohem Unterhaltungswert zu hören, wenn der eigentliche „Lieblingssender" am Morgen eher sachlich und weniger unterhaltsam daherkommt. Eine gute Morgensendung hat am Morgen 10 bis 20 Prozent Hörer, die nur dieser Show wegen einschalten (und tagsüber einen anderen Lieblingssender haben). So kann eine überzeugende Morgensendung den Gesamtmarktanteil eines Senders um bis zu 5 Prozent steigern. All das macht die Gestaltung und Moderation einer Morgensendung zu einer besonderen Herausforderung.

Gibt es ein Rezept für eine funktionierende Morgensendung? – Sagen wir ein Basisrezept. Dazu gehören:
- » eine klare Strategie für die Show,
- » ein sympathischer Anchor, der das Team führt,

C Die Morningshow

- » mindestens ein authentischer „Gegenspieler" mit einer anderen Sichtweise,
- » Persönliches von den Moderatoren,
- » Basics wie Service, Nachrichten, Lokalnachrichten, Aktuelles,
- » relevante Themen aus der Lebenswelt der Hörer,
- » (gegensätzliche) Meinungen zu den Themen,
- » Benchmarks,
- » Unterhaltung im weitesten Sinne und
- » Teasing.

Wenn zwei authentische und sympathische Persönlichkeiten relevante Themen aus der Lebenswelt der Hörer mit Spaß und Emotion transportieren, alle Basics berücksichtigen, dabei authentisch sind und viel von sich preisgeben, um Identifikationspunkte für den Hörer anzubieten, ist dies die perfekte Ausgangssituation, um mittelfristig eine erfolgreiche Morgensendung zu etablieren.

Die Gestaltung einer optimalen Morgensendung wäre also kein Hexenwerk – nur solides Handwerk – wenn da der Faktor Mensch nicht wäre ...

Die Protagonisten und die Strategie

Zwei Punkte sind entscheidend für den Erfolg einer Morgensendung: die strategische Ausrichtung der Show und die Auswahl des Anchors. Wen soll die Sendung ansprechen? Wer soll sich in der Show wiederfinden? Da die Gesamtanmutung zu keiner anderen Zeit so stark von den Charaktermerkmalen und der Lebenswelt des Moderators abhängt wie am Morgen, braucht man zunächst eine Strategie für die Show, um dann den optimalen Anchor zu finden.

Ein Anchor repräsentiert die Werte des Senders. Die Zusammensetzung der Show gibt vor, welche Hörerschaft sich in den Charakteren der Sendung wiederfindet und eine starke Bindung zu den Moderatoren herstellen kann.

Von der Strategie hängt also alles ab: die Wahl des Anchors, der Aufbau des Teams sowie die Gestaltung der Inhalte und Benchmarks. Die Gesamtstrategie wiederum ist abhängig von den Gegebenheiten des Marktes.

C1 So funktioniert die Morgensendung

Morgenshow

» Wen soll die Show ansprechen (Altersgruppen, Sinusmilieus, Stadt- versus Landbevölkerung)?
» Wie sieht der klassische Beispielhörer aus (Alter, Beruf, Einkommen, Familenstand)?
» Was sind die wichtigsten Eckdaten der gesamten Zielgruppe (Altersgruppe von bis, Verteilung Männer/Frauen, Väter/Mütter, Singles)?
» Welche Charaktermerkmale sollten sich demzufolge in den Protagonisten wiederfinden?
» Welche Konstellation und Ausrichtung ist einzigartig im Markt? Macht ein Zweier- oder ein Dreierteam mehr Sinn?
» Könnte eine weniger klassisch angelegte Konstellation ein USP sein? Z. B. eine Morningshow, die aus zwei Männern besteht?
» Welche Unterscheidungsmerkmale von anderen Shows finden Sie?
» Ist die Show unterhaltsam oder lustig?
» Hat die Show ein zentrales Thema wie z. B. „Männer und Frauen – der ewige Kampf der Geschlechter" oder: „Der Alte und der Hipster"?
» Was sollen die Hörer nach einer gewissen Zeit über die Show denken?

CHECKLISTE

Wenn Sie all das geklärt haben, „backen" Sie sich Ihre Moderatoren für die Morgensendung. Zuerst den Anchor – z. B. einen verheirateten Mann in den 30ern mit ein bis zwei Kindern, einer berufstätigen Frau und einer super Radiostimme, der seine Wurzeln in Ihrem Sendegebiet hat und der ein ebenso guter Geschichtenerzähler wie Radiostratege ist. Wenn sie ihn gebacken haben, rufen Sie mich an und verraten mir das Rezept.

Auch wenn es nahezu unmöglich ist, den absolut perfekten Anchor zu finden, so sollten einige grundsätzliche Charaktermerkmale klar und ausschlaggebend für die Zusammenstellung des Moderatorenteams sein. Zwei junge Singles in einer Morgensendung für die Zielgruppe von 25- bis 55-jährigen in einem traditionell geprägten Sendegebiet wie Bayern oder Baden-Württemberg sind sicher keine optimale Wahl. Denn in einer Morgensendung geht es vor allem um Persönlichkeit und Identifikationsfiguren, die den Sender und seine Zielgruppe repräsentieren und mit persönlichen Geschichten das Leben der Hörer widerspiegeln sollen. Dieses Abbilden der Lebenswelt über das Preisgeben eigener Erlebnisse und sich daraus ergebender Themen ist das Erfolgsrezept aller großen Unterhaltungsshows am Morgen. Von Los Angeles bis Leipzig. Mehr dazu auf S. 96.

C Die Morningshow

Weiter oben war die Rede von den Millionen Menschen, die auf der Fahrt zur Arbeit das Auto nutzen und sich dabei mehrheitlich durch das Radio und „ihre Morgensendung" unterhalten lassen. Angesichts neuer Bordcomputer, Ausbau der Internetversorgung und Streamingdiensten, die ebenfalls in die neuen Entertainment Systeme der großen PKW-Hersteller drängen, ist diese persönliche Bindung eine Art „Einschaltquotenversicherung" und die Auswahl des Anchors und seines Teams eine diffizile Aufgabe.

Muss der Anchor immer männlich sein?

Es gibt eine Menge hervorragende von Frauen getragene Morgensendungen in Deutschland und interessanterweise sind die Stimmen in PKW-Bordcomputern fast immer weiblich – ebenso wie „Siri", die hilfreiche Stimme des iPhone, die u. a. in den USA und Deutschland die Fragen mit einer weiblichen Stimme beantwortet (in Frankreich und Großbritannien ist „Siri" allerdings männlich). Clifford Nass, Professor an der Universität Stanford, sagte in einem Interview auf *cnn.com* zum Thema „Warum Computerstimmen meistens weiblich sind" über das Phänomen der weiblichen Stimmen in Navigationssystem oder bei „Siri":

„Es ist viel einfacher, eine weibliche Stimme zu finden, die jeder mag, als eine männliche. Es ist ein bekanntes Phänomen, dass ein menschliches Gehirn darauf ausgelegt ist, weibliche Stimmen zu bevorzugen. Forschungen ergaben, dass diese Vorliebe bereits im Mutterleib beginnt."

INTERVIEW: WARUM COMPUTER-STIMMEN MEISTENS WEIBLICH SIND.

» www.perm.ly/erm06

Föten reagierten auf die Stimme ihrer Mutter. Auf die Stimmen der Väter reagierten die Föten überhaupt nicht, so der Wissenschaftler. Im selben Artikel findet man dazu auch folgendes Statement von Tim Bajarin, Präsident von

> "ES IST EIN BEKANNTES PHÄNOMEN, DASS EIN MENSCHLICHES GEHIRN DARAUF AUSGELEGT IST, WEIBLICHE STIMMEN ZU BEVORZUGEN. FORSCHUNGEN ERGABEN, DASS DIESE VORLIEBE BEREITS IM MUTTERLEIB BEGINNT."
>
> CLIFFORD NASS

ZITAT

CreativeStrategies.Inc: „Die Kundenbefragungen der PKW-Hersteller ergaben bereits vor Jahrzehnten eine überwältigende Präferenz für Frauenstimmen."
Das erklärt, warum die „Stars" der Shows immer die Frauen sind. Wenn ich alle mir bekannten Moderatorenbewertungen von Morningshow-Teams zusammennehme, ergibt sich bei der Beliebtheit der einzelnen Protagonisten ein deutlicher Vorsprung für die weiblichen Stimmen.

C Die Morningshow

Frauen sind beliebter und Männer führen die Shows

In den meisten Fällen sind aber die führenden (und oft auch Namengebenden) Moderatoren, also die Morgenshow-Anchor, männlich. Die tiefen männlichen Stimmen werden von den Verantwortlichen kommerzieller Massenprogramme für die Anchor-Rolle favorisiert. Macher gehen – so meine Erfahrung – davon aus, Hörer würden einer warmen, tiefen, männlichen Stimme Fehler eher verzeihen. Weitere Vorannahmen: Tiefe Männerstimmen werden als angenehmer und glaubwürdiger empfunden, eine tiefe Stimme darf auch mal lauter sprechen oder mehrere Minuten am Stück eine Geschichte erzählen. Die wahren Gründe für das Bevorzugen von Männern in der Anchorrolle liegen vermutlich im tradierten Rollenverständnis. Die tiefere Tonlage männlicher Stimmen ist dennoch ein wichtiger Aspekt. Emma Rodero ist Professorin für Kommunikationswissenschaften an der Pompeu Fabra Universität in Barcelona und hat mehr als zehn Bücher und ca. 50 wissenschaftliche Artikel über Kommunikation im Radio veröffentlicht. Im Wissenschaftsfachblatt *US-China Education Review* Ausgabe April 2013 schreibt sie:

„Die Tonlage einer Radiostimme muss tief sein. Die meisten Menschen bevorzugen tiefe Stimmen, da diese eine größere Glaubwürdigkeit und mehr Vertrauen ausstrahlen. Das ist leicht zu verstehen, wenn man tiefe Stimmen mit höheren vergleicht, z. B. mit der eines Kindes. Höheren Stimmlagen [...] wird nicht so stark vertraut wie tieferen Stimmlagen. Aus diesem Grund empfiehlt die Mehrheit aller Autoren zu diesem Thema für wichtige Botschaften im Radio tiefere Stimmen zu wählen [...] wie z. B. Keith Cohler in seinem 1985 erschienenen Buch 'Broadcast Journalism. A Guide for the Presentation of Radio and Television News'. Er schreibt: 'Im Radio werden die tieferen Stimmlagen bevorzugt – das gilt für männliche und weibliche Stimmen. Sorry für die hohen und die Sopran-Stimmen, aber so funktioniert es'. All diese Angaben stimmen exakt mit unseren Untersuchungen überein. Die Schlussfolgerung lautet, dass radiotaugliche Stimmen die sind, welche eine tiefere Tonlage haben und dadurch Sicherheit und Glaubwürdigkeit ausstrahlen. In einer spezifischen Studie (Rodero, 2001) wurden die Teilnehmer gefragt, von welcher Art von Stimmen sie lieber

> **DIE MEISTEN MENSCHEN BEVORZUGEN TIEFE STIMMEN, DA DIESE EINE GRÖSSERE GLAUBWÜRDIGKEIT UND MEHR VERTRAUEN AUSSTRAHLEN. DAS IST LEICHT ZU VERSTEHEN, WENN MAN TIEFE STIMMEN MIT HÖHEREN VERGLEICHT, Z. B. MIT DER EINES KINDES.**
>
> EMMA RODERO

Radionachrichten präsentiert bekommen wollen. Die Antwort war klar: Es waren immer die tiefen Stimmen – egal ob Männer oder Frauen. Diese wurden als kraftvoller, verständlicher, glaubwürdiger, ruhiger, direkter, kommunikativer, näher, freundlicher, wärmer und natürlicher empfunden."

In einem Punkt sind sich die Wissenschaftler also anscheinend einig: Eine gute, glaubwürdige, vertrauenerweckende Radiostimme bewegt sich in den tiefen Tonlagen. Diese Stimmpräferenzen und die Führungsrolle, die der Anchor innerhalb der Show einnimmt, sind möglicherweise die Gründe für die Wahl eines Mannes als Anchor.

C Die Morningshow

C2 DER OPTIMALE ANCHOR UND SEIN TEAM

Zusammenstellung des Teams	88
Vielfalt an Charakteren	90
Themenkompetenzen	94
Persönliches – der Moderator als Freund	96
Meinungen – das Salz in der Suppe	98
Authentizität – auf Dauer ein Gewinn	98

C2 Der optimale Anchor und sein Team

Die Auswahl und Einstellung eines Anchors sollte man als Investition sehen, die Rendite bringt. Erst eine funktionierende Morgensendung bringt die maximal möglichen Spitzeneinschaltquoten. Also sollten einige Euros mehr für den optimalen Anchor zu verschmerzen sein. Denn ist er wirklich der optimale Anchor, holt er diese Mehrkosten mehrfach wieder rein und sorgt für eine starke emotionale Bindung an die Radiomarke. Die amerikanische Radiogruppe iHeartMedia (bis September 2014 „Clear Channel") schloss mit ihrem Morningshow Host und Starmoderator Ryan Seacrest („On Air with Ryan Seacrest", „American Top 40") Ende 2010 einen Drei-Jahres-Vertrag für die hübsche Summe von 60 Millionen Dollar ab. Eine Investition, die sich für das Unternehmen zu rechnen scheint: Die Show ist eine der beliebtesten Morgensendungen in Los Angeles und wird zudem auf mehr als 300 weiteren Sendern in den USA und Kanada ausgestrahlt.

Der optimale Anchor vereint folgende Eigenschaften:
» Er/Sie stammt aus einer der Lebenswelten (Sinusmilieus) der Kernzielgruppe.
» Er/Sie ist ein/e gute/r Geschichtenerzähler/in.
» Er/Sie ist in der Lage ein Team zu führen und eine Show mit seiner/ihrer Art und Stimme zu prägen.
» Er/Sie ist bereit, seine/ihre Hörer an seinem/ihrem Leben und seinen/ihren Gefühlen teilhaben zu lassen. Er/Sie gibt also gerne Persönliches preis (vgl. auch Arno Müller über Morningshows ab Seite 112).
» Er/Sie kann über sich selbst lachen und nimmt sich nicht zu wichtig.
» Er/Sie kann seinen/ihren „Co Stars" Raum geben und muss nicht immer im Mittelpunkt stehen und den größten Wortanteil haben.
» Er/Sie kann Emotionen zeigen und transportieren.
» Er/Sie verfügt über eine gute Allgemeinbildung und eine schnelle Auffassungsgabe.
» Er/Sie erkennt eine gute Radiogeschichte.
» Er/sie hat ein Gefühl dafür, wann eine Geschichte zu Ende ist.
» Er/Sie versteht die Grundzüge von strategischem Radio oder ist bereit, diese zu erlernen.
» Er/Sie weiß, was er/sie nicht kann und stellt sich seinen/ihren Schwächen.

Dieser Anchor kann dazu beitragen, dass der Sender FÜR IHN/SIE eingeschaltet wird. Er/Sie kann also neben der grundsätzlichen Strategie ein

C Die Morningshow

Bestandteil werden, der Identifikationsfigur und Sympathieträger gleichermaßen ist. Mehr dazu unter „Persönliches" auf S. 96.

Zusammenstellung des Teams

Genauso wichtig wie die Wahl des Anchors ist die Zusammenstellung des restlichen Teams. Die Auswahl der Co-Moderatoren erfolgt dabei unter dem Gesichtspunkt der „Ergänzung von Charaktermerkmalen und Lebenswelten".

Idealerweise spiegelt das Team der Morgensendung einen großen Teil der Kernzielgruppe des Senders wider. Männer und Frauen, Singles und in Partnerschaft lebende, Eltern und Kinderlose, Sportfans und Sportmuffel, usw.

Denn erst die Gegensätze machen das Team komplett. Erst die Unterschiede in den Haltungen erzeugen Spannung. Erst die unterschiedlichen Sichtweisen auf Themen sorgen für Reibung. Alles zusammen macht eine Morgenshow immer wieder lebendig und spannend.
Man keine eine Morningshow zwar nicht auf dem Reißbrett entwickeln, aber man kann versuchen, der „Reißbrettversion" möglichst nahe zu kommen. Ein verheirateter Anchor besten Alters wird durch eine junge Frau ergänzt, ein junger Anchor ohne Familie durch eine etwas ältere Mutter. Durch das zusätzliche Hinzunehmen weiterer Charaktere ergeben sich interessante Spielarten und neue Optionen. Diese Charaktere müssen nicht zwangsläufig in jedem Break eine Rolle spielen. Sie können einfach durch ihre Funktion eine Daseinsberechtigung haben (Nachrichtenanchor) oder bekommen (Moderator des Verkehrsservice) und immer dann dazugeholt werden, wenn „ihr Charakter" (z. B. Familienvater, Single) zu einem Thema gebraucht wird. Ich empfehle oft auch, die Rolle des Nachrichtenanchors ganz gezielt mit jemandem zu besetzen, der fehlende Persönlichkeitsmerkmale des Moderatorenteams ergänzt, wie z. B. „Ehe" oder „Technikexperte".
Nur möglichst vielfältige Charaktere und Einstellungen bilden möglichst viele Hörer ab und bieten Identifikationspunkte. Der Identifikationsfaktor sorgt für Hörerbindung. Einen interessanten Aspekt hierzu gibt es auf der Homepage des New Yorker Hitradios *Z100*. Unter dem Button von Morningshow Host Elvis Duran findet man eine Art „Identifikationsquiz". Titel: „Welches ElvisDuran-Showmitglied bist du?". Man klickt sich durch

ein Psychofragespiel und erfährt am Ende mit wem aus der Show man am meisten gemeinsam hat. Diese Show ist in der Multikulti-Stadt New York zuhause und besteht (offiziell) aus derzeit sechs Crewmitgliedern – von der verheiraten dunkelhaarigen New Yorkerin aus der Bronx über die ganz junge blonde „Zugereiste" aus dem mittleren Westen bis hin zu dem bodenständigen dunklen Typen mit Frau und zwei Kindern, der gerne betont, dass er wenig Geld hat und ein bescheidenes Auto fährt.

IDENTIFIKATIONSQUIZ: WELCHES ELVIS DURAN-SHOWMITGLIED BIST DU?

» www.perm.ly/erm07

Aus diesem Grund – Identifikation mit den Moderatoren und dadurch Bindung an die Sendung – haben die meisten Morningshows die klassische Mann-Frau-Konstellation. Nicht nur, dass diese Zusammensetzung die meisten Hörer abbildet und abholt, sie schafft auch ein großes „Spielfeld" für einen der am besten funktionierenden Themenkreise: alles rund um Männer und Frauen und den täglichen Kampf der Geschlechter. Die Kommunikationswissenschaftlerin Emma Rodero von der Pompeu Fabra Universität in Barcelona bestätigt außerdem die akustische Attraktivität der Kombination aus weiblichen und männlichen Stimmen:

„Teams, die eine männliche und eine weibliche Stimme kombinieren, sind am effektivsten. Es gibt Studien, die zeigen, dass Stimmvariation die Aufmerksamkeit der Hörer erhöhen. Wir wissen außerdem, dass Männer Frauenstimmen bevorzugen und Frauen Männerstimmen. Wenn ich das meinen Studenten erkläre, sage ich immer 'Die herausragende Qualität einer männlichen Stimme ist die tiefe Tonlage, die Besonderheit der weiblichen Stimme die Variabilität der Sprachmelodie.'"

Dort wo zwei Männer die Hauptfiguren sind, gibt es oft einen weiblichen Charakter, der in die Show kommt, wenn eine weibliche Sichtweise erforderlich ist. „Karlson und McKenzie" in Boston z. B. bewerben ihre Sendung mit dem Slogan „Big Fat Fun Mornings". Die beiden „Dicken" sind die Namensgeber der Sendung, der Star ist aber die Nachrichtenfrau Heather Ford.

C Die Morningshow

Vielfalt an Charakteren

Persönlichkeiten und Charaktermerkmale der Protagonisten sind nach der grundsätzlichen Strategie die entscheidenden Kriterien für Ausrichtung und Inhalt einer Morgensendung. Die wesentlichen Charaktermerkmale bestimmen die Herangehensweise an Themen, die Haltungen des Teams dazu und natürlich vor allem die inhaltlichen Schwerpunkte bei persönlichen Geschichten. Ein verheirateter Vater von drei Kindern wird sicher öfter von Erziehungsschwierigkeiten, Pubertät, Ehe- und Schulproblemen erzählen als von kulturellen Highlights oder abenteuerlichen Erlebnissen bei Fernreisen. Weil erst Gegensätze Spannung erzeugen und unterschiedliche Herangehensweisen zu Reibung und Leben führen, ist es wichtig, die wesentlichen Merkmale und Haltungen der Protagonisten zu erfassen und in Relation zu den anderen Mitgliedern der Crew stellen. Dass einer aus dem Team

	Anchor, Peter 38 Jahre	Sidekick, Kira, 25 Jahre
Partnerschaft/Lebensumstände:	Seit 11 Jahren verheiratet mit Jugendliebe Anke (35 Jahre), Kinder Max (3) und Lea (7); kennt alle Kinderkrankheiten und alles von Prinzessin Lillifee; Haus am Stadtrand, kleiner Garten	Single seit 2 Jahren, Tierfreundin: Mischlingshund Pit, besitzt einen Gecko und eine Schlange; Wohnung in der City; Putzfimmel, kennt alle Tricks!
Konfliktpotenzial:	seine Unordnung.	Ordnungsfimmel
SinusMilieu:	Bürgerliche Mitte/ Sozialökologisches Milieu	Adaptiv-Pragmatisch
Aussehen/Eigenheiten:	1,93 groß (!!!), sportlich aber kleiner Bauchansatz, Jeanstyp; bekommt langsam eine Glatze.	braune lange Haare, nur 1,57 groß, schlank, liebt Kleider; hasst ihre Nase.
Besonderheiten:	ist ein Adoptivkind, kennt seine leiblichen Eltern nicht	ist Mitglied in einem Square Dance Verein
Essen/Trinken:	Vegetarier, kann kochen, Weinkenner	liebt Fleisch! viel Fastfood; liebt Cocktails

TV/Kino:	Fernsehen selten, sonntags immer Tatort	liebt Castingshows, Riesenfan von „Two and a half men" und „Wer wird Millionär" – war schon mal Gast bei WWM (16.000 Euro gewinnen) und beim „perfekten Dinner"
Auto/Technik/ handwerkliche Begabung:	liebt sein Auto (alter Mercedes, Bj. 1987), kann es selbst reparieren, Technikfreak	handwerklich absolut unbegabt; fährt einen neuen VW Up; Social Media Freak
Ticks, Eigenheiten, interessante Hobbys:	liebt Schuhe, besitzt 56 Paar; sammelt Fußball-Fan-Shirts, besitzt 137 Stück	liebt Zahlenspiele, mathematisch begabt; liest gerne Mode- und Klatschzeitungen; kann für wenig Geld die tollsten Outfits kreieren, kann Kartenlegen
Wochenende:	Familienunternehmungen; viel draußen; Kinder kommen gerne mit Schrammen zurück; Gartenarbeit	Party und Kultur; Sonntagsbrunch mit Freundin ist Kult
Sport/Massensportarten:	Radfahrer, Fitnessfreak; kennt sich in allen Massensportarten aus; vor allem Fußball, hasst aber den FC Bayern.	hasst Fußball; liebt Formel 1; kann sensationell tanzen, sonst kein Sport
größte Schwäche:	muss alle neuen Gadgets haben (Smartphone, Tablet, usw.)	fährt gerne zu schnell, wird ständig geblitzt
Stärke:	Frauenversteher, guter Zuhörer	immer gut drauf, steckt andere mit ihrer guten Laune an

Abb. 10: Gegenüberstellung der Charaktermerkmale von Anchor und Sidekick in einer Morgensendung

C Die Morningshow

Die Sinus-Milieus® in Deutschland 2014
Soziale Lage und Grundorientierung

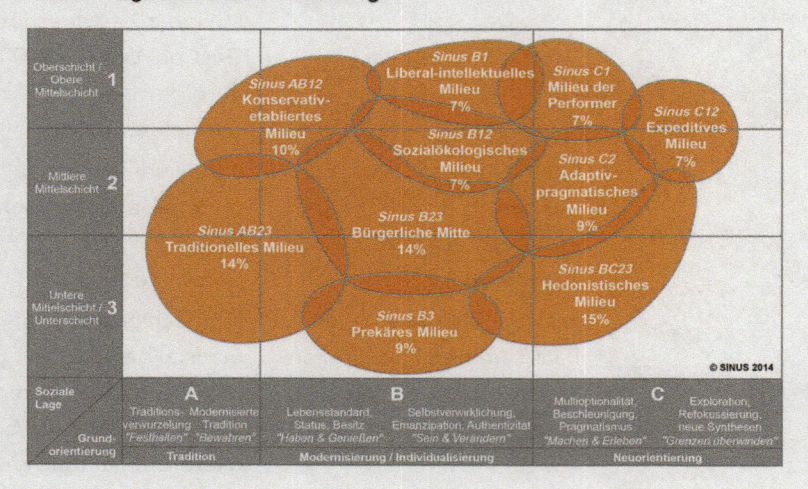

Soziale Lage	A Tradition	B Modernisierung / Individualisierung	C Neuorientierung
Oberschicht / Obere Mittelschicht 1	Sinus AB12 Konservativ-etabliertes Milieu 10%	Sinus B1 Liberal-intellektuelles Milieu 7%	Sinus C1 Milieu der Performer 7% / Sinus C12 Expeditives Milieu 7%
Mittlere Mittelschicht 2		Sinus B12 Sozialökologisches Milieu 7%	Sinus C2 Adaptiv-pragmatisches Milieu 9%
Untere Mittelschicht / Unterschicht 3	Sinus AB23 Traditionelles Milieu 14%	Sinus B23 Bürgerliche Mitte 14% / Sinus B3 Prekäres Milieu 9%	Sinus BC23 Hedonistisches Milieu 15%

Grundorientierung:
- A: Traditions-verwurzelung, Modernisierte Tradition "Festhalten", "Bewahren"
- B: Lebensstandard, Status, Besitz "Haben & Genießen" / Selbstverwirklichung, Emanzipation, Authentizität "Sein & Verändern"
- C: Multioptionalität, Beschleunigung, Pragmatismus "Machen & Erleben" / Exploration, Refokussierung, neue Synthesen "Grenzen überwinden"

© SINUS 2014

Radio hören
Freizeitbeschäftigungen: Mehrmals in der Woche

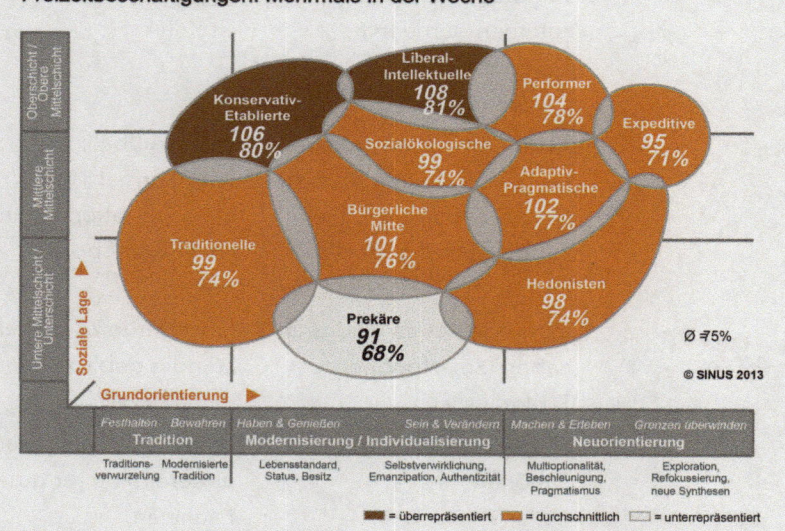

- Konservativ-Etablierte 106 / 80%
- Liberal-Intellektuelle 108 / 81%
- Performer 104 / 78%
- Sozialökologische 99 / 74%
- Expeditive 95 / 71%
- Adaptiv-Pragmatische 102 / 77%
- Traditionelle 99 / 74%
- Bürgerliche Mitte 101 / 76%
- Hedonisten 98 / 74%
- Prekäre 91 / 68%

Ø =75%

© SINUS 2013

■ = überrepräsentiert   ■ = durchschnittlich   □ = unterrepräsentiert

Abb. 11: Darstellung der Sinusmilieus in Deutschland

große Mengen Fleisch liebt, wird erst dann wirklich interessant, wenn ein anderer vegetarisch lebt. Am besten, man erfasst die wichtigen Charaktermerkmale zunächst in einer Gegenüberstellung:
Zur Abfrage der Merkmale gehört auch eine Einordnung in die Sinusmilieus. Diese zeigen, welche Teile der Bevölkerung durch die Lebenswelt der Protagonisten automatisch abgebildet und damit „abgeholt" werden (z. B. „Bürgerliche Mitte"), sich also in der Show wiederfinden und an welchen Stellen möglicherweise zusätzliche Charaktere in die Show „hereingeholt" werden müssen. Natürlich kann eine Show nie alle Bevölkerungsgruppen abholen – das ist auch nicht Sinn der Sache. Aber der „junge Verrückte", der als „Netzexperte" ein Sinusmilieu wie Expeditive, Adaptiv-Pragmatische, Performer oder Hedonisten repräsentiert, kann je nach Format eine sinnvolle Ergänzung sein.
Eine Einordnung der Kernzielgruppe in die darin überwiegend vertretenen Sinusmilieus hilft bei der Auswahl der passenden Charaktere für die Morgensendung ebenso wie bei der Planung der wichtigen Themenfelder (vgl. Kapitel C4 ab Seite 104).

Morgenshow-Charaktere
» Familienstand, Beziehung, Kinder, Haustiere, Wohnen
» Konfliktpotenzial in der Beziehung
» wesentliche äußere Merkmale
» Fragen Sie unbedingt nach Besonderheiten („hat Angst vor einer Glatze", „hasst ihre Nase", „ständig fünf Kilo zu viel", „die längsten Beine Berlins" usw.)
» klassische Lifestyle-Fragen (Fleischesser? Vegetarier? Auto? Fahrrad?)
» Wer ist der Experte für Massensportarten, wer für TV Shows?
» sportlich versus unsportlich
» Ordnungsfreak oder eher unordentlich?
» besondere Erlebnisse, prägende Ereignisse
» Schwächen und Stärken
» In welches Sinusmilieu passt der/die Moderator/in?

Aus all diesen Fragen ergibt sich ein Bild samt einer Kurzbeschreibung des Charakters, der vor allem dem Redaktionsteam und anderen Mitarbeitern, die dem Programm zuarbeiten (z. B. Verkaufsmitarbeiter) ein klares Bild des Moderators vermitteln und zeigen soll, wer wofür steht – wie hier bei *BB Radio*.

Shopping

tierlieber Hunde-Fan

Auto-Fan

telefoniert sogar mit ihrem Hund

schizophrenes Essverhalten

MARLITT
ist die gut aussehende, herzliche Randberlinerin, die ihre Familie und ihren Golden Retriever Elli über alles liebt, aber gern ein bisschen zu schnell Auto fährt und auch noch Smartphone abhängig ist!

eine Freundin

Lifestyle

isst keine Tierbabys

Erfahrung mit Beziehungen

BB RADIO
Voll die Vielfalt

Abb. 12: Beschreibung der wichtigsten Charaktermerkmale der MorgenshowModeratorin von BB Radio

Themenkompetenzen

Wenn klar ist, wer wofür steht, ist auch klar, welcher Moderator im Team welches Thema behandelt. In unserem Beispiel von Peter und Kira wird niemals Kira über das neue iPhone sprechen und wann immer es um Casting-shows und Dokusoaps geht, hält Peter sich raus und überlässt seiner Co-Moderatorin das Feld. Das Thema „Familie" ist klar bei Peter angesiedelt, die kulturellen Events des Sendegebietes präsentiert Kira. Es ist wichtig, diese Themenkompetenzen von Anfang an klar aufzuteilen, so lernen die Hörer schnell, wer wofür steht, die Show bekommt eine klare Struktur und der Hörer kann sich leichter in einem der Protagonisten wiederfinden. Außerdem helfen diese Themenkompetenzen dem Redaktionsteam bei der Vorbereitung. Das Thema „Sammeln" wird über Peters Fan-T-Shirt-Sammlung „eingeflogen", eine neue Diskothek in der Stadt über Kiras Wochenendunternehmungen. Themen und Informationen bekommen so einen persönlichen Dreh und werden zu Geschichten, die an eine Person gebunden sind. Wenn man diese Person mag und diese der entsprechenden Story auch noch zusätzlich eine persönliche Note gibt, wird die Geschichte sicher interessanter als die pure Info „in Klein Knattersdorf eröffnet ein neuer Club".

Themenkompetenzen sollten genauso in Listen festgehalten werden, wie Charaktermerkmale. Vor allem zu den Standards ist Klarheit wichtig. Folgende Themenkomplexe sollten klar zugeordnet sein (immer mit der Prämisse, dass Ausnahmen die Regeln bestätigen; Hauptsache, die Kompetenz ist authentisch):

» Wetter,
» Verkehr/Autothemen,
» Massensportarten – vor allem Fußball,
» Technik, Internet, Social Media,
» TV (Castingshows, Serien, Tatort),
» Kochen, Haushalt, Garten,
» Mode,
» Klatsch,
» Ausgehen, Szene
» Familie/Kinder,
» Singledasein,
» Ehe/Beziehung.

> Die Beschreibung der Charaktere, die wesentlichen Eigenschaften der Moderatoren in einer Gegenüberstellung und die wichtigsten Themenkompetenzen sind essentiell für die Arbeit aller zuliefernden Redakteure und gehören zum Standard einer Morgenshow-Redaktion.

Oft ergeben sich aus Charaktermerkmalen auch Benchmarks, Comedies oder lose Serien wie „der Schwarze Gürtel in Geschichte" in der *SWR3* Morningshow „Zeus und Wirbitzky". Stammhörer wissen natürlich, dass Sascha Zeus durch seine fast (!) lückenlosen Kenntnisse in allen denkbaren und undenkbaren Disziplinen der Früh-, Spät- und aktuellen Geschichte Deutschlands einziger Moderator mit dem schwarzen Gürtel in Geschichte ist. Unsere Beispielmoderatorin „Kira" könnte ihre Affinität zu Tieren mit einer Aktion mit dem örtlichen Tierheim in den Vordergrund stellen. „Peter" könnte immer freitags die besten Tipps für das Wochenende mit der Familie haben. Auch Stunts können an Charaktermerkmalen „aufgehängt" werden.

C Die Morningshow

So wettete „Tacho Tim", der freche Sidekick der *BB Radio*-Morgenshow im Sommer 2005, dass die regionale Fußballmannschaft aus Neuruppin den FC Bayern München im DFB-Pokal selbstverständlich schlagen würde. Schafft es der MSV nicht, lässt Tim es im August schneien – so der Wetteinsatz. Bayern München gewann 4:0 und ein LKW voller Kunstschnee sorgte am nächsten Tag bei 30 Grad im Schatten für Riesenspaß auf dem Neuruppiner Marktplatz und für Gesprächsstoff bei den Menschen der Region.

Persönliches – der Moderator als Freund

„Das Leben schreibt die besten Geschichten" – das gilt auch für das Radio. Streamingdienste können keine persönlichen Geschichten erzählen, die iTunes Library kann nicht emotional sein, die Wetter-App bietet nichts zum Identifizieren an. Nutzen Sie diese Chance zur Hörerbindung. Persönliches von den Moderatoren und Alltagsgeschichten, die jeder Hörer erleben könnte und nachvollziehen kann, sind das A&O einer dauerhaft erfolgreichen Morgensendung. Meine Überzeugung: Wer nicht bereit ist, Persönliches preiszugeben, sollte keine Morgensendung moderieren.

Erst persönliche Geschichten machen Moderatoren zu Identifikationsfiguren, zu Menschen zum Anfassen.

Unsere Hörer lassen uns in ihr Badezimmer, wenn sie nackt sind, an ihren Frühstückstisch, wo sie gerade einen kleinen Streit mit ihrem Partner haben und auf ihren Beifahrersitz, während sie Bammel vor dem Termin mit dem Chef haben. Sehr intime Situationen. Bessere Chancen, hier dauerhaft „zu Gast" zu sein, hat derjenige, der ein transparenter Mensch mit Stärken und Schwächen ist und der durch seine Geschichten und die persönliche Herangehensweise an Themen „einer wie ich" ist und so zum Freund des Hörers werden kann.

Morgenmoderatoren sollten die Freunde der Hörer werden. Und ein Freund kann nur jemand werden, über den mal viel Persönliches weiß!

Jedes Alltagserlebnis kann zu einer Geschichte für die Morgensendung werden. Die größten Morningshows der Welt leben zu einem guten Teil

C2 Der optimale Anchor und sein Team

von persönlichen Geschichten und Erlebnissen der Moderatoren. Hören Sie sich mal eine Sendung von Ryan Seacrest an – z. B.Sie werden viele kleine persönliche Geschichten finden, beispielswweise von der Co-Moderatorin, die endlich einen Arzt gefunden hat, der ihren Ehemann von seinem nächtlichen Schnarchen erlöst hat oder von Ryans „Blackberry-Sucht", die aufgrund einer ungesunden Körperhaltung beim ständigen Tippen bereits zu einem Rückenproblem geführt hat.

Am schönsten sind natürlich die persönlichen Alltagserlebnisse, die mit Dingen zu tun haben, die viele von uns täglich erleben, z. B. das Phänomen, dass der Ehemann das Geschirr nie IN die Spülmaschine stellt und der letzte Ehekrach, der daraus entstanden ist. Oder die Geschichte von der Lebensgefährtin, die auch heute Morgen wieder nichts zum Anziehen hatte, obwohl der Fünf-Meter-Kleiderschrank voll ist. Das Erlebnis am Bahnsteig, wenn man fast den Zug verpasst, weil man zum Bedienen des Fahrkartenautomaten mindestens ein IT-Studium braucht. Oder das Offenbaren eines Accounts bei einer Online-Partnervermittlung.

Aus solchen Kleinigkeiten können große Dinge entstehen. Ich durfte einen Moderator betreuen, der den Mut hatte, von seiner Online-Partnersuche on air zu erzählen und die Hörer daran teilhaben zu lassen. Diese wahre Geschichte endete zunächst nach einem Jahr in einer Hochzeit. Und leider drei Jahre später in einer Scheidung. Das war zugegeben sehr mutig, hat den Moderator aber innerhalb kürzester Zeit vom Ansager zum „Freund der Hörer" katapultiert.

Wer es schafft, der Freund des Hörers zu werden, hat einen großen Bonus. Hier ist es wie im richtigen Leben: Man verzeiht einem Freund auch mal Fehler, man freut sich nach einem langen Urlaub wieder über den Kontakt und es ist auch nicht schlimm und tut der Bindung keinen Abbruch, wenn man sich mal eine zeitlang nicht sieht bzw. hört.

> Die emotionale Bindung zum Hörer, der Aufbau einer freundschaftlichen Beziehung zum Moderator ist wie eine Einschaltquotenversicherung. Denn zu einem Freund kehrt man immer wieder zurück!

Wenn Sie in der Verantwortung für eine Morgensendung sind, sei es als Moderator, Redaktionsleiter oder Programmchef sollten Sie eine Frage in Ihren Morgenshow-Besprechungen immer auf der Agenda haben: Was haben die Hörer heute von Ihnen/dir/euch erfahren?

C Die Morningshow

Meinungen – das Salz in der Suppe

Da erst die unterschiedlichen Sichtweisen auf ein Thema eine große Bandbreite an Hörern ansprechen, sind Meinungen und Haltungen ein unerlässlicher Bestandteil einer spannenden Morgensendung und sorgen außerdem für weiteres „Identifikationspotenzial" – oder für Zündstoff und damit für Spannung, Reibung und Emotionen.
Wie langweilig ist es, wenn über den neuen Action-Blockbuster gesprochen wird und alle im Team den Film ganz o. k. finden ? Welche anderen Aspekte könnte es geben? Ist es vielleicht ein typisch blöder „Ballerstreifen", den vor allem Männer gut finden? Ist das Ende möglicherweise sowieso klar (das Gute gewinnt, der Held überlebt und bekommt außerdem seine Traumfrau)? Erst unterschiedliche Sichtweisen machen eine Information zu einer unterhaltsamen, persönlichen Moderation mit Identifikationsfaktor. Identifikationsfaktor = Hörerbindung = Verweildauer = Einschaltquote. Meinungen in einer Show mit mehreren Protagonisten sind in der Regel kein Problem – auch wenn sie mal provozierender sind oder nicht dem Mainstream entsprechen. Es gibt ja immer jemanden, der die Gegenhaltung vertreten bzw. seinen Kollegen „in die Schranken weisen" kann.

Zur Vorbereitung eines Themas gehört also auch immer, sich darüber klar zu werden, wer welche Haltung, welche Sichtweise zu dem jeweiligen Thema hat.

Eine Geschichte zur Energiewende wird viel interessanter, wenn der Anchor sich z. B. pro Atomenergie positioniert und zweifelt, dass der Termin zur Abschaltung aller AKW auch eingehalten werden kann. Ist vielleicht nicht die „politisch korrekte Haltung" zum Thema, aber kein Problem, wenn die Co-Moderatorin dagegen hält. Erst unterschiedliche Haltungen machen ein Thema lebendig.

Authentizität – auf Dauer ein Gewinn

Kennen Sie das? Jemand erzählt Ihnen eine Geschichte und Sie wissen nicht warum, aber irgendwie haben Sie das Gefühl: Der lügt! Trotzdem gibt es Programmmacher, die sich trauen, den Hörern in der Morgenshow eine Rolle, eine Eigenschaft, eine Haltung vorzuspielen und dabei zigtausende bzw. hunderdtausende Menschen schamlos anzulügen. Ich bin überzeugt: Auf Dauer gehen Lügen nach hinten los! Denn wer einmal lügt und dabei erwischt wird, hat es schwer, das verspielte Vertrauen wieder herzustellen. „Man muss nicht alles sagen, was wahr ist, aber was man sagt, muss immer wahr sein". Dieser Spruch aus Omas Zitatenschatz trifft auf alles zu, was in einer Morgenshow on air geht.

Authentizität und Ehrlichkeit sind das Gebot der Stunde. Es gibt im Moderatorenteam keine Gegenmeinung zu einem Thema, man müsste eine erfinden? Mehrere Möglichkeiten:

» Fragen Sie den Rest des Teams und nehmen Sie diese Person dann als „Charakter" einmalig mit in Show.
» Belassen Sie es dabei. Dann gibt es diesmal eben keine Gegenmeinung.
» Suchen Sie andere Haltungen zum Thema bei Ihren Hörern.

Egal, wie Sie diese Aufgabenstellung lösen: Die Show bleibt authentisch und ehrlich gegenüber ihren Hörern.

C Die Morningshow

C3 DER HÖRER UND DIE SHOW

Man kann keine Morningshow vorbereiten, wenn man nicht exakt weiß, für wen man sie vorbereitet. Die im Abschnitt „Der optimale Anchor und sein Team" erwähnten Sinusmileus sind eine große Hilfe (vgl. Kapitel C2 ab Seite 86). Alle MA-Daten aus Deutschland sind in Sinusmilieus übertragbar und gegen eine Gebühr bei der VuMA (Verbrauchs- und Medienanalyse, www.vuma.de) bzw. der jeweiligen nationalen Vermarktungsagentur erhältlich! Dieses Tool gehört in jede Redaktion und sollte die Grundlage jedes Morgenshow-Konzepts darstellen. Man erfährt darin eine ganze Menge über seine Zielgruppen: Was sind deren Sorgen und Nöte? Was sind die wichtigen Werte in welchem Milieu? Wie leben die Hörer? Zu welchen Marken tendieren sie? Was sind ihre wichtigsten Freizeitbeschäftigungen?

Themenfilter als „Sicherheitsnetz"

Mit diesen Sinusmilieus lässt sich ein simpler Themenfilter erstellen, der dafür sorgt, dass kein Thema an der Zielgruppe vorbei gesendet wird. Alle Ideen durchlaufen diesen Filter. Treffen nicht mindestens zwei von drei (oder drei von vier) Kriterien zu, fällt das Thema „durch". Ein konservatives AC-Format könnte z. B. den Themenfilter **MULF** anwenden: **M**ehrwert (wo ist der Mehrwert der Geschichte? Was hat der Hörer davon?), **U**nterhaltsam, **L**okal, **F**amilienkompatibel

Auch wenn alle Themen prinzipiell massenkompatibel sein sollten, so kann es doch hilfreich sein, einen „Musterhörer" zu identifizieren, an dessen Interessen Design und Inhalt der Show sowie ein grober Themenfilter zunächst ausgerichtet werden.

Dennis Clark, Vice President Talent Coaching in der iHeart Media Gruppe, mit dem ich in meiner Zeit bei *104.6 RTL* ein Jahr lang zusammen gearbeitet habe, gehört zu den Top-Morgenshow-Experten weltweit. Dennis war der Mann im Hintergrund der legendären Morningshow „Rick Dees in the morning" bei *KIIS FM* in Los Angeles und kreierte und betreute als Produzent jahrelang die Nachfolgeshow von Rick Dees und DIE Vorzeige-Morningshow der Clear Channel Gruppe: „On Air with Ryan Seacrest" – er empfiehlt als ersten Schritt die Erstellung eines Hörerprofils (siehe Abbildung 13). Und in einem zweiten Schritt die Entwicklung eines Hörerprofils (siehe Abbildung 14).

C Die Morningshow

Erstellen Sie ein tatsächliches Profil eines typischen Hörers
MACHEN SIE DEN HÖRER MÖGLICHST TRANSPARENT

Kategorie	
DEMOGRAPHISCHE INFORMATIONEN	Name, Alter, „Foto" / Geschlecht/ Single/ Kinder
BILDUNG/ SCHULABSCHLUSS	Hauptschule/ Mittlere Reife/ Abitur/ Uni / Wo arbeitet er/ sie?
LIFESTYLE	Wofür gibt er/ sie Geld aus? / Wo lebt er/ sie? / Welches Auto fährt er/ sie?
UNTERNEHMUNGEN	Wo kauft er/ sie ein? / Wo verbringt er/ sie gern die Freizeit? / Lieblings-TV-Sendungen/ Zeitschriften/ Webseiten
MUSIK/ HÖRERPROFIL	Hört er/ sie Radio? / Welche anderen Sender - welche Musik hört er/ sie? / Welche CD hat er/ sie zuletzt gekauft/ heruntergeladen?
SONSTIGES	Was mag er/ sie nicht?

Abb. 13: Vorschlag zur Erstellung eines Hörerprofils

Erstellen Sie ein tatsächliches Profil eines typischen Hörers
MACHEN SIE DEN HÖRER MÖGLICHST TRANSPARENT

Kategorie	
DEMOGRAPHISCHE INFORMATIONEN	Name, Alter, „Foto" / Geschlecht/ Single/ Kinder
BILDUNG/ SCHULABSCHLUSS	Hauptschule/ Mittlere Reife/ Abitur/ Uni / Wo arbeitet er/ sie?
LIFESTYLE	Wofür gibt er/ sie Geld aus? / Wo lebt er/ sie? / Welches Auto fährt er/ sie?
UNTERNEHMUNGEN	Wo kauft er/ sie ein? / Wo verbringt er/ sie gern die Freizeit? / Lieblings-TV-Sendungen/ Zeitschriften/ Webseiten
MUSIK/ HÖRERPROFIL	Hört er/ sie Radio? / Welche anderen Sender - welche Musik hört er/ sie? / Welche CD hat er/ sie zuletzt gekauft/ heruntergeladen?
SONSTIGES	Was mag er/ sie nicht?

Abb. 14: Beispielhörerin der Morgensendung „On Air with Ryan Seacrest"

C3 Der Hörer und die Show

Die Markenwerte unserer Show wurden mit Blick auf diesen Beispielhörer kreiert: FUN, GIRLS, LOCAL

KIIS Morningshow
- es macht SPASS, zuzuhören
- ECH T - authentisch
- „Best frinds to the listener"
- Ziel: Freund des Hörers werden
- Rollendefinition mit Blick auf Zielgruppe
- LA und Orange County - regional
- Die besten Klatschgeschichten im Radio
- Ziel: Hörer wollen morgens nicht mehr auf „ihre" Show verzichten

KIIS Morningshow Charaktere

Ryan - der echte Kerl
- 30 Jahre, Single
- zieht sich gerne gut an
- sehr schlagfertig
- hat eine Freundin
- „der große Bruder Ryan"

Ellen - „eine von den Mädels"
- junge Mutter, sehr sympathisch
- kennst sich aus (mit Nachrichten, Klatsch, Fernsehen, Lifestyle und Trends)
- immer gut drauf
- Ryans „Lebensberater"/ „Lifecoach"

Für die Zielgruppe programmieren und sich von den Konkurrenzshows unterscheiden

Abb. 15: Grundkonzept der Show „On Air with Ryan Seacrest" von KIIS FM in L.A.

Erst, wenn ein Programmmacher Zielgruppe und Ausrichtung der Sendung definiert UND die Wettbewerber analysiert hat, kann er die eigentliche Show kreieren. Folgende Fragen sind hierbei wichtig:

»   Wie kann sich die Show von anderen Sendungen unterscheiden?
»   Welche wichtigen Merkmale einer Morningshow sind bereits besetzt?
»   Was könnten tragende, bestimmende Themenbereiche sein?
»   Welche Rolle spielen Gags und Comedy?
»   Darf die Show provozieren und wenn ja, wie weit darf sie gehen?
»   Was sind Tabus?

Wenn diese Fragen geklärt sind, erhält die Show ihr „Gesicht", ihre Struktur. Vielleicht ergibt sich daraus auch ein passender Claim. Dieser ist zwar nicht zwingend notwendig, kann aber helfen, das Produkt zu beschreiben und genauso wie der Senderclaim bzw. Musikclaim dazu beitragen, eine Marke zu etablieren, wie „Berlins lustigste Morgensendung" für „Arno und die Morgencrew" bei *104.6 RTL* oder „Und das Aufstehen macht Spaß" für die Show rund um John Ment bei *Radio Hamburg*.

C4 CONTENT IS KING

Benchmarks – der Allrounder	**106**
Der ewige Kampf der Geschlechter	**108**
Standards nicht vergessen	**109**
Blitzermeldungen gut dosieren	**110**
Nachrichten – morgendliche Grundversorgung	**110**

Am Ende einer Morgensendung sollten sich alle wichtigen Themen des Tages darin wiedergefunden haben. Der Hörer sollte das Gefühl haben, die Moderatoren wissen, was ihn beschäftigt, er ist im Wesentlichen über die wichtigsten Themen informiert und er ist mit den für ihn relevanten Serviceinformationen in seinem Sinne informiert worden (Beispiel: relevante Verkehrsmeldungen mit Zusatzinfos wie Zeitverzögerung). Er hat also einen Nutzen, wenn er unsere Show gehört hat. Er weiß, ob die S-Bahn heute fährt und bei der Arbeit kann er nicht nur mitreden, sondern hat im besten Falle auch noch etwas zu erzählen.

Um dauerhafte Hörerbindung in einem Unterhaltungssender herzustellen und eine Show zu einem unentbehrlichen Bestandteil des Tages zu machen, braucht es mehr als diese Pflichtinhalte. Neben den oben beschriebenen Persönlichkeiten (die im Idealfall „Freunde des Hörers" geworden sind) vor allem eines: das Vermitteln eines guten Gefühls! Dazu sind weder „Schenkelklopfer-Witze" noch eine aufgedrehte Ansprache mit Dauergrinsen im Gesicht notwendig, sondern „nur" eine unterhaltsame Umsetzung von Themen und Ideen. Glücklicherweise ist „Unterhaltung" ein breites Spektrum, das von Klatsch über spannende Geschichten bis hin zu klassischen Humorbeiträgen reicht.

Interessant ist dabei die Definition des Begriffs durch die Nutzer. Studenten der Uni Kassel haben diese in einer Arbeit zum Thema „Unterhaltung" veröffentlicht. Danach ist Unterhaltung „das Gegenteil von Langeweile" und Hörer wollen mit Unterhaltungssendungen vor allem „positive Stimmungen hervorrufen oder verlängern" und „negative Stimmungen abbauen".

ARBEIT DER UNI KASSEL ZUM THEMA „UNTERHALTUNG"

» www.perm.ly/erm08

Die Aufgabe der Radiomacher in einem Unterhaltungssender ist es, am Morgen ein gutes Gefühl zu vermitteln.

Benchmarks – der Allrounder

Ein einfaches Werkzeug mit vielen Vorteilen sind sogenannte „Benchmarks" also Serien, die jeden Tag zur gleichen Zeit unter einem bestimmten Etikett stattfinden. Damit sind nicht zwangsläufig nur klassische Comedy-Beiträge gemeint, sondern auch Inhalte wie Klatsch, Veranstaltungshinweise, Umfragen oder Serien zum Thema Musik. Diese festen, täglich wiederkehrenden Inhalte sind ein „Allroundtalent" mit vielen Vorteilen:

» Benchmarks geben den Hörern Orientierung und strukturieren ihren Morgen.
» Benchmarks sind eine „sichere Bank" für massenkompatible Inhalte (vorausgesetzt, man überprüft deren Beliebtheit regelmäßig durch Hörerbefragungen).
» Gute Comedy Benchmarks garantieren Ihren Hörern das „gute Gefühl", für das diese morgens einen Unterhaltungssender aussuchen.
» Benchmarks sind ideal zum Teasen und helfen der Show „nach vorn zu arbeiten" und ständig neue Einschaltimpulse zu setzen.
» Benchmarks sind ideal, um aktuelle Themen unterhaltsam einzubinden.
» Inhaltliche Benchmarks helfen, Charaktermerkmale und Themenkompetenzen der Moderatoren zu transportieren.
» Musikbenchmarks unterstützen die Promotion strategisch wichtiger Sounds und Dekaden.
» Benchmarks sorgen an „schlechten Tagen" dafür, dass der Unterhaltungsfaktor stimmt und die Sendung garantiert relevante Inhalte transportiert.
» Gute Benchmarks sind ein zusätzlicher Einschaltfaktor.
» Benchmarks sorgen für Wiedererkennbarkeit, wenn die Hauptprotagonisten nicht on air sind, Benchmarks sind also die „ideale Urlaubsvertretung".

Ein gutes Beispiel dafür, was eine funktionierende Benchmark alles bewirken kann, ist die Comedy „Frühstück bei Stefanie" von *NDR 2*, die 2011 mit dem Deutschen Radiopreis als „Beste Comedy" ausgezeichnet wurde. In dieser Serie tauschen sich die vier Protagonisten Udo, Herr Ahlers, Opa Gehrke und Bistro-Besitzerin Stefanie über Alltagsthemen, Tagesaktuelles und eigenes Erleben aus – auf so witzige Art und so gut umgesetzt, dass die Serie innerhalb kürzester Zeit zum beliebtesten Bestandteil der *NDR 2*

Morgensendung avancierte – mit Folgen, mit denen der Sender zu Beginn wahrscheinlich selbst nicht gerechnet hat. Denn „Frühstück bei Stefanie" wurde zu Gesprächsstoff an den Arbeitsplätzen und in den Familien und gewann so nicht nur neue Fans für die Serie sondern auch für die Morgensendung, die dadurch einen enormen Schub erfuhr!

Diese Benchmark ist ein gutes Beispiel für einen funktionierenden „Allrounder" und war über 5 Jahre und 1.066 Folgen ein Beweis für das Talent von Benchmarks:

» Sie war ein zusätzlicher Einschaltfaktor.
» Sie sorgte an „schlechten Tagen" dafür, dass der Unterhaltungsfaktor stimmt und die Sendung garantiert relevante Inhalte transportierte.
» Sie gab den Hörern ein gutes Gefühl.
» Sie transportierte aktuelle Inhalte auf unterhaltsame Weise.
» Sie eignete sich perfekt zum Teasen.
» Sie war immer da und gab der Show einen Wiedererkennunswert.
» Sie half bei der Telefonabfrage der MA bei der Erinnerung und der Nennung des „richrigen" Senders.

Eine derart beliebte Benchmark ist natürlich ein Traum: Sie eignet sich außerdem auch noch für CDs, Off-Air-Veranstaltungen, Fanartikel, die Website, als Podcast-Abo, man kann prominente Gäste einbinden usw.

Gute Comedy Benchmarks zu entwickeln, gelingt nur wenigen Sendern. Vor allem für kleinere Sender ist daher ein Zukauf das Mittel der Wahl. Ich durfte oft erleben, wie auch zugekaufte, in einem ganz anderen Winkel der Republik produzierte Comedys zu tragenden Elementen für eine Morgensendung wurden. Natürlich kann man die komplett norddeutsch angelegte Serie „Frühstück bei Stefanie" schlecht nach Rosenheim transportieren. Aber viele Telefoncomedys oder Kanzler-Benchmarks, produziert in Berlin, Hamburg oder Magdeburg, funktionieren ganz prima auch in Bamberg, Halle oder München.

Mein Tipp: Vertrauen Sie bei Comedys nie Ihrem persönlichen Geschmack, sondern ausschließlich der Entscheidung Ihrer Hörer! Wenn Sie die Möglichkeit haben, testen Sie neue Comedys nach einer bestimmten On-Air-Zeit (ca. drei Monate) in Ihrer Marktforschung oder vor Beginn der Ausstrahlung in Ihren Call Outs bzw. über eine Online-Marktforschung. Ein Test vorab gibt Ihnen in jedem Fall eine Idee, ob die geplante Serie überhaupt Potenzial hat.

C Die Morningshow

Wenn Sie eine gute Comedy Benchmark gefunden haben – durch Eigenproduktion oder Zukauf – behalten Sie diese, so lange Sie können. Sie erweist Ihnen wertvolle Dienste – siehe „Frühstück bei Stefanie" oder „Baumann und Claussen" bei *BB Radio*. Diese Serie, eine Beamten-Comedy, die seit mehr als 20 Jahren eigentlich bei *R.SH* in Kiel von Jörg Lehrich und Frank Bremser produziert wird, läuft im Moment bei mehr als zehn Sendern in Deutschland und ist für viele Hörer am Morgen ein Einschaltgrund, für den sie im Umfeld der Comedy eine Musik „ertragen", die sie sonst nicht hören würden – ich beobachte dieses Phänomen bei *BB Radio*, seit ich 1998 das erste Mal für diesen Sender gearbeitet habe. „Baumann und Clausen" sind dort eine Institution mit zigtausenden treuen Fans, die jeden Morgen um 7 Uhr 40 auf „ihre" Lieblingsbeamten warten – und das obwohl die Serie „nur" ein Zukauf ist! Ganz sicher stärkt diese Benchmark die Quoten in der Zeit zwischen 7:30 Uhr und 7:45 Uhr, denn Fans erinnern bei der Telefonabfrage bestimmt, welchen Sender sie in dieser Viertelstunde gehört haben (die MA wird ja in 15-Minuten-Segmenten erhoben und bezieht sich dabei jeweils auf den Vortag).

> Eine gute Comedy Benchmark ist ein genauso starkes Instrument zur Hörerbindung wie ein beliebter Moderator.

Natürlich gibt es auch noch andere funktionierende Formen für Benchmarks. Einige davon möchte ich Ihnen vorstellen.

Der ewige Kampf der Geschlechter

Ich bin ein großer Fan von klassischen Mann-Frau-Themen im Radio. Jeder kennt den ewigen Kampf der Geschlechter, jeder kann ihn nachvollziehen (auch bei homosexuellen Paaren gibt es diese Kämpfe, habe ich mir sagen lassen) und er ist ein unerschöpflicher Quell für Themen mit einem großen Unterhaltungsfaktor und oft sogar Nutzwert (vgl. Kapitel E ab Seite 183)! Ausgehend davon, dass dieses Themenfeld immer funktioniert und von guten Erfahrungen damit, haben wir 2008 bei *BB Radio* eine Benchmark erfunden, die über die Jahre zu einem tragenden Element der Morgensendung geworden ist und mittlerweile von Salzburg bis Sachsen mit jeweils anderem Titel kopiert wird – das Original heißt „Der kleine Unterschied und seine großen Folgen". Das Prinzip ist so simpel wie unterhaltsam: Es geht täglich um ein Geschlechterphänomen, das durch einen der Moderatoren oder einen Hörer thematisiert und von einem (sehr unterhaltsamen) Experten erklärt wird. „Warum geben Frauen Gegenständen Namen?", „Warum wissen Männer zwar, wie man Flugzeuge baut, aber nicht, wie die Waschmaschine funktioniert?", „Warum haben Frauen nie etwas anzuziehen?" usw. Warum funktioniert diese Benchmark so gut? Weil sie einen hohen Identifikationsfaktor bietet, weil man sich und seinen Partner (oder Ex-Partner oder den Partner der besten Freundin) darin wiederfindet. Sicher auch, weil die Moderatoren in dieser Benchmark vieles aus ihrem eigenen Erleben erzählen können und die Serie durch unterhaltsame persönliche Geschichten anreichern. Ein weiterer Erfolgsfaktor ist der Nutzwert: Der Experte erklärt die Phänomene und man hat etwas „zum Mitnehmen und Weitererzählen".

Diese Benchmark bietet außerdem viele andere Vorteile einer guten täglichen Serie: Man kann tagesaktuelle Themen einbinden („Warum kaufen Männer Weihnachtsgeschenke auf den letzten Drücker", „Was finden Frauen am Sommerschlussverkauf so faszinierend?"), man kann Charaktermerkmale der Moderatoren transportieren („Kira muss allen Dingen Namen geben, ihr Auto heißt übrigens Blackie ... "), man kann Hörerfragen einbinden und das Ganze zu einem Serviceelement machen und man kann daraus Stunts entstehen lassen („Gut, dann lass uns morgen in einem Einparkwettbewerb herausfinden, ob Frauen wirklich kein Gefühl für Entfernungen haben."). Natürlich ist diese Benchmark auch ein optimales Werkzeug, um nach vorn zu arbeiten und die nächste Folge oder den nächsten Tag zu teasen.

Ausgehend davon, dass Themen rund um den kleinen Unterschied und seine großen Folgen bestens funktionieren, haben Sie ja vielleicht bald eine eigene Idee dazu, die demnächst landauf landab kopiert wird. Viel Erfolg dabei und lassen Sie mich bitte wissen, was Ihnen eingefallen ist!

Standards nicht vergessen

Was sind die wichtigsten Informationen am Morgen? Die Antwort ist so simpel, dass ich mich kaum traue, sie aufzuschreiben. Hörer wollen wissen, wie spät es ist und wie das Wetter wird. Alle haben heute eine App?

Und es hat sowieso jeder eine Uhr. Ja klar! Habe ich zu der App eine Bindung aufgebaut? Ein Vertrauensverhältnis? Und habe ich im Bad zu jeder Zeit eine Uhr oder eine App zur Hand? Nein! Widmen Sie also den Standards genügend Aufmerksamkeit, sie gehören dazu und sind für Ihre Hörer ein wichtiger Bestandteil des „Rundum-Sorglos-Pakets Morningshow". Auch Verkehrsinfosgehören dazu. Die großen Staus an den wichtigen Ausfallstraßen, Kreuzungen und Stadtautobahnen alle 15 Minuten, das Wetter unbedingt ebenso im Viertelstundenrhythmus, Uhrzeit zu Beginn und am Ende jedes Breaks und zusätzlich kurz zwischen zwei Songs. Verkehrsmeldungen gerne mit Hörernutzen wie „Hier brauchen Sie heute zehn Minuten länger.", „Planen Sie rund um Berlin Mitte heute eine halbe Stunde zusätzlich ein."

Blitzermeldungen gut dosieren

Gerne überschätzt wird die Wichtigkeit von Blitzermeldungen. Natürlich finden Sie immer wieder Hörer, die beteuern, dass sie ihren Sender wegen der Blitzer hören. Wenn das dann aber dazu führt, dass morgens zehn, fünfzehn Blitzer, teils mit Telefon-O-Tönen der Hörer gemeldet werden, erweist man „seinem" Sender einen Bärendienst. Oder kennen Sie einen Programmchef, der anstrebt, dass das höchste Image seiner Morgensendung das für „die meisten Blitzer" ist? Zudem ist ab Blitzer Nummer fünf ein Zuhören anstrengend, es erzeugt unnötige Längen und macht den Verkehrsservice zu einem echten Abschaltfaktor. Mein Mittel der Wahl ist hier die Formulierung „die neuesten Blitzer" mit einer Beschränkung auf die drei (bis fünf) jeweils aktuellsten Blitzermeldungen. Blitzermeldungen gehören zum Service-Paket dazu – keine Frage. Die Dosis ist entscheidend.

Nachrichten – morgendliche Grundversorgung

Zu den Standards am Morgen gehören natürlich auch die Nachrichten. Zu keiner anderen Zeit sind sie so wichtig wie am Morgen (siehe Abb. 9 auf Seite 78). Weil am Morgen aber schnelle Informationen gefragt sind, sollten sie je nach Format eine Länge von dreieinhalb Minuten nicht überschreiten. Die drei, vier, maximal fünf wichtigsten Meldungen – eventuell ergänzt durch 30 bis 60 Sekunden lokale Kurznachrichten, in allen denkbaren Formen aufbereitet (Meldung ohne O-Ton, mit O-Ton, Redaktionston bzw. Aufsager, Korresponden-Ton , Kurzumfrage, usw.). Eine abwechslungsreiche Gestaltung macht das Zuhören attraktiver und gibt den Nachrichten „Showcharakter".

Die Auswahl richtet sich nach Relevanz und Hörernutzen. Lokalität ist wichtig, aber keine alleinige Berechtigung, eine Meldung auszuwählen bzw. diese an den vorderen Positionen der Nachrichtensendung zu platzieren. Weil die Nachrichten am Morgen so wichtig für die Hörer sind, und weil wir aus der Marktforschung wissen, dass ein „Hörsegment" am Morgen nur ca. 30 Minuten dauert (je nach Alter der Zielgruppe auch kürzer bzw. länger; Jüngere hören eher nur 20 Minuten, Ältere etwas länger), sollte eine Morgensendung ihre Hörer ein Mal pro halbe Stunde mit vollwertigen Nachrichten versorgen.

Der Nachrichtenanchor ist normalerweise ein Teil des Teams und kann in Showopener oder andere Bestandteile der Sendung eingebunden werden. Über kurze Teaser auf die Nachrichten, die bereits eine wichtige Information zum Thema enthalten („Die beste Nachricht des Morgens: Michael Schumacher ist aus dem Koma erwacht und wurde bereits in eine Spezialklinik transportiert. Peter Meyer in unserer Nachrichtenredaktion hat für Sie alle weiteren Infos …") können außerdem kurze Tagesaktualitäten in die Show eingebaut und gleichzeitig etwas für eine etwas längere Verweildauer getan bzw. Images aufgebaut werden. Teaser sorgen ja nicht nur für Einschaltimpulse, sondern helfen auch beim Aufbau von Images (vgl. Seite 165).

C Die Morningshow

C5 ARNO MÜLLER ÜBER MORNINGSHOWS

Willkommen beim Einschaltquoten-Spiel	**113**
Teasen Sie mit festen Verabredungen	**114**
Kommunikation, die durchdringt	**115**
Menschen hören Radio allein	**116**
Die häufigsten Fehler	**116**
Lassen Sie Ihre Hörer einen Teil der Arbeit machen	**118**
Geben Sie Ihrer Show Persönlichkeit	**118**
Keep it stupid and simple!	**119**

C5 Arno Müller über Morningshows

Die ersten zehn Jahre meiner Radiokarriere habe ich mit dem heute bereits legendären Programmdirektor Arno Müller zusammengearbeitet (u.a. 2012 mit dem Deutschen Radiopreis für sein Lebenswerk ausgezeichnet). Arno Müller führte *104.6 RTL* Berlin zur Marktführerschaft in der Hauptstadt. Seine Show „Arno und die Morgencrew" (2014 ausgezeichnet mit dem Deutschen Radiopreis als „Beste Morningshow Deutschlands") gilt als die meistkopierte Morgensendung im deutschsprachigen Raum und setzt seit 1991 Maßstäbe. Ich freue mich sehr, dass er in diesem Buch einige seiner Gedanken und Geheimnisse zum Thema „Morningshow" mit uns teilt.

ARNO MÜLLER

Willkommen im Einschaltquoten-Spiel!

Wer immer sich entscheidet in den Medien zu arbeiten, egal in welchem Job, der ist im Spiel. Im Spiel um Einschaltquoten, Auflagen oder Klicks. Wie in jedem Spiel ist es gerade im Radio wichtig, dass man die Spielregeln versteht. Für unser Medium Radio bedeutet das, an welchen Schrauben kann ich drehen, um die Quote nach oben zu bekommen.
Klar, jeder Laie wird sagen, das ist doch ganz einfach, man muss einfach mehr Hörer bekommen. Mehr Menschen also, die das Programm einschalten. Mehr Hörer zu generieren, ist aber nur eine von vielen Möglichkeiten, die Nadel zu bewegen. Bei *104.6 RTL* in Berlin haben wir eine unter den Menschen, die mindestens eine Stunde Radio am Tag hören, eine Bekanntheit von 80 Prozent erreicht, einen Weitesten Hörerkreis von 50 Prozent und eine Tagesreichweite von 30 Prozent. Selbst beim härtesten Wert, der Frage „welchen Radiosender hören Sie am meisten", liegen wir bei 21 Prozent. Viel mehr kann man mit einem Programm gar nicht erreichen. Trotzdem geht das Spiel immer weiter. Die erste Frage ist: Was kann ich tun, damit die Hörer länger hören? So wie in Deutschland Radionutzung gemessen wird, ist die Erinnerung an die Hördauer extrem wichtig. Der gleiche Hörer ist in jeder Viertelstunde, in jeder Stunde, in jedem Tagesteil ein neuer Hörer. Das wirft gleich die nächste Frage auf: Wie kann ich die Hörer dazu bewegen, mehrmals am Tag und an mehreren Tagen einzuschalten? Welche starken Einschaltgründe kann ich schaffen und wie promote ich sie am sinnvollsten?

C Die Morningshow

Teasen Sie mit festen Verabredungen

Dabei ist es wichtig zu bedenken, dass Time Spent Listening in Einzelfällen passiert und nicht in Zeitspannen. Promoten Sie nie mehrere Inhalte der Sendung über Zeitspannen wie z. B. „zwischen 6 und 9 Uhr morgen früh". Treffen Sie Verabredungen mit den Hörern. Stellen sie sich vor, ein Freund lädt sie zu seiner Geburtstagsfeier mit den Worten ein: „Ich würde mich freuen, wenn du zu meiner Geburtstagsparty kommst. Ich feiere nächste Woche zwischen Montag und Samstag. Los geht's zwischen 18 und 22 Uhr. Der Ort ist noch streng geheim, es kann überall passieren." Sie würden nicht wissen wohin sie kommen sollen und nicht wann. Das kann kein sehr guter Freund sein, denn eigentlich will er nicht, dass sie überhaupt die Möglichkeit haben, an seiner Party teilzunehmen. Wie oft höre ich Promos und Teaser im Radio, die genau nach diesem Konzept gestrickt sind. Hörer werden eingeladen, wissen aber nicht, wohin sie kommen sollen. Wenn Sie Hörer einladen, seien sie präzise, nur so können die Hörer ihre Einladung annehmen.

Da die Ergebnisse der Media-Analyse auf Erinnerungen basiert, ist es wichtig die sogenannte „Top of Mind" Lücke zu schließen. Unser Gehirn ist aufgebaut wie ein Schubladenschrank. Für jede Produktgruppe benutzt unser Erinnerungsvermögen eine eigene Schublade. Wir erinnern uns vornehmlich an die ersten beiden Produkte oder Namen, die in dieser Schublade abgelegt sind.

Machen wir einen Test. Ich stelle ein paar Fragen und sie überprüfen diese Thesen anhand der Antworten, die Ihnen einfallen:

» Wer war der erste Mensch, der über den Atlantik flog?
» Wer war der zweite?
» Welche koffeinhaltige Limonade trinken sie?
» Wo gehen sie meist hin, wenn sie einen Hamburger essen wollen?
» Mit welchem Auto findet man überall einen Parkplatz?
» Welchen Radiosender hören sie am meisten?

Ihnen wird auffallen, dass sie diese Fragen mit einem oder maximal zwei Namen beantworten können und dass die Radiofrage die am schwersten zu beantwortende war. Wenn es um Ihre Art von Musik und Morgensendung im Radio geht, muss Ihr Ziel sein, in dieser Kategorie an erster Stelle der Schublade im Kopf der Radionutzer zu stehen.

Diese „Top of Mind"-Lücke zu schließen, ist eine der Hauptaufgaben von guten Radiomoderatoren. Denn nur wer sich an uns erinnert, kann uns bei den Einschaltquotenbefragungen nennen.

Kommunikation, die durchdringt

Kommunikation beginnt mit der Absicht, jemandem etwas mitzuteilen. Wer diese Absicht nicht verfolgt, sollte sich an Mark Twain halten: „Wenn Du nichts zu sagen hast, dann sage nichts".
Nett klingende Geräusche mit seinem Mund zu machen hat damit nichts zu tun. Benutzen Sie ihre Stimme und diese ist der Spiegel Ihrer Gedanken. Klare Gedanken = klare Aussagen. Unklare Gedanken = Gelaber.
Der frühere CEO von General Electric Jack Welch gab einmal in einem Interview zu: „Sie glauben nicht, wie schwer es ist, einfach und klar zu reden. Der Redner fürchtet sich davor, als Dummkopf angesehen zu werden. In Wirklichkeit ist es umgekehrt." Es ist viel schwerer und bedarf viel mehr Vorbereitung, Inhalte kurz und prägnant auf den Punkt zu bringen, als mit gespielter Professionalität um den heißen Brei herum zu reden.
„Don't bring me around the block, if I want to cross the street." Man muss auch nicht immer die ganze Geschichte erzählen, wenn eine kurze Zusammenfassung oder ein kurzer Tease reicht.
Die besten Moderatoren der Welt sind unterhaltend, klingen vertraut, sind involviert und haben einen eigenen Standpunkt, den sie vertreten. Diese Moderatoren haben etwas zu sagen, sind verbindlich, zuverlässig ja sogar vertraut und innig mit ihren Zuhörern. Sie performen mit dem Herzen und nicht nur mit der Stimme. Egal ob freundlich, warm, lustig oder provokativ, sie haben ihren eigenen Stil.
Nehmen sie sich die Zeit, Ihre Moderationen vorzubereiten.
Mein Mental-Modell für Moderatoren:
- » Denke aktuell.
- » Plane Spontaneität.
- » Denke „klein".
- » Denke „ kurz".
- » Denke wie ein Hörer.

C Die Morningshow

Menschen hören Radio allein

Arthus Godfrey einer der berühmtesten US-Radiomoderatoren in den 1930iger- und 1940iger-Jahren hat es als Erster verstanden. Ihm war klar, Menschen hören Radio immer allein. Selbst in einer Gruppe hört jeder für sich. Was viele Radiomoderatoren noch heute falsch machen, erkannte er schon vor fast 80 Jahren. Godfrey wurde gleichzeitig von Millionen von Radiohörern gehört, er sprach aber immer nur mit einem: „One to One".

Die häufigsten Fehler

Die Beurteilung von Moderatoren und Moderationen ist sehr oft nicht objektiv. Es gibt keine klaren Regeln was richtig und was gut ist. Am Ende kommt es darauf an, wie die Hörer die Geschichten und den Stil des Moderators beurteilen. Moderatoren hören sich deshalb bei Aircheck-Sessions die Kritik an, nehmen sie aber nicht ernst. Schließlich ist es nur die Meinung von einem, nicht die von Tausenden am Radio.
Meinungsforscher haben für die Film- und Werbe-Industrie in Hollywood vor Jahren ein System entwickelt, mit dem Sequenzen von Kinofilmen oder Werbespots getestet werden. Dabei sitzt eine die Zielgruppe repräsentierende Gruppe von Testpersonen in einem Kino. Jede Testperson bekommt ein Gerät, das aussieht wie ein großer Lautstärkeregler, Sekunde für Sekunde sollen die Testpersonen nun beurteilen, wie ihnen das Gezeigte gefällt, indem sie den Regler bei Gefallen auf und bei Nichtgefallen zu drehen. Ich habe dieses System oft eingesetzt, um Radiosendungen und die Performance von Moderatoren, Comedy-Beiträgen und sonstigen Programm-Features objektiv zu testen. Die Testpersonen hören eins zu eins Mitschnitte aus Radiosendungen und beurteilen von Sekunde zu Sekunde, ob ihnen das, was sie hören gefällt oder nicht, indem sie einfach das „Radio" laut oder leise drehen. So bekommt man eine sekundengenaue Analyse dessen, was im Radio gesendet wurde.

Interner Humor, Sarkasmus und Negativität sind absolute Killer für jede gute Moderation.

Das Ende eines Beitrags verpassen: Grundsätzlich kann man weiter sagen, bei langen Beiträgen und Moderationen gehen die Kurven themenunabhängig nach 60 bis 90 Sekunden rapide nach unten. Es gibt Ausnahmen, wenn die Hörer in einer akustischen Beobachterposition sind. Je länger diese Beiträge dauern, desto höher gehen die Kurven!
Wenn ein Beitrag vorbei ist, ist er vorbei. Egal ob der Payoff bei einem Gewinnspiel, die Pointe bei einem Gag oder der Quintessenz einer Story, nach dem Höhepunkt verliert man die Hörer – also schnell raus und nie etwas künstlich in die Länge ziehen.
Durcheinander-Reden: Ein häufiger Fehler, gerade bei Morgensendungen mit mehreren Akteuren, ist das Durcheinander-Reden verschiedener Stimmen – tödlich!
Den Hörer anlügen: Was mich immer wieder in diesen Tests überrascht ist das Gefühl der Hörer für das Unechte und das nicht Authentische. Erfundene Geschichten, unechte Gefühle und gespielte Reaktionen – die Hörer erkennen sie intuitiv und hassen sie.
Zu schnell reden: Noch etwas: Reden Sie nie zu schnell!. Selbst die besten Moderatoren verlieren die Hörer, wenn sie zu schnell sprechen. Das gilt im Übrigen auch für die jungen Zielgruppen. Radiohörer lieben gute Radiostimmen mit verständlich gesprochenen, gut betonten Moderationen. Sie müssen nur natürlich klingen.
Zu viele Themen pro Break: Radio ist ein tolles Medium, denn wir können alles zu jeder Zeit sein, aber nur eines zur gleichen Zeit. Dies gilt auch für die Themen, über die wir reden. Konzentrieren sie sich auf ein Thema zu einer Zeit. Nie über verschiedene Themen in einem Moderations-Break reden, die Hörer können oder wollen Ihnen nicht mehr folgen, wenn es zu unbequem für sie wird – „One thing at the time."
Langweilig sein: Versuchen sie in jeder Sendung einen unvergesslichen Augenblick zu schaffen

Wer täglich eine Radiosendung moderiert, der kann nachvollziehen, wie schwer es ist, täglich etwas Neues zu machen oder gar alles neu und anders zu machen. Das gelingt nie.
Der beste Plan, sich selbst zu motivieren und mit Lust ins Studio zu gehen ist, sich jeden Tag eine Sache zu überlegen, auf die man sich selbst freut und auf die man in der Sendung teasen kann.
Egal ob es ein Studiogast, ein toller Anruf eines Hörers, ein toller Preis

oder eine gute Geschichte ist. Suchen sie sich jeden Tag etwas, auf das Sie stolz sind, es mit Ihren Hörern zu teilen.

Lassen Sie Ihre Hörer einen Teil der Arbeit machen

Viele Moderatoren werden für Beiträge und Programmideen gelobt, die eigentlich von den Hörern kommen. Kreieren Sie deshalb in Ihren Sendungen ein Umfeld, welches die Hörer motiviert, Sie anzurufen, Ihnen E-Mails oder Nachrichten zu schicken. Nutzen Sie diese Geschichten, Witze, Ideen und bauen Sie sie in Ihre Sendung ein. Je mehr Sie davon senden, desto mehr Material von ihren Hörern werden Sie bekommen.
Entwickeln Sie Beitragsplätze, die von den Hörern gefüllt werden. Eine der erfolgreichsten Serien in meiner Show sind die „Agathe Bauer Songs", bei denen die Hörer erzählen, was sie im Text von bekannten Hits falsch verstanden haben. Dieser Beitrag läuft täglich und wird seit Jahren von den Hörern gefüllt. Machen Sie die Hörer zum Star Ihrer Show. Suchen Sie am Telefon und auf Veranstaltungen nach lustigen, interessanten Stimmen oder nach Typen, die etwas zu erzählen haben und bauen Sie diese in Ihre Show ein. Am Kurfürstendamm in Berlin gibt es einen Obdachlosen, der berühmt dafür ist, dass er jedem, den er anspricht einen maßgeschneiderten Witz erzählt. Wir hatten diesen Mann lange täglich in unserer Nachmittagssendung mit einem „Witz des Tages". Auch wenn die Witze nicht immer „Brüller" waren, es war eine sympathische Serie mit viel Lokalkolorit.

Geben Sie Ihrer Show Persönlichkeit

Jede Show sollte wissen, wofür sie steht und wofür nicht. Es ist deshalb wichtig, eine Produktpersönlichkeit zu entwickeln, die ein festes Wertesystem hat, auf das sich die Hörer verlassen können. Legen Sie wichtige Punkte in diesem Wertesystem gemeinsam mit den Akteuren der Show fest und halten sie sich daran.

Arno Müllers Checkliste: Wie ist Ihre Morningshow?
- Glaubt Ihre Show an Gott?
- Ist Ihre Show männlich oder weiblich?
- Machen Sie Witze über Menschen, die in der Öffentlichkeit am Boden liegen?
- Hilft Ihre Show Menschen und Hörern in Not?
- Welche Sportart mag ihre Show – oder die Akteure der Show?
- Was ist der Kleidungsstil Ihrer Show?
- Welche Autos mag Ihre Show?
- Welche Fernsehsendungen sieht Ihre Show?
- Welche Zeitschriften und Zeitungen liest Ihre Show?
- Ist Ihre Show politisch? Zu welcher Partei tendiert sie?
- Mag Ihre Show Pizza und Burger oder lieber Austern und Champagner?
- Ist Ihre Show verheiratet oder Single?
- Wer in Ihrer Show hat einen Hund, wer eine Katze?

Wie in jedem guten Roman, in jeder TV-Serie und in jedem Film, braucht Ihre Show und jeder Akteur der Show eine Charakterdefinition. Ihre Hörer können nur lieben, was und wen sie kennen. Nicht Stimmen sind beliebt, sondern reale Personen.

Keep it stupid and simple!

Egal ob Elemente, Promos, Trailer, Teaser, Promotions, Aktionen oder Spiele, halten Sie alles kurz, einfach und leicht verständlich. Die berühmten „eierlegenden Woll-Milch-Säue" gibt es nicht, versuchen Sie also nicht welche zu erfinden. Wie bereits beschrieben: je klarer ein Gedanke, ein Ziel, eine Aussage oder Mechanik, desto besser.

In vielen meiner Seminare und Schulungen höre ich immer wieder Einwände, die mit „Ja – aber ..." beginnen. Ich mache diesen Job nun seit über 30 Jahren und glauben Sie mir: Alles, was nach dem „Ja" kommt, ist Quatsch. Es gibt immer Gründe, nicht das Richtige zu tun. Meist sind es die Vorgesetzten, oder das Budget, die als Verhinderungsgründe genannt werden. Der amerikanische Autor T. Harv Eker hat in seinem Buch „Secret of a Millionaire Mind" die Gründe analysiert, warum so viele Menschen von Reichtum und Erfolg träumen, aber nur so wenige ihr Ziel erreichen.

C Die Morningshow

Extrem erfolgreiche Menschen, analysiert er, sind nicht intelligenter, sie haben nicht mehr Glück – sie denken anders! Erfolgreiche Menschen machen nie andere für ihre Fehler verantwortlich, sie lernen aus ihnen und machen es beim nächsten Mal besser. Sie konzentrieren sich auf ihre Möglichkeiten und Chancen und denken nicht ständig über die Risiken und Schwierigkeiten nach. Sie lösen ihre Probleme und rennen nicht vor ihnen davon. Sie lassen sich nicht von Angst beeinflussen und sie wenden die Formel an: Lernen + Handeln = Erfolg.

In diesem Sinne – viel Erfolg.

ZITAT

DER BESTE PLAN, SICH SELBST ZU MOTIVIEREN UND MIT LUST INS STUDIO ZU GEHEN IST, SICH JEDEN TAG EINE SACHE ZU ÜBER-LEGEN, AUF DIE MAN SICH SELBST FREUT UND AUF DIE MAN IN DER SENDUNG TEASEN KANN.

ARNO MÜLLER

C6 LAUNCH EINER NEUEN MORGEN-SENDUNG

Keine Entscheidung ohne Casting!	**123**
Workshop zum Start	**124**

Eine neue Morgensendung an den Start zu bringen, gehört zu einer der spannendsten Aufgaben im Hörfunk. Leider beginnt diese Aufgabe zunächst mit einem Problem: dem Finden eines Anchors, der eine Morgenshow trägt. Ob dieser Anchor männlich oder weiblich sein soll, hängt vor allem vom Format und der Zielgruppe ab sowie von den Wettbewerbern und davon, ob die neue Show nur von einem Moderator oder einer Moderatorin getragen werden oder ob ein Team die Sendung prägen soll. Die Problematik der geburtenschwachen Jahrgänge ist längst im Medium Hörfunk angekommen. Gerade das Finden von männlichen Radiopersönlichkeiten ist zur Suche nach der Nadel im Heuhaufen geworden. Warum der Branche gerade junge Männer fehlen, hat wahrscheinlich unterschiedliche Gründe – möglicherweise sind Fernsehen oder YouTube „more sexy" als Radio und Arbeitgeber wie Google oder ein cooles Internet-Startup scheinbar interessanter.

Umso wichtiger ist es, bei der Suche nach einem Anchor für die Morningshow nichts dem Zufall zu überlassen. Zusätzlich zu den klassischen Wegen (neben Annoncen natürlich vor allem Talentscouting bei YouTube) ist die Idee, Tagesshows in Bundesländern mit vielen kleinen Lokalsendern aufzuzeichnen und vielleicht ein Talent zu entdecken, einige Stunden Arbeit wert.

Keine Entscheidung ohne Casting!

Woher auch immer Sie Ihre Kandidaten beziehen – die Entscheidung für einen Anchor führt immer über ein Casting. Stellen Sie dabei dem Kandidaten einen anderen Moderator als „Anspielball" zur Seite – vielleicht ist ein Teil dieser neuen Morgensendung ja auch bereits an Bord. Dieser „Anspielball" verkörpert idealer weise genau das Gegenteil der Persönlichkeit des Kandidaten im Casting. Mann versus Frau, jung versus älter, Ehepartner versus Single. Die Aufgabenstellung für das Casting einer Morgenshow geht dabei weit über die einer „normalen Probesendung" hinaus: Schließlich soll die Morgensendung von einer sympathischen Persönlichkeit aus der Lebenswelt der Hörer getragen werden, die gleichzeitig ein guter Geschichtenerzähler ist, Emotionen transportieren, gut auf andere reagieren und die Sender-USPs „verkaufen" kann. Entsprechend müssen sich all diese Anforderungen auch im Casting wiederfinden.

C Die Morningshow

> **CHECKLISTE**
>
> **Casting eines Anchors für die Morningshow**
> » Lassen Sie die Kandidaten zunächst alle Senderstandards vorbereiten und moderieren: je nach Format also Showopener inkl. Teasing, Musikverkaufen, Interview, Gewinnspielmoderation, An- und Abmoderation eines Beitrags, Teasing und Verkaufen einer Benchmark usw.
> » Checken Sie das Verhalten der Kandidaten bei Telefonaten mit Hörern und geben Sie ihnen die Chance, das Telefonat nach der Aufzeichnung sendegerecht zu bearbeiten.
> » Planen Sie etwas Unvorhergesehenes ohne Vorbereitungszeit ein: ein spontanes Interview zu einem aktuellen (lokalen) Thema, einen Hörer mit einem ungewöhnlichen Anliegen oder einer besonderen Geschichte.
> » Lassen Sie die Kandidaten Geschichten erzählen, z. B. „Das schrecklichste Erlebnis im letzten Jahrzehnt" oder eine lustige Geschichte aus dem letzten Urlaub.
> » Suchen Sie emotionale Momente, z. B. „das romantischste Erlebnis mit meinem Partner".
> » Lassen Sie die Kandidaten ein Konfliktthema aus ihrem persönlichen Bereich erzählen, beispielsweise: „Womit haben Sie Ihren Partner zuletzt auf die Palme gebracht?" oder „Womit haben Ihre Kinder Sie zuletzt zur Weißglut gebracht?"
> » Lassen Sie die Kandidaten gemeinsam mit dem zur Seite gestellten Co-Moderator ein Thema suchen, bei dem beide gegensätzlicher Meinung sind.
> » Bei einer Mann-Frau-Konstellation: Lassen Sie ein klassisches Thema wie „Mithelfen im Haushalt" besprechen.

Das Abarbeiten dieser oder einer ähnlichen Liste zeigt Ihnen die Qualitäten des künftigen Morgenshow-Moderators in allen wichtigen Bereichen – von der Pflicht wie Teasing, Interviews, klassische Interaktion oder Musikverkaufen bis hin zur Kür wie „gegensätzliche Meinungen", Emotionen und „persönliche Geschichten".

Workshop zum Start

Wann immer ich die schöne Aufgabe habe, Geburtshelfer einer neuen Morningshow zu sein, leite ich diese Geburt mit einem Workshop ein, in

dem folgende Fragen geklärt werden:
- » Wie ist die Anmutung der Show?
- » Welchen Charakter hat die Show?
- » Was sind die herausragenden Merkmale der Protagonisten?
- » Wer hat welche Themenkompetenzen?
- » Wie kann man die Charaktere in einem Satz beschreiben?
- » Welcher „Plot" ergibt sich daraus?
- » Welche Kernthemen ergeben sich aus all dem?
- » Ergibt sich daraus ein Claim, der die Show gut beschreibt und den Hörern einen Nutzen kommuniziert?

Zunächst sollten sich alle Beteiligten darüber klar sein, wie die Show klingen soll und welche Schwerpunkte im Wettbewerb die beste Chance haben. Gibt es bereits eine von Comedy getragene Morgenshow? Welche Position für welche Form von Unterhaltung ist noch frei im Markt? Bestimmen Sie anschließend die Charaktermerkmale der Moderatoren, stellen Sie diese gegenüber und besprechen und verteilen Sie entsprechend die Themenkompetenzen. Siehe dazu die Checkliste für Charaktermerkmale auf S. 93.

Fassen Sie jeden Charakter in einem Satz zusammen – das hilft dem Rest der Kollegen im Sender, die Charaktere zu fassen und entsprechend passende Themen, Sonderwerbeformen, Autogrammkarten, Off Air Events, Darstellungen auf der Website usw. anzubieten. So ist Benni aus der Morgensendung bei *BB Radio* der „witzige, sympathisch verrückte Brandenburger, der noch nie eine ernstzunehmende Beziehung hatte, aber dafür den besten Nebenjob der Welt machen darf: Stadionsprecher bei Energie Cottbus".

Aus diesen Beschreibungen und der angepeilten Position im Markt, ergibt sich eine Art „Plot". Z. B. bei einer klassischen Mann-Frau-Konstellation „Der tägliche Kampf der Geschlechter im Radio". Dieser wiederum hilft beim Finden von Benchmarks und tragenden Themen für die Show.

Legen Sie für den Anfang auch fest, welche der wichtigsten Charaktermerkmale der Protagonisten primär kommuniziert werden sollen. Drei bis vier sind ausreichend, maximal fünf. Je weniger Bälle Sie dem Hörer zuwerfen, desto mehr kann er fangen.

Wenn alle Eckdaten rund um die Show und die Moderatoren geklärt sind, stellen Sie folgende Frage: Was sollen die Hörer in einem Jahr über diese

C Die Morningshow

Show und deren Moderatoren denken? Will die Show eher „wie ein Freund" anmuten und viele Identifikationsfaktoren bieten oder geht es in Richtung einer Comedy Show mit einer hohen Dichte an Gags?
All diese Fragen und deren Ergebnisse sind der Rahmen für die neue Sendung. Dazu zwei bis drei Benchmarks, die im 90Minuten-Rhythmus wiederholt werden und fertig ist das Grundgerüst für Ihre neue Morgensendung.

Gerade am Anfang ist eine sorgfältige Auswahl der Themen, Aktionen und auch der Gags wichtig. Denn alles, was ein neues Morgenshow-Team am Anfang tut, bestimmt die Wahrnehmung der Hörer. Die ersten Monate sind entscheidend für die Images der Protagonisten.

Nach einem gut geplanten Start brauchen Sie nur noch wenig zum ganz großen Erfolg: Ständiges konstruktives Feedback, immer wieder neue frische Ideen und ganz viel Zeit.

Bis eine neue Morgensendung in einem Wettbewerbsmarkt angekommen ist, dauert es mindestens zwei Jahre. Geben Sie der Show diese Zeit, wenn Sie an sie glauben.

Wenn Sie Ihre Morgenmoderatoren und das Redaktionsteam dann durch gutes Coaching ständig weiterentwickeln und Ihre Benchmarks durch Marktforschung immer wieder auf den Prüfstand stellen und gegebenenfalls durch neue, bessere ersetzen, steht dem Erfolg dieser Sendung nichts mehr im Weg – denn dann erreichen Sie, was gute Serien im TV ebenfalls schaffen: Man will die nächste Folge nicht verpassen!

> **NACH EINEM GUT GEPLANTEN START BRAUCHEN SIE NUR NOCH WENIG ZUM GANZ GROSSEN ERFOLG: STÄNDIGES KONSTRUKTIVES FEEDBACK, IMMER WIEDER NEUE FRISCHE IDEEN UND GANZ VIEL ZEIT.**
>
> YVONNE MALAK

ZITAT

C7 STEVE REYNOLDS ÜBER ERFOLGSFAKTOREN

Steve Reynolds von „The Reynolds Group" berät seit 2000 viele der ganz großen Morgenshows in den USA und zählt eine Menge berühmter Moderatoren mit populären Sendungen in großen Märkten zu seinen Kunden wie „Ebro in the Morning" (*HOT97*, New York City), „Karson and Kennedy" (*Mix 104.1*, Boston), „John and Tammy" (*KSON*, San Diego) oder die Morgensendung des legendären *Radio Veronica* in den Niederlanden.

Seine Homepage ist eine Fundgrube an Inspirationen für alle Programmmacher und vor allem Morgenshowmoderatoren und -Redakteure: www.reynoldsgroupradio.com, seine Seminare geben neue Impulse und zeigen, was alles dazu gehört, um eine Morningshow zu machen, die ihre Hörer über Jahre begeistert und ihren Teil zum Unternehmenserfolg beiträgt. Für „Erfolgreich Radio machen" hat er eine Liste der 33 wichtigsten Regeln für den Erfolg Ihrer Morgensendung zusammengestellt.

33 Geheimnisse erfolgreicher Morningshows

1. Die Show hat einen einzigartigen „Plot". Sie ist anders aufgestellt und ausgerichtet als die Shows der Mitbewerber.
2. Die Besetzung ist klar definiert – jedes Mitglied unterscheidet sich von den anderen.
3. Die Show hat wesentliche Alleinstellungsmerkmale.
4. Die Sendung klingt nach „Spaß" – Humor ist einer ihrer wesentlichen Faktoren.
5. Die Moderatoren sind authentisch und auch mal verletzlich, wenn sie Geschichten aus ihrem Leben erzählen, so dass der Hörer das Gefühl bekommt, „sie sind genauso wie ich."
6. Alle wichtigen Tagesthemen finden in der Sendung statt.
7. Die Moderatoren sind immer ehrlich – es gibt keine Fakes.
8. Die Moderatoren sind stets optimal vorbereitet – als Team und jeder in seiner Rolle und innerhalb seiner Aufgaben.
9. Jedes Teammitglied sucht ständig nach Themen und einer besonderen Umsetzung.
10. Die Teammitglieder verhalten sich innerhalb des Senders freundlich und professionell.

C Die Morningshow

11. Das Team verlässt sich immer weniger auf Material „aus der Konserve" und „fremde" Showprep Services , weil es eigene Inhalte kreieren kann.
12. Die Moderatoren haben verstanden, dass Storytelling ein wesentlicher Bestandteil einer erfolgreichen Morningshow ist. Die Moderatoren sind allesamt gute Geschichtenerzähler.
13. Die Teammitglieder sind immer neugierig und schauen über den Tellerrand, um neue Inhalte zu finden und diese kreativ aufzubereiten.
14. Die Teammitglieder haben Mechanismen zur Hand, um interne Konflikte zu lösen, wann auch immer sie auftreten.
15. Die Teammitglieder interessieren sich für sich als Menschen und können die Hörer dazu bewegen, sie für sich zu interessieren.
16. Die Teammitglieder haben eine gute Beziehung zu ihren Chefs und sehen sie nicht als Gegner.
17. Das Team ist immer besser vorbereitet als nötig und hat ständig „Reserve-Ideen" in der Hinterhand, damit nur das Allerbeste on air kommt.
18. Die Teammitglieder sind innovativ und ihre Ideen machen aus Gelegenheitshörern Stammhörer
19. Die Show hat mindestens eine wichtige tägliche Benchmark, die ihren Sinn für Humor bzw. die Show definiert und die ein Wiedereinschaltgrund ist.
20. Die Moderatoren lassen andere Teammitglieder, die die Show mit Input unterstützen stets wissen, wie wertvoll diese für den Erfolg der Sendung sind.
21. Die Teammitglieder wissen alles über die Region, in der sie senden. Natürlich lesen sie alle lokalen Zeitungen und Websites
22. Die Moderatoren denken on air immer an die Wichtigkeit der Basics wie Zeitansagen und kurze Wettervorhersagen sowie daran, den Rest der Station zu promoten.
23. Jeder der Moderatoren hat eine eindeutige Sichtweise auf ein Thema.
24. Unterschiedliche Sichtweisen schaffen Reibung. Und das wiederum zieht Hörer an.
25. Die Mitglieder verlieren nie ihre Hörer aus den Augen.
26. Die Show erneuert sich ständig selbst und sucht neue Ideen, die zur

C7 Steve Reynolds über Erfolgsfaktoren

Marke und zum Plot der Show passen und die den einzelnen Charakteren spielerisch Raum geben.
27. Die Mitglieder arbeiten an Geschichten mit Spannungsbögen, die wie mehrtägige Kapitel einer Geschichte sind, um damit täglich neue Einschaltimpulse zu setzen.
28. Das Team ist stets hoch motiviert
29. Die Show ist so vorhersehbar, dass sie für den Hörer zu einer angenehmen Gewohnheit wird, aber nur so vorhersehbar, dass sie nie langweilig wird.
30. Jedes Teammitglied beantwortet E-Mails, Voicemails und Social Media Posts und zeigt den Hörern damit, dass sie ernst genommen werden und wichtig sind.
31. Die Moderatoren entwickeln sich als Menschen hörbar weiter, indem sie nach und nach immer mehr von sich selbst preisgeben.
32. Die Moderatoren kommunizieren die Liebe zu ihrem Sendegebiet. Man hört, dass sie stolz darauf sind, dort zu leben.
33. Die Teammitglieder kümmern sich um ihre Gemeinde, ihre Region oder die Stadt, in der sie leben und geben etwas zurück.

C Die Morningshow

C8 SOCIAL MEDIA IN DER MORNINGSHOW

Social Media ist heutzutage eine unverzichtbare Ergänzung jedes Radioprogramms und nicht nur für die Kommunikation mit jungen Zielgruppen brauchen Sender eine Strategie für ihre digitale Kommunikation.
Die iHeartMedia-Gruppe (bis September 2014 firmierte sie unter dem Namen „Clear Channel") hat dies längst erkannt – wer im Herbst 2014 bei iHeart einen Job suchte, fand unter 539 Angeboten 500 für den digitalen Bereich. Die iHeart Radio App wurde bis Ende 2014 fast 300 Millionen mal runtergeladen, alle Teilnehmer einer großen iHeart Morningshow sind auf den wichtigen digitalen Kanälen vertreten und bespielen diese intensiv. Der Morningshow Host Elvis Duran von *Z100* in New York hat allein fast 300.000 Twitter-Follower. Solche Zahlen helfen natürlich auch die Social-Media-Präsenz der Moderatoren mit zu verkaufen und Produkte von Werbekunden über SocialMedia-Kanäle zusätzlich zu bewerben. Bernhard Weiss, Vice President of Sales bei iHeartMedia in New York, verantwortlich für die Verkaufsabteilung der sechs New Yorker iHeart Stationen, sagt zu dem Thema:

„SocialMedia-Aktivitäten in Kampagnen geschehen hauptsächlich über die Twitter- bzw. Facebook-Accounts der Moderatoren – seltener über die Social-Media-Kanäle der Sender selbst – und werden als Teil einer Kampagne mitverkauft. Dafür berechnen wir eine Gesamtsumme für alle Leistungen inkl. der ‚klassischen'. bzw. eine Summe für alle digitalen Leistungen, nicht nur für Social Media. Runtergebrochen würde der Umsatz mit Social Media im Moment nicht mal ein Prozent des Gesamtumsatzes ausmachen."

Im Moment ist Social Media also noch kein Umsatzbringer, aber ein wichtiger Teil der Gesamtstrategie – und sicher auch ein hilfreiches Verkaufsargument bei Kunden. Wolfgang Hünnekens, Professor für Digitale Kommunikation an der Universität der Künste in Berlin und Gründer des Institute of Electronic Business, schreibt am 9. November 2014 in einem Blog auf www.radioszene.de:

„Was im Radio passiert, wird auf Facebook und Twitter weiter vorangetrieben, findet auf der Webseite Berücksichtigung und wird, selbst wenn es eigentlich ein Medienbruch ist, vielleicht via Instagram oder Snapchat verbreitet. Alle Angebote sind natürlich mobilfähig. Wenn dann auch noch bewegte Bilder einbezogen werden können, dann ist ein ganzes

C Die Morningshow

Eine professionelle Morningshow macht den nächsten Schritt: SOCIAL MEDIA

- Die neue 24 Stunden Marke
- Online Markenführung – Moderatoren und ihre Charaktermerkmale
- Einmal begonnen – kein Zurück
- Social Media Präsenz genauso managen und organisieren wie den Inhalt der Show – lege denselben Inhaltsfilter an.

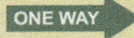

- Wem folgst du?
- Was/ Wem postest du?
- Sei ein Trendsetter!
- Beschäftige dich mit den richtigen Marken!

Abb. 16: Social-Media-Strategie der iHeartMedia-Gruppe

Die besten Zutaten für deine POSTINGS UND NACHRICHTEN:

- Wahre Geschichten
- Bilder
- Beweise, dass du das Leben lebst, das du on air kommunizierst
- Links
- Videolinks

Abb. 17: Empfehlung für Inhalte in Facebook-Postings und Twitter-Nachrichten

Wegstück bereits erledigt. Die Programmverantwortlichen müssen all das im Blick behalten und geeignete Strategien entwickeln".

SOCIAL-MEDIA-STRATEGIE FÜRS RADIO

» www.perm.ly/erm09

Hier als Beispiel die Social-Media-Strategie der iHeartMedia Gruppe (siehe Abbildung 16), zur Verfügung gestellt von Dennis Clark, Vice President Talent Coaching.

Überlegen Sie sich gut, ob Sie auf allen Kanälen mitspielen wollen. Ist Ihre Zielgruppe wirklich auf Twitter vertreten? Oder wäre es sinnvoller, sich auf Facebook zu konzentrieren? Weniger ist mehr. Das gilt auch für die Anzahl der geteilten Inhalte. Drei gute Postings am Tag sind ausreichend. Mehr könnte als Spam empfunden werden. Die Inhalte richten sich am üblichen Themenfilter aus, für die Aufbereitung gilt dasselbe wie für die Aufbereitung von Themen in der Morgensendung: Das WIE macht den Unterschied.

Auch wenn Social Media immer wichtiger wird – verzetteln Sie sich nicht! Ein guter Inhalt on air ist deutlich wichtiger als ein originelles Facebook Posting. Und zig- oder gar hunderttausende Hörer sind wichtiger als einige ein paar hundert Likes oder neue Follower auf Twitter. Zumindest solange, wie unser Geschäftsmodell über Einschaltquoten im Radio funktioniert. Social Media sind eine notwendige Ergänzung, aber sie ist nicht unser Radioprodukt. Vor allem aber bringen sie noch keine relevanten Umsätze.

D

MODERATION

D1   **138**
Musikstrategie verkaufen

D2   **150**
Die häufigsten Fehler und wie man sie vermeidet

D3   **162**
Teasing

D4   **170**
Doppelmoderation

D5   **174**
Der Aircheck

D Moderation

D1 MUSIKSTRATEGIE VERKAUFEN

Tagesteilbezogene Moderationen und Musicsells	**142**
Nutzenorientierte Moderationen	**144**
Sinnvolle Claimeinbindung	**144**
Kreativität	**146**
Tagesaktualität	**146**
Regional	**147**
Persönlich	**147**
Kollektives Gedächtnis	**148**
Musicsells mit Mehrwert	**149**

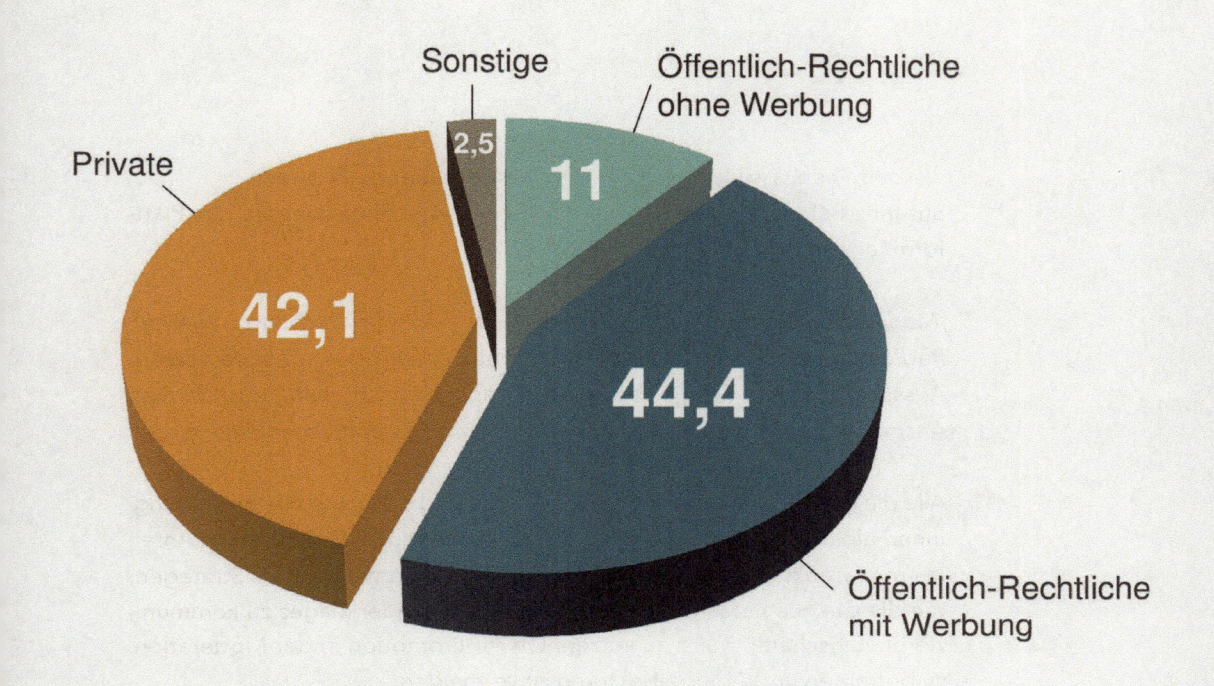

Abb. 18: Aufteilung der Radionutzung in Deutschland – werbetragende versus werbefreie Sender

Moderatoren sind das „Gesicht" eines Radiosenders. Das beste Sendekonzept wird ohne eine ansprechende Moderation nur begrenzt Erfolg haben. In Zukunft wird eine ansprechende Moderation noch wichtiger werden. Denn das Gefühl, nicht allein zu sein, verbunden mit einer warmen, sympathischen Ansprache machen für den Hörer den Unterschied zu Streamingdiensten und Musik-Apps aus. Echte Persönlichkeiten können es schaffen, einen zusätzlichen Einschaltgrund zu bieten. Personality Shows könnten helfen, DAB+ attraktiver zu machen. Im britischen DAB+ Bouquet gibt es einige Shows, die allein der Moderation wegen Gründe bieten, sich für ein DAB-Radio zu interessieren, wie z. B. die Alice Cooper Radio Show auf *Planet Rock*.

Der Weg zur Moderations-Persönlichkeit führt aber erstmal über Pflichtaufgaben. Diese sind je nach Format und Wettbewerb unterschiedlich. Einige Regeln und Fallen gelten jedoch für alle Musikbasierten Stationen.

Moderatoren hören es nicht gerne: Aber in erster Linie sind sie dazu da, den Sender zu verkaufen. Das gilt für ein Inforadio genauso wie für ein

D Moderation

werbefreies Klassikformat oder eine werbetreibende Popwelle.
Susanne Baldauf, Leiterin Kommunikation bei der Radiozentrale, der Plattform für das Radio als Werbeträger:

„Mehr als 85 Prozent der Hörer entscheiden sich für Werbung tragende Radiosender, während knapp 15 Prozent werbefreie Angebote nutzen. Ausschlaggebend für die Wahl des Senders sind vor allem Musikformat, Ansprache sowie die Präsentation von Information und Unterhaltung."

Alle diese Sender kämpfen um Marktanteile und damit um ihre Bedeutung innerhalb des Systems, alle Werbetragenden kämpfen zusätzlich um Anteile am Werbekuchen. Moderatoren agieren also immer auch als Strategen, die die Chance nutzen sollten, die wichtigen Senderimages zu kommunizieren, Einschaltimpulse zu setzen, On Air Promotion in der Moderation zu betreiben und Abschaltfaktoren zu vermeiden.
Eine ganz schön anspruchsvolle Aufgabe – und ein Blickwinkel auf das Thema „Moderation", den Moderatoren meist nicht sehr schätzen. Aber leider gerade in Zeiten der Digitalisierung von zunehmender Wichtigkeit. Nur starke Marken werden sich in der Schlacht um Hörer behaupten können und jede Moderation stärkt oder schwächt die jeweilige Radiomarke. Etwa 80 Prozent aller Radiohörer entscheiden sich aufgrund der Musik für (oder gegen) einen Sender. Die restlichen 20 Prozent hören ausschließlich aus anderen Gründen, wie z. B. wegen der Morgensendung, wegen der (lokalen) Nachrichten, der Infos oder der aktuellen Verkehrsmeldungen. Die Musik ist und bleibt aber immer der Hauptauswahlgrund für die große Masse der Hörer.

Den Spaß an der Musik zu vermitteln, die Strategie dabei im Auge zu haben und den Hörer sympathisch in seiner jeweiligen Lebenssituation zu begleiten, ist die Hauptaufgabe von Moderatoren in Werbung treibenden Massenprogrammen.

Wie im Kapitel On Air Marketing bereits ausführlich erläutert, hilft es beim Markenaufbau, die entsprechenden musikalischen Images – die Basis für den Erfolg eines Radiosenders – auch in der Moderation zu verkaufen und den Hörern damit zu sagen, was sie bei diesem Sender erwarten können und für welche Art von Musik sie diesen Sender in ihrem Gehirn abspeichern sollen. Die meisten Hits der 1980er? Die coolen Classic Rock Songs?

D1 Musikstrategie verkaufen

Die besten aktuellen Pophits? Die groovigen, schwarzen Urban Sounds? Die Kunst dabei ist, diese Image-Moderationen nicht nach einer „Verkaufsveranstaltung" klingen zu lassen, sondern die Kommunikation wichtiger Images nebenbei in (Musik-)Moderationen einzubauen bzw. die auf dem Sender zu erwartenden Sounds in eigenen Worten zu benennen, also zu übersetzen. Ob ein DJ auf Sender A „den neusten Hip Hop Track von Pitbull" ankündigt oder der Moderator auf Sender B über „aktuellen Gitarrenpop von James Blunt" spricht, macht einen großen Unterschied – auch wenn beide Sender auf den ersten Blick „aktuelle Hits" spielen. In welcher Intensität diese Art von Moderation für den jeweiligen Sender relevant ist, wird der Programmchef analog der Ergebnisse seiner Marktforschung festlegen. In jedem Fall eignen sich Musikmoderationen einerseits hervorragend, um kleine Tagesaktualitäten unterzubringen und den Hörer in „seinem" Tagesteil anzusprechen. Andererseits aber auch um den Hörern den Nutzen, den USP eines Senders, charmant und nebenbei zu verkaufen bzw. zu erklären.

Musik ist emotional, hat eine Stimmung, eine Anmutung, eine Geschichte. In jedem Fall bedeutet „Musikmoderation" immer mehr als Sätze wie „gleich Beyoncé nach Ed Sheeran". Außerdem spielen wir sowieso nur die besten Songs, die beliebtesten Hits und geben zigtausende Euros für Musiktests aus, um die richtige Musik für unsere Zielgruppe innerhalb unseres Wettbewerbs auszuwählen. Jede Menge Gründe, sich als Programmverantwortliche oder Moderatoren nicht mit einfachen Ansagen zufrieden zu geben, sondern entsprechend Zeit und Recherchearbeit aufzuwenden, um jeden einzelnen Musicsell zu einer strategischen Botschaft zu machen, die in einer ansprechenden Geschichte verpackt wird.

Dabei hilft es, die wichtigsten Formen für Musikmoderationen wie ein „Schubladensystem" immer parat zu haben, um je nach Bedarf auf die passende Form zugreifen zu können und über verschiedene Ansätze für die Vermittlung desselben Grundgedankens zu verfügen.

Es gibt mindestens zehn verschiedene Ansätze, die Musik strategisch und gleichzeitig genauso abwechslungsreich wie ansprechend zu verkaufen – diese sollten zum Handwerkszeug eines jeden Moderators gehören:

» tagesteilbezogene Moderation,
» nutzenorientierte Moderation,
» Moderation mit Einbindung des Claims,
» Moderation mit (kurzen) Musikinfos,

» Moderation auf Basis einer kreativen, witzigen Idee,
» aktuelle Ereignisse in kurzen Moderationen aufgreifen,
» regionale Ereignisse spiegeln bzw. Regionalkompetenz beweisen,
» Einbau eines persönlichen Erlebnisses,
» erinnerungsbasierte Moderationen bzw. Musicsells und
» Moderationen mit Mehrwert.

Tagesteilbezogene Moderationen und Musicsells

Eine der Aufgaben als Moderator bei einem Musiksender ist es, den Hörer zu begleiten, ihn in seiner jeweiligen Tagesbefindlichkeit abzuholen und damit zu zeigen, dass wir „bei ihm sind". Radio wird immer von einer Person allein gehört, auch wenn mehrere Menschen in einem Raum sind. Der legendäre US-Radiomacher David Sholin sagt dazu in dem Buch „Beyond Powerful Radio": „Egal, ob man als Moderator mit einhundert oder einer Million spricht, jeder Hörer sollte das Gefühl haben, die Worte sind direkt an ihn gerichtet". (Geller 2011: 20).

In einem Artikel zum 90. Geburtstag des Radios am 29. Oktober 2013 schrieb Ulrich Clauß in der Tageszeitung *DIE WELT* über das Phänomen des grandiosen Überlebens des Radios im digitalen Zeitalter (im Vergleich u. a. zu den Printmedien, die weit stärker mit dem digitalen Wandel zu kämpfen haben als das Medium Radio), Radio sei eben auch „die perfekte Einsamkeitsbetreuung". Einer der Gründe dafür ist sicher die Funktion des Radios als verständnisvoller Begleiter durch den Tag.

Ein Bezug zum Tagesteil innerhalb eines Musicsells zeigt dem Hörer, dass wir wissen, in welcher Situation er sich gerade befindet, peppt den Musicsell auf und macht die Sendung weniger beliebig. Einen Musicsell mit einem kurzen Bezug auf den jeweiligen Tagesteil anzureichern, fordert nur ein wenig Kreativität und ist der einfachste Weg, mehr aus dem nächsten Ramp zu machen. Der Hörer fühlt sich angesprochen und die Sendung ist nicht mehr austauschbar. Zwei Fliegen mit einer Klappe! Oder sogar drei, wenn der Tagesteilbezug noch mit einer Tätigkeit verbunden wird, die in der Media-Analyse explizit abgefragt wird.

Dazu im Hinterkopf zu haben, wie die Media-Analyse funktioniert, hilft, die Relevanz dieser Art von Moderation zu verstehen: Bei den telefonischen Interviews werden die Radiohörer nach den Tätigkeiten am gestrigen Tag gefragt („Was haben Sie gestern gemacht, wie lange haben Sie geschlafen, wann sind Sie aufgestanden?") Mit dieser Unterstützung zur Erinnerung erfolgt die Frage nach der Mediennutzung in den betreffenden Zeitsegmenten. Die Interviewer notieren dies in Viertelstunden. In Agma-Deutsch (agma = Arbeitsgemeinschaft Media-Analyse) heißt das: „In Zeitabschnitten von Viertelstunden werden [...] Tätigkeiten im Haus, außer Haus und die Radionutzung [...] ermittelt.". Derartige Tätigkeiten in eine Musikmoderation einzubauen, hilft dem Hörer noch besser, sich an den Sender zu erinnern, den er z. B. „auf dem Weg zur Arbeit" gehört hat.

DETAILS ZUR MA-DATENERHEBUNG

» www.perm.ly/erm10

„Zur Arbeit fahren" gehört genauso zu den Tätigkeiten, die abgefragt werden können, wie die Fragen „Wann wurde aufgestanden, gefrühstückt oder Hausarbeit erledigt". Mehrere solcher Tätigkeiten in eine Moderation einzubauen, ist allerdings kontraproduktiv. Man „erwischt" sowieso nie alle Hörer mit einer Moderation. Also ist es am persönlichsten, EINEN Hörer anzusprechen. Alle, die die jeweilige Moderation gerade bei genau dieser Tätigkeit hören, werden sich am nächsten Tag (sollten sie von einem der ma-Institute angerufen werden) garantiert erinnern, welchen Sender sie beim Zähneputzen, dem ersten Kaffee des Tages oder an der roten Ampel gehört haben. agma-Mitgliedsunternehmen können bei vorhandenen Rechten Daten zu den einzelnen Tätigkeiten auswerten („Wann fahren die meisten unserer Hörer zur Arbeit?"). Henriette Hoffmann, Marktforscherin Radio in der agma, dazu:

"Es ist möglich, Auswertungen zu machen, in denen der Tagesablauf der Hörer eines Senders anhand von Tätigkeiten beschrieben wird. Bis wann haben die meisten Hörer geschlafen, wann sind sie aufgestanden, wie viele von ihnen arbeiten und vieles mehr."

Diese Auswertung machen zu lassen, lohnt sich auf alle Fälle! Anhand der Daten können Sie eine individuelle Tagesteiltabelle erstellen, aus der die Moderatoren ersehen können, wann die meisten Hörer im Bad sind, frühstücken, zur Arbeit fahren usw. So kann man tagesteilbezogene Moderationen noch zielgerichteter einsetzen.

Nutzenorientierte Moderationen

„Freude am Fahren", „… aktiviert Abwehrkräfte", „… damit Sie auch morgen noch kraftvoll zubeißen können" – bei all diesen Beispielen handelt es sich um nutzenorientierte Werbeslogans. Nach Beobachtungen des Werbewirkungs-Forschungs-Instituts IMAS International ein Trend, der „von den Konsumenten in der unübersichtlich gewordenen Welt zunehmend geschätzt wird". In einem Essay in der Zeitschrift W&V (48/2013) schreibt IMAS-Geschäftsführer Achim von Kirschhofer:

„Kennzeichnend für den Wandel der letzten Dekade […] ist die Tendenz zu einer selektiveren Wahrnehmung von Werbung mit klar erkennbarem Nutzenversprechen und […] eine verstärkte Neigung der Bevölkerung zu Werbebotschaften, die den Produktnutzen ohne Umschweife und direkt auf den Punkt bringen."

Diese Erkenntnis lässt sich auch in der Moderation umsetzen. Musicsells mit einem Nutzen verbunden, sind sinnvolle Marketingbotschaften, die den Sender erklären und verkaufen. Zumal sich nutzenorientierte Moderationen prima für alle Arten von Musicsells eignen (entspannen, Energie tanken, gute Laune bekommen, Arbeit leichter erledigen). Das gilt auch für Sender USPs wie lange Musikstrecken oder „mehr aktuelle Hits". Eine nutzenorientierte Musikmoderation bekommt mit der Einbindung eines USPs zusätzlich zur direkten Höreransprache noch einen strategischen Wert für den Sender. Also: wieder zwei Fliegen mit einer Klappe geschlagen!

Sinnvolle Claimeinbindung

Mit „sinnfreiem Claim dreschen" hat sich Privatradio in den 1990ern zu

Recht einen schlechten Ruf erworben. Weil einige Sendermacher nicht verstanden haben, dass „Claims runterbeten" nichts mit „Sender verkaufen" zu tun hat. Ein Claim, dort eingesetzt, wo er Sinn macht, stört dagegen nicht.

> Lieber setzt man den Senderclaim nur ein- bis zweimal pro Stunde sinnvoll in einer da zu passenden Moderation ein, als ihn viermal an unpassender Stelle einfach aufzusagen.

Wenn ein Sender beispielsweise mit den „besten aktuellen Hits" wirbt, passt dieser Claim als „Stempel" prima ans Ende eines Musikteasers, der nach dem nächsten Wortblock aus Werbung und Nachrichten drei frische Hits aus den Charts verspricht. Auch auf dem Ramp eines aktuellen Chartbreakers macht dieser Claim Sinn und klingt nicht nach „Claimdrescherei", sondern beweist die Positionierung.

Ich persönlich finde es hilfreich, die Moderatoren dazu aufzufordern, lange Senderclaims auch in einzelnen Teilen zu verwenden, wenn es passt. Beispiel: der Sender *Charivari* 98.6 in Nürnberg arbeitet mit dem Claim „Mehr Musik, mehr Abwechslung. Die besten Songs aus vier Jahrzehnten". In der Morgensendung (naturgemäß die Show mit dem höchsten Wortanteil und den längsten Werbeblöcken) mit „mehr Musik" zu werben, ist allerdings obsolet. Deshalb könnte man nach einem Musikteaser vor der Werbung auch nur einen Teil dieses Slogans verwenden und z. B. moderieren: „Das ist mehr Abwechslung mit den besten Songs aus vier Jahrzehnten".

Kurze Musikinfos als i-Tüpfelchen in eine Moderation einzubauen, ist der einfachste Weg, Musikmoderationen aufzupeppen. Außerdem würdigt diese Methode die Musik am besten und macht die Songs zu etwas Großem – Musiksender wollen ja eine Marke als beste Quelle für eine bestimmte Musikmischung aufbauen. Diese Variante beweist nicht nur, dass ein Sender nur die besten Songs einer bestimmten Richtung oder Mischung spielt, sie zeigt auch Musikkompetenz und kann den Hörern interessante Infos mitgeben. Ein einzelner Satz genügt meist und klingt „lässig aus dem Ärmel geschüttelt". Zwei Beispiele: Man kann moderieren „gleich Gotye ‚Somebody that I used to know'". Man kann aber auch sagen „... gleich der Song, der es als erster in der Geschichte schaffte, in den USA gleichzeitig in drei Hitparaden auf Platz 1 zu landen: Hot 100, Alternative und Clubcharts." Es kostet natürlich ein bisschen Mühe, das alles herauszufinden und immer wieder neue interessante Fakten zu recherchieren. Aber es macht die

Musik größer, versorgt den Hörer mit Infos und verleiht Sender und Moderator Kompetenz für das, wofür wir eingeschaltet werden – die Musik.

Kreativität

Es gibt so viele wunderbare kreative Ideen, um die Musik „anzuschieben" und den Hörern Spaß an und mit der Musik zu vermitteln. So könnte beispielsweise Phil Collins zu dem Mann „mit mehr Hits in den Charts als Haaren auf dem Kopf" werden und die 367. Anmoderation von Phil Collins klingt damit anders als Nummer 366.
Mit Ideen, Soundeffekten, kleinen Produktionen, O-Tönen usw. lässt sich aus jeder einfachen Songansage eine Moderation mit Spaßfaktor machen und USPs wie „die besten neuen Hits" oder „die meisten 1980er für die Region" werden so verkauft, dass die Werbebotschaft dabei niemals als störend empfunden wird. Immer wieder schöne Ideen für kreative Musikmoderationen finden z. B. die Moderatoren von *Radio Hamburg*.

Tagesaktualität

Die Königsdisziplin beim Musikverkaufen: aktuelle Ereignisse mit kurzen Sätzen so in die Moderation einzubauen, dass der Hörer das Gefühl hat, mehr zu bekommen, als nur langweilige und leere Songansagen. Musicsells verknüpft mit aktuellen Geschichten, Meldungen oder Ereignissen zeigen dem Hörer, dass wir wissen, was ihn beschäftigt und worüber an seinem Arbeitsplatz geredet wird. Wichtig bei dieser Form der Moderation ist erstens eine gute Auswahl der Geschichten – nicht jede eignet sich dafür – und zweitens ein sehr guter Dreh zur Musik bzw. dem zu verkaufenden musikalischen USP. Ein Beispiel habe ich im Januar 2014 bei Marcus Kaiser von *BB Radio* gehört. An diesem Tag machte gerade die Affäre des französischen Staatspräsidenten Francois Holland mit der Schauspielerin Julie Gayet die Runde und Marcus moderierte:

```
Die meisten von Ihnen sind jetzt sicher auf dem
Weg nach Hause zu Ihrem festen Partner ... es sei
denn, Sie sind französischer Staatspräsident ...
```

Und weiter ging es zu einem Teaser auf die kommenden Songs. Solche kurzen Einwürfe bilden fantastisch den Tag ab und machen aus einem einfachen Musikteaser eine unterhaltsame Moderation.

Regional

Es gibt x Möglichkeiten, beim Verkaufen eines Hits aus den USA oder GB die eigene Region widerzuspiegeln! Man kann Musicsells mit einem regionalen Ereignis oder einer Veranstaltung im Sendegebiet verknüpfen. Man kann Ortsmarken einbauen oder Firmen und Teams nennen, die bei Tätigkeit Y in der X-Straße in Z „Ihren" Sender hören. Solche Kleinigkeiten erzeugen genauso viel Lokalkompetenz wie ein lokaler Beitrag, sind aber niemals ein Abschaltfaktor – stattdessen ein optimales Vehikel für die strategische Verkaufsbotschaft.

Auch kurze Telefontöne von Hörern, die gerade im Auto im Stau auf der A9, in der Boutique in Charlottenburg oder in der Zahnarztpraxis in der Maximilianstraße zuhören, eignen sich für regionale Moderationen. Trauen Sie sich dabei ruhig, auf Selbstverständlichkeiten wie Begrüßungen und Verabschiedungen zu verzichten. Valerie Geller schreibt in ihrem Buch „Beyond Powerful Radio":

„Lass die unnötigen Teile des Telefonats weg. Überflüssiges Zeug wie 'Danke für deinen Anruf' ... ist langweilig, macht die Moderation behäbig und interessiert niemanden." Geller 2011: 60

Persönlich

Das Wort „Radiopersönlichkeit" enthält den Begriff „persönlich". Ein Moderator, der Persönliches preisgibt, wirkt transparent, bietet Möglichkeiten, sich mit ihm zu identifizieren, gibt dem Hörer eine Chance, sich mit ihm „anzufreunden" und kann mit Geschichten dafür sorgen, für etwas Bestimmtes zu stehen (Familienvater, begeisterter Handwerker, Partylöwe usw.). So hilft er den Hörern, ihn kennenzulernen und bindet sie an sich. Natürlich ist eine sehr persönliche Geschichte zu einem Song immer eine Gratwanderung und passt sicher nicht zu jedem Moderator.

D Moderation

Für Tagesmoderatoren mit festen Sendeschienen, die sich über Jahre „in die Herzen der Hörer moderiert" haben, funktionieren sie aber in jedem Fall besser als eine einfache Songansage, sofern diese gelernt haben, zwischen „persönlich" und „privat" zu unterscheiden. Hilfestellung: Eine „persönliche" Verbindung ist die zu dem Song, den Sie mit Ihrem Heiratsantrag verbinden. Eine „private" Verbindung haben Sie zur Musik aus der Hochzeitsnacht.

Kollektives Gedächtnis

Erinnern Sie sich noch an den Sommer 2003 – diesen Jahrhundertsommer, in dem wir überall in Mitteleuropa wochenlang bei fast 40 Grad im Schatten fast eingegangen sind? Definitiv eine massenkompatible Erinnerung. Genauso wie die Stimmung in Deutschland während der Fußball-WM 2006 oder der WM-Sieg der Deutschen Elf 2014. Und welche Songs liefen damals im Radio?

Musicsells mit Ereignissen oder Erinnerungen zu verknüpfen, eignet sich vor allem für Formate, die in Sachen Dekaden etwas breiter angelegt sind. Diese Art von Moderation funktioniert natürlich auch ganz fantastisch mit einer regionalen Komponente wie z. B. der Schließung des legendären Tempelhofer Flughafens 2008 oder der ersten U-Bahnlinie 1972 in Nürnberg.

Für diesen einen Satz „Auf St. Pauli machten damals die Hausbesetzer mit spektakulären Aktionen Schlagzeilen und auf den Walkmen, die wir in der U-Bahn trugen, lief zu diesem Zeitpunkt ..." muss man schon etwas Zeit investieren, aber dafür hat man die Chance, neben dem Verkaufen eines Songs eine Verbindung zu seinem Hörer herzustellen – und das ist es doch eigentlich, wofür wir am Mikrofon sitzen.

Solche Moderationen sollten allerdings dosiert eingesetzt werden, um nicht „rückwärtsgewandt" und alt zu klingen. Gerade Hörer von Oldie-Formaten werden nicht gerne daran erinnert, wie lange es schon her ist, dass sie zu Musik von den Beatles in einem Club getanzt haben. Als eine von vielen Varianten, Musik abwechslungsreich zu verkaufen ist aber auch die ereignis- bzw. erinnerungsbasierte Moderation ein schönes Werkzeug, um dieselben Songs immer wieder anders zu präsentieren.

Musicsells mit Mehrwert

Bei vielen kleinen einfachen Ideen sorgt ein kreativer Weiterdreh für Mehrwert in der Moderation und macht einen Musicsell zu einem Break mit Weitererzählfaktor. Wenn man z. B. die Idee verfolgt, dass der Anpfiff des entscheidenden Fußballspiels der regionalen Mannschaft „nach dem nächsten Hit schon wieder drei Minuten näher ist", könnte man der Idee noch einen Mehrwert hinzufügen, indem man kurz recherchiert, wie oft der Heimatverein gegen genau diesen Gegner bereits gewonnen hat. Das ist ein Satz mehr – aber genau der, der vielleicht weitererzählt wird. Eine Info zum aktuellen Wetter verbunden mit der Anmoderation eines Titels spricht die Hörer sicher mehr an, als eine reine Songansage. Hier noch schnell den Mehrwert zu recherchieren, wie lange es noch heiß/sonnig/kalt bleibt, taugt zum weitererzählt werden.

Moderatoren in der Mitte der 2010er-Jahre haben eine umfassende Aufgabe: Einerseits müssen sie die Produktvorteile „ihres" Senders verkaufen, um die Marke als Quelle für die beste Musik in den Köpfen ihrer Hörer zu verankern „It's not what you do to the product, it's what you do to the prospectors mind". Andererseits müssen sie eine persönliche und emotionale Bindung zu ihrem Hörer aufbauen, um regionales Radio als bessere Alternative gegen Streamingdienste und Webradios aus dem Rest der Welt zu positionieren.

D Moderation

D2 DIE HÄUFIGSTEN FEHLER UND WIE MAN SIE VERMEIDET

Über Jahre hinweg Tag für Tag Stunde für Stunde eine gute Sendung abzuliefern, ist harte Arbeit. Viele Moderatoren haben dabei den Anspruch, dieselben Benchmarks, wiederkehrende Teaser und Themen jeden Tag neu und anders zu verkaufen. Dabei tappen auch die größten Profis immer wieder in dieselben Fallen.

Überflüssige Schleifen
Die „Schleifen-Falle" kommt in sieben von zehn Sendungen vor. Der Moderator kommt nicht direkt zum eigentlichen Thema, sondern dreht erstmal eine kreative Schleife wie in diesem Beispiel, das so tatsächlich im Radio gelaufen ist:

```
Wir alle lieben sonnige Wintertage mit weichem,
weißem Neuschnee, aus dem sich wunderbare
Schneemänner bauen lassen. Auf den Straßen
allerdings kann der Schnee schnell zum Ärgernis
werden. Gestern verwandelte zentimeterhoher
Schneematsch in Berlin auch alle wichtigen
Hauptstraßen in eine gefährliche Rutschbahn.
```

Der Hörer schenkt uns seine wertvolle Zeit, die sollten wir nicht verschwenden, sondern direkt zum Thema kommen – in diesem Fall zum Schneematsch ohne Schleife über schöne Wintertage.
Diese Schleifen sind mehrfach ärgerlich: Sie stehlen dem Hörer wertvolle Zeit und sie führen ihn zuerst zu einer ganz anderen Idee, die mit dem eigentlichen Thema nichts zu tun hat. Außerdem werden mit Schleifen die eigentlichen Hinhörer irrelevanter. Nicht zuletzt können Schleifen auch ein Abschaltfaktor sein.
Meine liebsten „Ein-Mann-Studien" führe ich im Taxi durch. Ich versuche, den eingeschalteten Radiosender aufmerksam zu hören und dabei genau den Moment zu erfassen, in dem der Taxifahrer den Sender wechselt. Die – absolut nicht repräsentativen – Ergebnisse dieser Beobachtung sind: Taxifahrer wechseln den Sender aus drei Gründen:
1. Der Song gefällt nicht.
2. Die Werbung beginnt oder dauert zu lange bzw. nervt.
3. Der Moderator beginnt ein für den Taxifahrer uninteressantes Thema bzw. schafft es in den ersten ein bis zwei Sätzen nicht, ihn für

das Thema zu begeistern. Oder es gelingt ihm nicht (siehe „Schleifenfalle") den Hörer direkt in das Thema „reinzuholen". Bei diesen Beobachtungen waren Moderationen häufiger ein Grund zum Umschalten als die Werbung!

Auch Senderaktionen und Gewinnspiele sind nicht immer massenkompatibel – vor allem Sales Promotions (und die dabei verlosten Gewinne) sprechen oft nur einen kleinen Teil der Hörer an. Da die werbetreibenden Radiosender um jeden Hörer einzeln kämpfen (und in Zukunft angesichts immer größer werdender Konkurrenz mehr denn je!), riskiert man in allen Breaks, die nur einen kleinen Teil der Hörer ansprechen, Hörer an Wettbewerber zu verlieren. Manche Moderatoren sind sich dessen nicht immer bewusst und erreichen mit Minderheitsthemen und ausufernden Moderationen zu Gewinnspielen, Senderaktionen und Sales Promotions nur eines: Sie vertreiben ihre Hörer. Dabei lässt sich dieses Risiko leicht minimieren indem man das eine oder andere Thema im Zweifelsfall weglässt und alle promotionlastigen Breaks so kurz wie möglich hält. Viele große Sender – allen voran *KIIS FM* in Los Angeles und *104.6 RTL* in Berlin – machen es vor: Gewinnspiele werden in zwei Sätzen angekündigt, Pay Offs in weniger als einer Minute moderiert. Die Kunst liegt darin, in Hörergesprächen kurz UND empathisch zu sein, Infos zu reduzieren und sich so auf das Wesentliche zu beschränken, dass noch Zeit für eine Nachfrage oder einen kurzen Wortwechsel zu einer Besonderheit des Hörers oder einem aktuellen Tagesthema bleibt. Immer vorausgesetzt, der verantwortliche Mitarbeiter aus Programmleitung und/oder On Air Promotion hat die Aktion so geplant, dass sie für das Medium Radio geeignet, also in maximal drei Sätzen erklärbar ist.

Gespräche „unter Zwei"
Ein kurzer Hörertalk, der „das Fenster nach draußen öffnet" und allen am Radio einen kurzen interessanten Einblick in das Leben eines Hörers gewährt, bereichert jede Show. Aber auch hier gibt es schnell ein Zuviel. Ein Zuviel an uninteressanten Details und kleinteiligen Informationen, die einen eigentlich interessanten Hörertalk zu einem langweiligen Abschaltfaktor werden lassen. Dass es bei Sabine, 35, Buchhalterin bei Siemens, donnerstags in der Kantine immer einen Veggie Day gibt, der anfangs bei den männlichen Kollegen viel Protest hervorgerufen hat, ist

eine interessantes „Fenster nach draußen". Weitere Nachfragen mit den Antworten, dass es letzten Donnerstag „Chili sin Carne" für drei Euro gab, die Gemüseaufläufe meistens besser schmecken als sie aussehen und der Fisch am Freitag weniger lecker schmeckt, als das vegetarische Essen am Donnerstag, mag vielleicht den Moderator interessieren, der sich gerade so angeregt mit der nett klingenden Hörerin unterhält, schafft aber schnell eine Atmosphäre „unter Zwei", die den Hörer am Radio ausschließt.

Das Ende nicht erkennen
Ein Pay Off ist dann zu Ende, wenn der Preis vergeben wurde. Eine Geschichte, die ihren Höhepunkt überschritten hat, wird ein Abschaltfaktor. Eine Meldung mit Punchline ist nach dem Gag vorbei. Gute Moderatoren haben ein Gefühl dafür, wann sie einen Break beenden müssen. Weil sie niemandem seine wertvolle Zeit stehlen, langweilen sie ihre Hörer nicht, sondern werden als unterhaltend empfunden. Von solchen Moderatoren hört man gerne mehr!

Unnütze Bilder
Das „Malen von Bildern", das berühmte „Kino im Kopf" wird gerne überschätzt und falsch eingesetzt. Nehmen wir als Beispiel den Aufruf für die Verlosung eines Wellness-Tages. Es erklingt ein atmosphärisches Musikbett, der Moderator säuselt mit sanfter Stimme

```
Angenehme 25 Grad Raumtemperatur, Sie liegen auf
einer watteweichen Liege, es duftet angenehm
nach Lavendel, der Alltag ist weit weg, Sie
überlegen, was Sie sich als nächstes gönnen:
türkisches Dampfbad, Sauna mit Relax-Aufguss
oder eine entspannende Massage ....
```

Stopp! Das ist zu viel. Die Zeit des Hörers ist wertvoll und nicht jedes kleine Thema braucht ein großes Bild. Das berühmte Kopfkino springt automatisch an, wenn mein Lieblingsmoderator mir erzählt, wie er sich gestern mit seiner Frau über das Thema „überheizte Wohnung" gestritten hat oder wie er am Wochenende mit seiner Tochter beim Hausaufgabenmachen über Matheübungen der neunten Klasse verzweifelt ist. Da braucht es nicht noch zusätzlich die große Showtreppe mit einem „akustisch gemalten Bild".

D Moderation

> Die Kunst ist nicht, krampfhaft Bilder zu malen. Die Kunst ist, Bilder beim Erzählen entstehen zu lassen!

Weitere Falle beim „Pseudo-Kopf-Kino": zu viele Bilder in einem Break. Als Teaser für die Verlosung einer New-York-Reise habe ich folgende Moderation gehört:

```
Sie mitten im Big Apple zum Weihnachtsshopping.
Sie flanieren Sie über die 5th Avenue, rechts
von Ihnen das berühmte Luxuskaufhaus Bergdorf-
Goodman, links die Flagshipstores von Prada,
Yves Saint Laurent und Armani. Vor Ihnen er-
streckt sich der Central Park. Hinter Ihnen
liegt das Rockefeller Center mit üppiger Weih-
nachtsdeko und dem berühmten Riesenweihnachts-
baum. Überall stehen Straßenverkäufer und
bieten exotische Spezialitäten an. Es duftet
nach indischen Gewürzen und arabischen
Fleischspießen ...
```

Solche Moderationen überfordern den Hörer und sind eher ein Abschaltgrund als ein Grund zum Dranbleiben (zumal auch niemand im richtigen Leben so sprechen würde, wie in dieser Moderation). Eine Idee, ein Bild ist ausreichend. Künstlich erzeugte Bilder erzeugen oft nur den Eindruck des „Aufgeblasenen".

Übertriebene Kreativität

Im vorhergehenden Abschnitt habe ich zu mehr Kreativität beim Verkaufen von Musik aufgerufen. Wichtig dabei ist, dass diese Kreativität dem Sender nützt und die Moderation besser macht. Die Fragen zum Überprüfen einer kreativen Idee sollte lauten:
» Nutzt diese kreative Idee dem Break?
» Unterhält sie den Hörer?
» Verstärkt sie die Kommunikation eines Senderzieles, weil z. B. durch diese Idee ein Sender-USP die Abwechslung in der Musik besonders gut verkauft werden kann?

D2 Die häufigsten Fehler und wie man sie vermeidet

Trifft keiner der drei Punkte zu, gilt auch hier: Weniger ist mehr. Es tut weh, sich von Ideen zu trennen. Jedoch gilt für Schriftsteller und Drehbuchautoren eine Regel, die wir uns beim Radio oft auch zunutze machen könnten: „Kill your darlings". „Kill your darlings" war der Rat des amerikanischen Literaturnobelpreisträgers William Faulkner für Autoren und Filmemacher. Er empfiehlt, die Ideen in die man sich am meisten verliebt hat, zuerst zu opfern. Denn diese seien meist die schlechtesten.

Schlechte Überleitungen

```
Nach dem Dauerregen in Bayern steigen die Pegel-
stände von Donau, Inn und Salzach. Machen Sie
sich nicht nass! Wir steigern den Pegelstand der
Geldscheine in Ihrer Brieftasche mit unserem
Spiel „10.000 Euro für 10".
```

Diese Moderation hat genauso stattgefunden. Überleitungen sind gefährlich, weil sie oft albern sind. Die bessere Alternative ist es, nach Thema Nummer eins einen akustischen Punkt zu setzen, die Uhrzeit zu sagen, eventuell noch die Sender-ID zu nennen und ohne Überleitung zum nächsten Thema zu kommen.
Gefährlich sind auch Überleitungen zu englischen Songs. Obwohl ich dachte, die tragische Hintergrundstory zum Hit „I don't like mondays" von den Boomtown Rats – der Amoklauf einer amerikanischen Schülerin mit der Begründung „Ich mag keine Montage" – wäre mittlerweile 100 Prozent aller deutschen Radiomoderatoren bekannt, höre ich doch jedes Jahr mindestens einmal den Dreh:

```
Schon wieder so ein anstrengender Montag. Für
alle, die das genauso sehen, hier der Song zum
Wochenstart – die Boomtown Rats mit I don't like
Mondays ….
```

Spielereien mit englischen Titeln
Marzel Becker, der Programmdirektor von *Radio Hamburg* verbietet seinen Moderatoren Überleitungen genauso wie Spielereien mit englischen Titeln. Ein gutes Verbot. Denn solche Spielereien klingen oft krampfhaft, unnatürlich und wenig sympathisch. Wenn beispielsweise nach einem Titel

D Moderation

von Colbie Caillat eine Verbindung von einer „süßen Sängerin" zum nächsten Song „Candy" von Robbie Williams konstruiert wird. Oftmals tappen weniger erfahrene Moderatoren auch in Inhaltsfallen wie beim Beispiel der Boomtown Rats. Gerne irrtümlich hergestellte Verbindungen sind auch die Drehs zum Thema „Schnee" beim Song „Snow" (es geht um Kokain) von RHCP oder der fälschlich als allgemeines Geburtstagslied missverstandene Song „Happy Birthday" von Stevie Wonder. Die Liste lässt sich endlos fortsetzen.

Unnatürliche Sprache

```
Bei wechselnder Bewölkung erwartet uns morgen
ein eher trockener Tag mit einer geringen Nieder-
schlagswahrscheinlichkeit von nur 10 Prozent und
Tageshöchsttemperaturen zwischen 19 und 21 Grad.
```

Wer so moderiert und präsentiert, klingt unnahbar und unnatürlich. Moderieren heißt, so zu sprechen, wie die Menschen, die uns zuhören. Kurze Sätze, normale umgangssprachliche Begriffe, wenige Fremdworte. „Sonne und Wolken wechseln sich morgen ab" klingt schon natürlicher und lockerer als „wechselnde Bewölkung". „Regen" passt eher in eine Moderation als der Begriff „Niederschlag". Am besten, man stellt sich vor, man würde die Geschichte, den Wetterbericht, den Programmhinweis einem Freund erzählen, und überprüft sein Skript am Ende noch mal auf Wortwahl und Satzbau. Der amerikanische Moderatorentrainer David Candow empfahl seinen Coachees: „Vermeiden Sie abhängige Nebensätze, damit die Hörer nicht einem Satz hinterher jagen müssen wie die Katze dem Schwanz".

> Achten Sie darauf, fürs Moderieren zu texten und nicht fürs Lesen! Zwei kurze Sätze sind besser als ein langer. Schachtelsätze aller Art vermeiden und nur die Worte verwenden, die man im täglichen Leben benutzt.

DAVID CANDOW ZUM THEMA "SPRACHE"

» www.perm.ly/erm12

Angst vor Pausen

Wahrscheinlich ist es die Angst vor der sogenannten „Dead Air" – dem Nichts im Radioprogramm – die Moderatoren dazu veranlasst, Pausen möglichst zu vermeiden.

Eine Moderation ohne Pausen wirkt oft gehetzt und unsouverän. „Große" Moderatoren wie Ryan Seacrest von KIIS FM oder Arno Müller von 104.6 RTL bewegen sich ganz entspannt durch ihre Moderationen und machen ausreichend Pausen.

Pausen sind das Tüpfelchen auf dem i. Sie lassen Moderationen selbstverständlich wirken. Moderatoren, die bewusst mit Pausen arbeiten, wirken sympathischer als die, die rastlos durch ihre Breaks rasen. Pausen setzen, erzeugt einen souveränen Gesamteindruck und vermittelt das Gefühl, der Moderator „beherrscht die Show". Wer keine Pausen setzt, wirkt getrieben und oft so, als werde er durch seine Show beherrscht.

Pausen helfen dem Hörer, das eben Gehörte zu verstehen und zu verarbeiten. Sie geben dem Gehirn des Hörers das Signal: „Sinnabschnitt zu Ende, Sinn verdauen, neue Info aufnehmen". Wie viel vom Inhalt eines Breaks bleibt hängen, wenn dieser Break drei Ideen hat und ohne Pause durchmoderiert wird? Wenn jemand keine Pause einbaut, wirken drei Sätze mit drei Ideen wie ein endlos langer Bandwurmsatz und überfordern das Gehirn des Hörers, was zunächst mit Abschalten im Kopf quittiert wird – im schlimmsten Fall schaltet der Hörer dann das Autoradio aus.

Pausen machen Breaks erst dramatisch. Was machen Theaterregisseure, wenn sie innerhalb eines Stücks etwas unterstreichen oder dramatisieren möchten? Sie lassen die Schauspieler in Sprache (und Handlung) pausieren! Was machen begnadete Redner wie Martin Luther King? Pausen! Kennen Sie die berühmte „I have a dream"-Rede? Viele Pausen. Was machen erfolgreiche Politiker wie Barack Obama, wenn sie den folgenden Satz besonders unterstreichen wollen? Sie setzen eine lange Pause! Barack Obamas Inauguration Speech strotzte nur so vor Pausen.

BARACK OBAMAS INAUGURATION SPEECH

» www.perm.ly/erm13

D Moderation

Was machen Comedians, bevor die Punchline kommt? Eine Pause. Mit anderen Worten: erst Pausen kreieren echte Hinhörer und geben einem Break seine Dramaturgie. Also: keine Angst vor „Dead Air" – sie macht das Folgende erst interessant und im wahrsten Sinne des Wortes spannend.

Pausen erzeugen Spannung.

Unzureichende Betonungen
Weil Stimme im Radio alles ist, da Mimik und Gestik wegfallen, sind Betonungen umso wichtiger. Was ein Moderator sagt, ist beherrschbar und eigentlich nur eine Frage der Vorbereitung. Das „Wie" entscheidet am Ende darüber, was wirklich beim Hörer ankommt, welcher Moderator mittelfristig im Ohr des Hörers hängen bleibt.

Meine persönliche Erfahrung: Wenn ich selbst das Gefühl hatte, ein Break war einen Tick überbetont, war er genau richtig. Jeder muss natürlich für sich selbst die optimale „Betonungsintensität" für die Wirkung seiner Moderation herausfinden. Das geht nur durch Anhören, Anhören und wieder Anhören.

Hörer ausschließen
Jeder von uns hat das schon beim Radiohören erlebt: Der Moderator erzählt etwas und man versteht nur Bahnhof. Der Satz, den ich am häufigsten in Moderatoren-Coachings brauche, lautet:

Jeder Break muss für jeden Hörer zu jeder Zeit zu 100 Prozent nachvollziehbar sein

Wir haben in jeder Minute neue Hörer. Eine Sendung ist wie eine lockere Party: Ständig kommt jemand Neues dazu und immer wieder geht jemand. Wenn man auf einer Party auf neue unbekannte Gäste trifft und mit diesen ins Gespräch kommen möchte, stellt man sich ja auch erst mal vor und beginnt nicht gleich mit der Geschichte aus dem letzten Urlaub.

Wenn ein Moderator auf etwas Bezug nimmt, worüber er im letzten Break gesprochen hat, sollte er den Inhalt kurz zusammenfassen, um alle Hörer teilhaben zu lassen und wenn man einen Gast in mehreren Takes interviewt, wäre es hilfreich, ihn in jedem Take neu einzuführen – dazu genügen wenige Worte und alle am Radio sind „im Film". Es gibt bei einem meiner Lieblingssender eine Radiosendung, in der regelmäßig Gäste über mehrere

Takes interviewt werden. Eigentlich mag ich diese Sendung sehr. Aber wenn ich in diese Sendung reinschalte, sitze ich oft minutenlang vor dem Radio, ohne zu wissen, wer da zu mir spricht und warum ich das jetzt interessant finden soll – weil der Moderator wie selbstverständlich davon ausgeht, dass jeder Hörer seine Sendung von der ersten Minute an gehört hat und automatisch auch 40 Minuten nach Beginn der Show weiß, wer da heute zu Gast ist. Mit anderen Worten: Schließen Sie niemals einen Hörer aus. Das tun Sie aber, wenn Sie nicht in jedem Break zu jeder Zeit zu 100 Prozent nachvollziehbar sind.

Wir Radiomacher leben mit den Medien und kennen deren Protagonisten. Der Hörer hat zu vielen dieser Menschen aber oft nicht mal ein Bild. Und dann sagen wir ihm in der Moderation manchmal noch nicht mal, von wem wir sprechen, bevor wir die Geschichte eines Künstlers erzählen. In jedem Fall hat jeder Hörer es verdient, „in einen Break hineingeholt" zu werden – im Zweifel also lieber einen halben Satz mehr zu dem Menschen sagen, über den wir reden, als „am Hörer vorbei zu sprechen". Wenn Torsten Albig, Christine Lieberknecht oder Hermann Gröhe in den Nachrichten zitiert werden, erklärt uns der Redakteur ja auch erstmal, in welchem Amt sich der Zitierte gerade befindet. Alles andere würde bei vielen Menschen nämlich nur Fragezeichen hinterlassen.

Austauschbarkeit
An welchen Tag, zu welcher Tageszeit, an welchem Ort findet eine Sendung statt? All das sollte man innerhalb von 30 bis 60 Minuten heraushören. Mit etwas Kreativität und guter Vorbereitung bringt man eine ganze Menge Tagesteilbezüge, Lokalität und Aktualitäten in einer Sendung unter, die auch dem Hörer eines Musikformats das Gefühl geben, der Moderator weiß, was die Menschen in seinem Sendegebiet heute beschäftigt und worüber sie mit ihren Kollegen bei der Arbeit sprechen. Diese lokalen, aktuellen und tagesteilbezogenen Anker machen eine Sendung besonders – ohne diese Anker ist eine Sendung austauschbar.

Hörernutzen vergessen
Der Hörer will wissen, was für ihn „drin" ist, was sein Nutzen ist. Sagen Sie dem Hörer, was er davon hat, wenn er Spiel A, Aktion B oder Sendung C einschaltet – und zwar möglichst sofort zum Einstieg in den Break. Gibt es bei Spiel A 1.000,– Euro zu gewinnen? Sagen Sie es zum Einstieg!

D Moderation

Wird man bei Aktion B kostenlos zu einem tollen OpenAir-Konzert des Senders eingeladen? Beginnen Sie den Break damit. Höre ich in Sendung C Privates über den neuen Ministerpräsidenten meines Bundeslandes? Kommen Sie damit nicht erst nach einer Minute!

Gags um jeden Preis
Viele Moderatoren möchten gerne witzig klingen und greifen deshalb zu Gag-Services, die zu tagesaktuellen Themen Meldungen mit Punchline anbieten. Das macht Sinn, wenn eine Show, z. B. eine Morgensendung, explizit auf den USP „witzig" setzt und der Hörer die Erwartung hat, in dieser Sendung einen Gag nach dem anderem zu hören. In den meisten anderen Fällen wirken diese abgelesenen, vorgefertigten Witze eher kontraproduktiv. Einer der Gründe: Die Gags haben nichts mit der Person, die sie vorliest, zu tun.

Manche Jokes können auch ein eher schädliches Image kreieren, z. B. wenn sie frauenfeindlich sind oder wichtige Charaktermerkmale des Moderators konterkarieren (z. B. wenn ein Familienvater sich über Kinder lustig macht). Auch für die Gags eines Moderators gilt: Was on air geht, prägt das Image.

Hat ein Moderator eine eigene humorvolle Ader und haben die Ideen für die Punchlines mit seinem eigenen Leben zu tun, wie z. B. bei Susanne Rohrer von *Bayern 3*, unterstützt dies eine Persönlichkeit positiv – der Hörer spürt die Authentizität. Die Moderatorin und Kabarettistin schreibt ihre Gags in der Regel selbst und greift nur in Ausnahmefällen auf einen Gag-Service zurück, nämlich dann, wenn die Punchline zu ihren Charaktermerkmalen und Images passt. Individuell auf eine Moderatorenpersönlichkeit zugeschnittene Punchlines aus fremden Federn sind – wenn es unbedingt witzig sein soll – die beste Wahl. Aber auch hier gilt: Man muss nicht jeden Witz machen. Gerade im Tagesprogramm sind Qualitäten wie eine sympathische Anmutung und eine angenehme Begleitung des Hörers durch seinen Tag wichtiger als lustig zu sein.

Auf der Stelle treten
Eine gute Radioshow bleibt nie stehen, sie „arbeitet" immer nach vorn und liefert Gründe, dranzubleiben oder wiedereinzuschalten. Ein guter Moderator hat nicht nur einen inhaltlichen Plan, sondern auch einen Teasingplan und integriert alle Formen des Teasings in seine Vorbereitung.

> **ÜBER JAHRE HINWEG TAG FÜR TAG STUNDE FÜR STUNDE EINE GUTE SENDUNG ABZULIEFERN, IST HARTE ARBEIT.**
>
> ZITAT
>
> YVONNE MALAK

D Moderation

D3 TEASING

Twitter als Orientierung	**163**
Bekanntmachen von Benchmarks	**164**
Quoten-Optimierer	**164**
Aufbau von Images	**165**
Verankerung von Musikimages	**166**
Mehrwert schaffen	**166**
Zum Wiedereinschalten reizen	**167**
Teasing in der Praxis	**167**

Radionutzung über den Tag erfolgt in mehreren, durchschnittlich 20-30 Minuten langen Einheiten. Radiosender werden also mehrmals am Tag ein-, aus- und wieder eingeschaltet.

Durch das „Personal People Meter" (kurz PPM), das in großen US-Märkten die Einschaltquoten mittels eines Geräts misst, das Radiosignale empfängt und dann einzelnen Sendern zuweist, weiß man, dass Hörer im Schnitt fünf bis sechs Mal am Tag ihr Radio einschalten und demzufolge natürlich auch wieder ausschalten. Dabei nutzen sie in der Regel zwei bis drei verschiedene Sender (siehe Arbitron Radio Executive Summary 2013).

Wenn wir also unseren Hörer, dessen Hördauer und damit unsere Viertelstundenreichweiten nicht unnötig an den Sender abgeben wollen, mit dem wir uns diesen Hörer teilen, brauchen wir immer wieder neue Einschaltimpulse. Am effektivsten und elegantesten erzeugt man diese innerhalb der Moderation durch gekonntes Teasing. Damit meine ich das kreative und spannende Hinweisen und Neugierig-Machen auf kommende Inhalte oder Musik.

Twitter als Orientierung

Dennis Clark, Vicepresident Talent Coaching von iHeartMedia und verantwortlich für die zig- bis 100-fach syndizierten Morningshows „Elvis Duran and the Morningshow" und „On Air with Ryan Seacrest"empfiehlt: „Eine Twitter Nachricht kommt mit 140 Zeichen aus – das ist die perfekte Länge für einen Teaser." Die kurze Teasing-Moderation an sich ist genauso wichtig wie der Inhalt, um den es im jeweiligen Teaser geht.

> Eine Sendung ohne Teasing ist wie eine *Bild*-Zeitung ohne Schlagzeile oder ein Magazin ohne Titelseite. Stellen Sie sich vor, die *Bild* druckt nur noch kleine Artikel, hat keine Titel-Schlagzeile mehr und der *SPIEGEL* erscheint nur mit Logo aber ohne Titelthema. Das ist dasselbe wie das Weglassen des Teasings auf gute Inhalte in 15 Minuten, einer Stunde oder am nächsten Tag in der Morgensendung.

Ein gutes Teasing ist inhaltlich eine Art Titelschlagzeile – es kann aber auch strategisch eine Menge bewirken.

Bekanntmachen von Benchmarks

Teasing beschleunigt das Wachstum von Benchmarks. Teasing lässt den Hörer lernen, wann was bei einem Radiosender läuft. Jeden Tag den gleichen Inhalt zu teasen (natürlich in anderen Worten und immer mit einer neuen Idee!) setzt wertvolle Impulse für die Markenbildung. Denn so lernt der Hörer einerseits, wann genau er für seine Lieblings-Comedy einschalten muss, dass immer um fünf nach sieben dieses spannende Quiz „Hörer gegen Moderator" läuft oder dass es jeden Tag um neun Uhr zum Start in den Arbeitstag eine Gewinnchance für das ganze Kollegenteam gibt. Gezieltes, kontinuierliches Teasing lässt jede einzelne dieser Benchmarks schneller bekannt werden und hilft damit, die Beliebtheit dieser Inhalte und deren Relevanz als Einschaltgrund zu steigern.

Quoten-Optimierer

Teasing hilft natürlich auch bei der Optimierung der Einschaltquoten. Wir kämpfen um jeden einzelnen Hörer. Heute mehr denn je. Ein Hörer, der normalerweise nur morgens Zuhause bis beispielsweise 8 Uhr Ihren Sender hört, aber bereits auf dem Weg zur Arbeit ein anderes Radioprogramm einschaltet oder sein Smartphone inkl. Musiklibrary mit dem Bordcomputer seines Autos koppelt, kann in der Auswertung der Einschaltquoten ein Hörer mehr für Ihren Sender werden. Kommt dieser Hörer um kurz nach 8 im Auto zu Ihrem Sender zurück, zählt er für die nächste Viertelstunde wieder wie ein neuer zusätzlicher Hörer. Und wie soll dieser Hörer erfahren, dass es sich wirklich für ihn lohnt, auf dem Weg zur Arbeit wieder einzuschalten, wenn es keinen Teaser gibt, der ihn darauf hinweist? Jede Viertelstunde zählt in der Media-Analyse, und jedes Teasing, das einen Hörer in eine weitere, neue Viertelstunde hineinholt, bewirkt eine Verbesserung der Einschaltquoten. Wenn z. B. in der Sendung ein Karriere-Coach um 8 Uhr 15 die drei ultimativen Geheimtipps zum Aushandeln einer Gehaltserhöhung verrät, wäre das Weglassen entsprechender Teaser eine verschenkte Chance für einen Einschaltimpuls: „Mehr Geld vom Chef! Einer der besten Karrierecoachs Deutschlands verrät um viertel nach acht seine Geheimtipps für Gehaltsverhandlungen."

Aufbau von Images

Da wir nicht nur eindimensional vertikal auf die nächsten fünf Minuten hinweisen, sondern auch weiter im Voraus oder horizontal auf einen für unsere Zielgruppe relevanten und für unseren Sender strategisch wichtigen Inhalt teasen, erreichen wir damit viel mehr als eine längere Hördauer oder das Setzen eines Einschaltimpulses: Wir bauen auch (strategische) Images auf! Durch gezieltes Teasing bestimmter (lokaler) Informations- oder Unterhaltungsbeiträge, lernt der Hörer, für welche Art von Inhalten der Sender steht. Solch ein strategisches Teasing lässt sich gut steuern. Muss ein Sender beispielsweise Images für Unterhaltung und Comedy aufbauen, könnte sich das Team über einen Zeitraum von ca. drei Monaten hauptsächlich darauf konzentrieren, auf dieses Genre hinzuweisen. Eine anschließende Marktforschung zeigt, ob das Ziel erreicht und ob diese „strengen" Vorgaben aufgeweicht werden können.

Das Aufbauen von Images in allen Bereichen ist essentiell für den aktuellen und künftigen Erfolg unseres Produktes (vgl. Kapitel B ab Seite 43). Mit einem „einfachen" Teasing – sinnvoll und strategisch eingesetzt – erreichen wir durch Imageaufbau eine verstärkte Wahrnehmung für alle strategisch wichtigen Einschaltgründe. Das erfordert natürlich auch ein strategisches Vorbereiten der Sendung. Welcher Teaser macht an welcher Stelle Sinn? Wo kann man welchen USP beweisen und das Teasing optimal zur Positionierung einsetzen? An welchem Moderationsplatz passt der Senderclaim perfekt zum Musikteasing und wirkt nicht aufgesagt sondern ist elegant eingebunden? Auch der Moderator sorgt also für die optimale Positionierung „seiner" Radiostation.

Die Wichtigkeit des Teasings gilt nicht nur für Musik und Inhalte sondern natürlich auch für alle anderen strategischen USPs.

Lassen Sie uns hier das Beispiel eines Senders nehmen, der gegen ein „Zu-viel-Wort-Image" kämpfen und das Image für „Viel Musik am Stück" aufbauen muss. Dieser Sender kann lange Musikstrecken einfach spielen und dies mit Elementen innerhalb der Musikstrecken promoten. Aus langjähriger Erfahrung weiß ich aber, dass sich dieser schwierige Prozess einfach beschleunigen und unterstützen lässt: durch On Air Marketing in der Moderation. Oder besser gesagt durch Teasing!

Verankerung von Musikimages

Besonders wichtig ist strategisches Teasing für das Herz unseres Produktes und den Kern unseres Erfolges: die Musik. Teasing schafft Images – auch und vor allem für die wichtigen und richtigen musikalischen Genres und Dekaden.
Wenn ein Sender dringend bessere Images z. B. für „die besten aktuellen Hits" braucht, dann spielt er diese – logisch! Bis allerdings alle Hörer im WHK begriffen haben, wofür dieser Sender stehen soll, wird es dauern. Gutes Teasing beschleunigt den Imageaufbau. Achten Sie mal drauf, welche Songs von Moderatoren erfolgreicher Sender vorrangig geteast werden – es sind sicher nicht die unwichtigen aus dem Backkatalog, sondern die strategisch relevanten. Geteast werden die Songs, für die der Sender in den Köpfen der Hörer stehen will, für die er eine „Top Of Mind"-Position braucht, um die angestrebte Marktposition zu erreichen, zu festigen oder auszubauen.

Mehrwert schaffen

Mit Inhaltsteasern kann man mehr erreichen, als nur auf einen Programmpunkt hinzuweisen bzw. ein Image zu verstärken. Ein gut gemachter Teaser z. B. auf eine lokale Newsmeldung versehen mit einem persönlichen Kommentar, kann ein ausreichender kurzer Inhalt sein, der Ihrem Hörer das Gefühl gibt, von Ihrem Sender mehr zu bekommen als die üblichen Ansagen. Ein Teaser allein kann schon den wesentlichen Nachrichteninhalt der Meldung transportieren und am Ende „nur" Lust auf mehr Informationen zum Thema oder ein zusätzliches Detail machen. So hat schon der Teaser einen „Mehrwert" für den Hörer, wie dieser hier aus einer Nachmittagssendung in Berlin im November 2012:

```
Und wie die Chancen von Hertha BSC beim Zweitli-
gaspiel gegen Erzgebirge Aue gleich ab 15 Uhr im
Olympiastadion stehen - obwohl drei der Top-
Spieler ausfallen - das erfahren Sie gleich in
den Nachrichten. Mein Gott, ich hätte nie gedacht,
dass ich diese Moderation einmal machen muss.
```

Dieser Teaser gibt mir eine kurze Information, enthält noch einen persönlichen Abschluss-Gag und weist auf einen Inhalt der Nachrichten hin. Das ist Teasing plus Mehrwert.

Zum Wiedereinschalten reizen

Und natürlich kann man einen Teaser auch ganz „klassisch" einsetzen – so wie es die meisten kennen, als „Cliffhanger" über den Werbeblock. Werbung ist zwar nicht der Abschaltfaktor, als der sie immer verteufelt wird, aber gerade jüngere Hörer wechseln zu Beginn des Werbeblocks schnell mal den Sender (vgl. Kapitel H1 ab Seite 262). Wenn der neue nun eingestellte Sender in diesem Moment einen Song nach dem Geschmack des Hörers spielt und vielleicht sogar noch einen besonders ansprechenden Inhalt anbietet und anschließend noch einen weiteren Song im Programm hat, den dieser Hörer mag – dann ist dieser Hörer erstmal für „Ihren Sender" verloren. Hat der Hörer allerdings noch im Kopf, dass auf seinem ursprünglich gewählten Sender gleich seine Lieblings-Comedy kommt oder ein anderer Punkt, der ihn anspricht oder interessiert, haben Sie eine gute Chance, dass dieser Hörer wieder zu Ihnen zurückkehrt.

Teasing in der Praxis

Teasing ist also mehr als nur das Ankündigen von Musik und Inhalten. Es dient der Optimierung der Einschaltquoten, vor allem aber dem Aufbau von Images. Um beiden Zielen ausreichend gerecht zu werden, haben einige Sender z. B. für die Morgenshow eigene „Teasingpläne", die für einen abwechslungsreichen Einsatz kurz- und langfristiger, horizontaler und vertikale Teaser sorgen und dafür, dass alle strategischen USPs innerhalb einer bestimmten Zeitspanne (ideal 30 Minuten, in der Praxis aber eher 60 Minuten) ein Mal kommuniziert werden.
Der Teasingplan der 7-Uhr-Stunde einer Morgensendung in einer Stadt wie Hamburg könnte wie in nachfolgender Tabelle dargestellt aussehen:

D Moderation

Teasingplan einer 7-Uhr-Stunde	
6:59	Teaser neuer HSV Trainer und musikalische Vielfalt
7:05	Teaser Quiz
7:10	Quiz, anschl. Teaser-Quiz am nächsten Tag
7:18	Service, anschl. Teaser Rihanna Karten Verlosung 8:15v
7:28	Teaser aktueller Hit, neuer HSV Trainer
7:34	Teaser neuer HSV-Trainer
7:43	neuer HSV-Trainer im Interview
7:49	Service und Teaser „Täglich 10 Hits ab 10"
7:58	Teaser Rihanna-Karten-Verlosung 8:15

In diesem Beispiel wird vertikal, also innerhalb eines Tages, geteast und horizontal auf den nächsten Tag. Ebenso wechseln sich strategische Teaser (musikalische Vielfalt, aktuelle Hits, „10 Hits ab 10") ab mit inhaltlichen Teasern (HSV-Trainer im Interview) und Promotion Teasern sowie kurz- und längerfristige Hinweise.

Teasing kann also äußerst abwechslungsreich gestaltet werden. In jedem Fall ist Teasing unerlässlich beim Aufbau von Images sowie im Kampf um Markanteile und Hördauer.

> **IN JEDEM FALL IST TEASING UNERLÄSSLICH BEIM AUFBAU VON IMAGES SOWIE IM KAMPF UND MARKANTEILE UND HÖRDAUER.**
>
> YVONNE MALAK

ZITAT

D Moderation

D4 DOPPEL-MODERATION

Rollenverteilung	**171**
Themenkompetenzen und Grundregeln festlegen	**172**
Persönlich statt neutral	**172**

D4 Doppelmoderation

Doppelmoderation im Tagesprogramm ist eine wunderbare Form der Unterhaltung, die viele Chancen bietet, ein unverwechselbares Produkt zu kreieren, das im Laufe der Zeit treue Fans gewinnt, die einen Sender wegen dieses einen Moderatorenteams einschalten. Grundvoraussetzung für Doppelmoderationen:
Das Moderatorenteam und dessen Vorgesetzte(r) haben ein Konzept und ein Ziel für diese spezielle Sendung mit diesen beiden Moderatoren.
Das Konzept „zwei Moderatoren kabbeln sich ein wenig und sprechend abwechselnd über die Major Promotion oder ein aktuelles Thema" wird wahrscheinlich nicht zu einer Erfolgsgeschichte führen. So gibt es zahlreiche Beispiele von Sendungen mit zwei Moderatoren und kurzen Halbwertzeiten.

> Co-Moderation ist nicht das abwechselnde (Vor-)Lesen von Texten.
> Für eine gelungene Zweiermoderation sind dieselben Vorbereitungen notwendig wie für eine Morgensendung mehreren Moderatoren.

Rollenverteilung

Gibt es einen Anchor? Oder sind beide Moderatoren „gleichberechtigt"? Wer hat welchen Redeanteil? Und die wichtigste grundsätzliche Frage: Wer hat welche Rolle?
Diese ergibt sich aus den wesentlichen Charakter- bzw. Persönlichkeitsmerkmalen. Das Spielen mit den Rollen kennzeichnet die Show und gibt ihr „ein Gesicht". Die Rollen und Charaktere sind der USP.
Genauso wie bei der Konzeption einer Morgensendung empfiehlt sich für eine Doppelmoderation im Tagesprogramm eine Definition der wichtigsten Persönlichkeits- und Charaktermerkmale:

» Welche wichtigen Persönlichkeitsmerkmale prägen die Charaktere? Wie stehen diese Merkmale zueinander im Verhältnis?
» Welche Gegensätze ergeben sich daraus?
» Welche dieser Merkmale stehen im Vordergrund und werden (gleich zu Beginn) kommuniziert?
» Ergeben sich daraus grundsätzliche Haltungen und/oder Reibungspunkte?

> Erst mit unterschiedlichen Haltungen wird eine Doppelmoderation relevant Denn nichts ist langweiliger als ein Moderatorenteam, das sich (fast) immer einig ist.

Themenkompetenzen und Grundregeln festlegen

Wie bei einer gut geplanten Morgensendung, gehört auch zu einer sinnvollen Doppelmoderation eine authentische Verteilung der Themenkompetenzen. Daraus wiederum ergeben sich Redeanteile und Regeln für die einzelnen Breaks und Benchmarks.

In der Praxis hat es sich als sinnvoll herausgestellt, jeden einzelnen Break einer Show diesbezüglich festzulegen. Wer steigt unter welchen Voraussetzungen in den Showopener ein, wer führt durch die Major Promotion, wer verkauft die Musik? Ist einer von beiden „das gute Gewissen des Senders"?

Persönlich statt neutral

Wie bei einer Morgensendung gilt auch bei persönlichkeitsorientierten (Doppel-)Moderationen im Tagsprogramm: Bei allen Themen den persönlichen Zugang suchen – das hilft in der täglichen Arbeit, Persönlichkeitsmerkmale nebenbei zu kommunizieren. „Persönlich" bleibt hängen, ist emotionaler als neutral und bietet Möglichkeiten zum Identifizieren und schafft damit Hörerbindung.

Egal, ob im Duo oder allein. Moderator sein ist ein harter Job mit vielen zu berücksichtigenden Details. Und der perfekte Moderator denkt IMMER an ALLES, was zu einer perfekten Show gehört. Und deshalb gibt es sie nie – die perfekte Show. Zum Glück!

> „PERSÖNLICH" BLEIBT HÄNGEN, IST EMOTIONALER ALS NEUTRAL UND BIETET MÖGLICHKEITEN ZUM IDENTIFIZIEREN UND SCHAFFT DAMIT HÖRERBINDUNG.
>
> YVONNE MALAK

ZITAT

D Moderation

D5 DER AIRCHECK

Ziele besprechen	**175**
Gemeinsam bessere Lösungen finden	**176**
Vorbilder und Hörbeispiele anbieten	**177**
Nicht kleinlich sein	**177**
Überprüfbare Ziele gemeinsam verabreden	**177**

D5 Der Aircheck

Moderatoren brauchen Feedback. Wenn man Airchecks gibt, hat man die wunderbare Aufgabe, mit Rückmeldungen und Anregungen zur Entwicklung eines Moderators beitragen zu dürfen. Für den Programmchef ist dabei natürlich am wichtigsten, dass die „Leitplanken" des Formats eingehalten werden, der Sender optimal verkauft wird und jede Moderation dem Produkt nützt.

Ziele besprechen

Für eine effektive Aircheck-Besprechung brauchen Sie zunächst vor allem klare Ziele. Besprechen Sie diese mit dem Moderator. Bei den ersten Sitzungen mit einem „neuen" Moderator eines Senders geht es wahrscheinlich vor allem um Einhaltung und Umsetzung des Formates und der spezifischen Sendervorgaben. Bei Folgeterminen stehen dann individuelle Punkte wie „Aufbau von Moderationen" oder bestimmte Probleme bei der Performance im Mittelpunkt. Wenn Sie vorher besprechen, worum es gehen soll, erhöhen Sie die Wahrscheinlichkeit, dass Sender und Empfänger auf einer Frequenz senden.

Ein weiterer Tipp aus langjähriger Aircheck-Erfahrung: Holen Sie sich die Erlaubnis für ein bestimmtes Feedback („Ist es o.k, wenn wir heute vor allem darauf achten, wie sich die Punkte ‚Schleifen drehen' und ‚Pausen setzen' entwickelt haben?")! Haben Sie die Erlaubnis dazu bekommen, werden Ihre Botschaften und Vorschläge ohne eine innere Anti-Haltung gehört.

Verdeutlichen Sie dem Moderator auch Ihre Ziele im Sinne des Senders und erklären Sie, worauf Ihre Kritik basiert. Wir machen Airchecks ja nicht, um Moderatoren zu demotivieren, sondern immer mit dem Ziel, am Ende der „OnAir-Wertschöpfungskette" bessere Quoten und höhere Werbeerlöse zu erzielen. Dabei geht es um nachprüfbare und belegbare Fakten, wie z. B. dass Hörer ganz schnell erst geistig und dann mit dem Finger auf dem Knopf abschalten, sobald ein Moderator erstmal drei inhaltlich irrelevante Schleifen dreht, bevor er zu dem Punkt kommt, den er eigentlich ansprechen wollte. Kritikpunkte könnten sein:

» Strategie schlecht verkauft und damit nicht zum Imageaufbau beigetragen,
» zu viele Ideen in einem Break gehabt und damit den Hörer verwirrt,

D Moderation

» zu viele Schleifen gedreht und damit zum Abschalten animiert,
» Highlights nicht geteast und TSL-Effekte oder eine Chance für einen Aufruf zum Wiedereinschalten verschenkt. Usw.

Niemals erfolgt eine Kritik nur aus persönlichen geschmäcklerischen Gründen. Natürlich ist jede Kritik konstruktiv und kann auf Nachfrage ausführlich begründet werden.

Gemeinsam bessere Lösungen finden

Konstruktive Kritik bedeutet, im Aircheck gemeinsam nach besseren Lösungen zu suchen. Im Idealfall entwickelt der Moderator selbst eine Idee, den kritisierten Break beim nächsten Mal optimaler zu gestalten. Wenn nicht, findet der Coach gemeinsam mit dem Moderator Lösungen. Wichtig: Lassen Sie den Moderator die Hauptarbeit machen – Sie stehen ja auch im Studio nicht neben ihm.
Fragen Sie den Moderator nach seiner eigenen Einschätzung. Die meisten Moderatoren wissen selbst, was sie gut können und wo ihre Schwächen liegen. Letztere vorab vom Moderator benennen zu lassen, macht es leichter, konkret darüber zu sprechen. Mit dem vorherigen Abfragen dieser Schwächen holen Sie sich automatisch die Erlaubnis für ein kritisches Feedback. Die Frage nach der eigenen Einschätzung von Stärken und Schwächen ist natürlich auch sehr interessant, wenn Selbst- und Fremdbild meilenweit auseinander liegen. Wenn der Moderator z. B. seiner Einschätzung nach exakt die Themen aus der Lebenswelt der Zielgruppe zu treffen glaubt, aber mit seinen Inhalten voll an den Hörern vorbei sendet, sagt das eine Menge über dessen Verständnis für den Sender aus.
Als Strategie mit großem Lerneffekt hat sich erwiesen, einfach das Audio zu stoppen und den Moderator zu bitten, den Break selbst zu analysieren. Wenn der Moderator mehrfach hintereinander selbst feststellen muss „ich habe erst drei inhaltliche Schleifen gedreht, bevor ich zum eigentlichen Thema gekommen bin", ist das garantiert effektiv.

Vorbilder und Hörbeispiele anbieten

Gerade am Anfang ihrer Karriere hilft Moderatoren eine akustische Orientierung. Wie klingt ein professioneller Ramptalk, der die Stimmung der Musik optimal widerspiegelt? Wie wirken bewusst eingesetzte Pausen bei einem guten Geschichtenerzähler? Natürlich wollen wir keine Moderatoren klonen, aber es kann die Aircheck-Ziele untersützen, zu verschiedenen Punkten positive (Hör-)Beispiele anzubieten. Wann immer ich einen vorbildlichen Break höre, z. B. den optimalen Pay Off, eine gelungene Umsetzung einer Personality-Geschichte oder einen herausragenden Musicsell, versuche ich, ein Audio dazu zu bekommen, das ich in mein Archiv integriere. Diese Hörbeispiele geben (vor allem jungen) Moderatoren eine Orientierung und eine Idee für die eigene Weiterentwicklung.

Nicht kleinlich sein

Seien Sie nicht zu kleinlich und werden Sie in Ihrer Kritik nicht zu kleinteilig. Sie müssen nicht jeden Fehler aufzählen. Es ist hart genug, sich als Moderator der direkten Kritik zu stellen. Minifehler oder Punkte, die für den Sender nicht „Krieg entscheidend" sind, kann man da auch mal bewusst überhören – gerade bei den ersten Zusammentreffen. Zumal man am Anfang sowieso nur zwei bis drei Punkte wirklich verändern kann. Bei späteren Airchecks ist es oft gar nicht nötig, alles zu erwähnen, denn die Moderatoren wissen meistens selbst, was nicht optimal läuft bzw. klingt. Loben Sie stattdessen, wann immer Sie können!

Überprüfbare Ziele gemeinsam verabreden

Auch wenn es in einer Aircheck-Sitzung viele Punkte (vielleicht fünf oder sogar zehn) gegeben hat, die der betreffende Moderator optimieren kann, sollte es am Ende eine gemeinsame Verabredung zu maximal drei neuen Zielen bis zum nächsten Termin zu verbessernden Disziplinen geben. Diese werden als „Ziel" auf dem Aircheckprotokoll notiert und beim nächsten

D Moderation

Treffen in das neue Protokoll übertragen. Das macht Ziele überprüfbar und verschafft Erfolgserlebnisse. Und so könnte das Ganze in einem Formular dann aussehen:

Aircheck vom:	
Mit:	
Sendung:	
Ziele vom:	
Eigeneinschätzung	
Aircheck	
Fazit/Ziele erreicht:	

Unterstützen kann auch eine Standard Aircheckliste, anhand derer Moderatoren auch untereinander Airchecks abnehmen können. Diese sollte die wichtigsten formalen und strategischen Punkte integrieren, wie in diesem Beispiel Die ersten Aircheck-Sitzungen sind meist mit vielen Anregungen zur Optimierung verbunden und dienen zum Setzen von Leitplanken. Es gibt also wahrscheinlich viele Kritikpunkte. Und sicher gibt es auch Positives: sei es auch „nur" der besonders gut präsentierte Wetterbericht. Loben Sie den Coachee mindestens ein Mal. Erntet er nur negatives Feedback, wird er nicht viel Lust auf das nächste Meeting haben.
Meine Erfahrung: Der beste Abschluss eines Aircheck-Termins ist eine Zusammenfassung die positiv endet. Nehmen Sie sich als „Airchecker" also eines für jede Ihrer Sitzungen vor: Finden Sie auch Lobenswertes. Immer.

AIRCHECKLISTEN ZUM DOWNLOAD

» www.perm.ly/erm14

Checkliste: Aircheck

Moderator:

Beurteiler:

Sendung:

Bewertung:	– –	–	0	+	+ +
Punkte:	1	2	3	4	5

Station
In jedem Break Nennung der Station					

Positionierung
Positionierungen sinnvoll eingesetzt					
gut erklärt (in Musicsells)					
mit dem Claim gearbeitet					
Positionierungen abwechslungsreich eingebunden					

Musicsells
nutzenorientiert oder tagesteilbezogen – Hörer gut "abgeholt"					
abwechslungsreich gestaltet					
USPs gut verkauft					
wichtigsten Sound (aktuelle Hits) benannt					

Aufbau der Breaks
gut strukturiert?					
so lang wie nötig, so kurz wie möglich					
Spannungsbogen?					

Ansprechhaltung:
natürlich					
zielgruppengerecht					
positiver Sound					
angemessene Ansprechhaltung bei allen Themen					
Sprechtempo o.k.					

Inhalte
den Tag gut abgebildet?					

D Moderation

Mehrwert angeboten?					
Kompetenz ausgestrahlt?					
Major Promotions					
einmal pro Stunde					
kreativ verkauft					
kurz gehalten					
Pay Offs kurz					
gut geteast					
Teasing					
ausreichend geteast?					
mehrdimensional?					
spannend?					
OAP in Elementen/Fahren der Show					
Elemente sinnvoll eingesetzt?					
Passend zur Musik?					
Aussagen sinnvoll und abwechslungsreich?					
Strategie gut kommuniziert?					
Gut gefahren?					
Punkte gesamt:					
Anmerkungen:					

Ergänzung der Checkliste für Morningshows					
Moderator:					
Beurteiler:					
Sendung:					
Bewertung:	– –	–	0	+	+ +
Punkte:	1	2	3	4	5
Breaks					
immer mit Uhrzeit (bei langen Breaks auch am Ende)?					
Einstieg gut/Hinhörer?					

D5 Der Aircheck

Ausstieg gut und konsequent (Ende gefunden)?						
nachvollziehbar (ohne thought per break)?						
Unterhaltungs-Faktor						
Kam Spaß rüber?						
Wirkte das Team harmonisch?						
Teaser						
ausreichend?						
langristige Teaser						
Minute To Minute Teaser						
30-Minuten-Teaser (Showopener)						
relevante Newsteaser bedacht						
wurden die relevanten Bits geteast?						
Hipness-Faktor						
nah an der Lebenswelt der Hörer?						
Talk of the Town/Themen						
vorhanden oder kreiert?						
War wenigstens ein Thema dabei, über das die Hörer bei der Arbeit sprechen können?						
wichtigste Themen des Tages abgebildet?						
Personalities						
Redeanteile gut aufgeteilt?						
Persönlichkeiten mit Merkmalen aus der Lebenswelt der Hörer?						
Neues über Ps erfahren?						
alle relevanten Ps berücksichtigt?						
Themenkompetenzen eingehalten?						
Haben die Charaktere unterschiedliche Meinungen vertreten?						
Punkte gesamt:						
Anmerkungen:						

E

THEMEN FINDEN UND KREATIV UMSETZEN

E1 **184**
Themenkriterien

E2 **188**
Themengebiete

E3 **192**
Umsetzungsvarianten

E4 **196**
Redaktionskonferenzen

E5 **204**
Sportthemen

E Themen finden und kreativ umsetzen

E1 THEMEN-KRITERIEN

DER SATZ „ALLES, WAS WIR SENDEN, BESTIMMT, WAS UNSERE HÖRER ÜBER UNSEREN SENDER DENKEN." GILT AUCH FÜR JEDEN EINZELNEN WORTBEITRAG.

YVONNE MALAK

Jeder Inhalt, den wir senden, konkurriert mit einem Besttestersong auf dem Konkurrenzsender. Da der Wettbewerb immer härter wird und Radiohörer auf immer mehr Alternativen ausweichen können, entscheiden eine sorgfältige Auswahl relevanter Themen und deren kreative Umsetzung zu einem guten Teil mit über den Erfolg eines Radiosenders. Vor allem aber entscheidet das Wort oft über den Misserfolg eines Radiosenders. Ein Paradoxon: Sender geben hohe fünfstellige Summen für Musiktests aus und planen jeden einzelnen Song sorgfältig nach vielen strengen Kriterien – aber wenn es um Inhalte geht, senden dieselben Sender mal eben ein langweiliges Interview von drei Minuten Länge mit einem Inhalt, der nur zehn Prozent der Hörer betrifft bzw. interessiert. Im schlimmsten Fall mit einem fürs Radio ungeeigneten Gesprächspartner.

Der Satz „Alles, was wir senden, bestimmt, was unsere Hörer über unseren Sender denken." gilt auch für jeden einzelnen Wortbeitrag. Im Radio kann ich nicht wie auf einer Website zum nächsten Button klicken, wenn mich ein Thema nicht interessiert oder wie in der Zeitung woanders weiterlesen, wenn mir eine Ausführung zu lang oder zu langweilig ist – im Radio bedeutet „Weiterblättern" oder „Weiterklicken" Umschalten zu einem anderen Sender. Läuft dann nach dem Umschalten beim Wettbewerber ein toller Song und anschließend vielleicht noch ein unterhaltsamer, kreativ aufbereiteter Beitrag zu einem spannenden Thema aus der Lebenswelt des jeweiligen Hörers, so ist dieser Hörer zunächst einmal „verloren".

Jede Redaktion sollte klare Themenkriterien haben sowie einen Themenfilter und eine Zielgruppendefinition (z. B. über Sinusmilieus), wie in Kapitel C für die Morgenshow vorgeschlagen. Kriterien für die Auswahl eines Themas könnten sein:

» Stammt das Thema aus der Lebenswelt der Hörer?
» Ist es gerade im Gespräch?
» Schafft es Gesprächswert?
» Bietet es einen Nutzen, eine relevante Neuigkeit oder einen anderen Mehrwert wie Spaß und Unterhaltung?
» Sind das Thema oder aber die geplante Umsetzung besonders hörenswert?
» Hat das Thema eine starke emotionale Komponente?

Wenigstens eines dieser Kriterien sollte auf den geplanten Inhalt und dessen Umsetzung zutreffen. Trifft keines zu, ist es wahrscheinlich in den meisten Fällen besser, stattdessen Musik zu spielen. Dass es zu einem Thema gerade eine Pressekonferenz gab, die schöne O-Töne hervorgebracht hat oder dass ein Beitragsplatz eben besetzt werden muss, wären schlechte Argumente für die Wahl einer Geschichte. Viele dieser Meldungen sind in den Nachrichten bestens aufgehoben und mit drei bis fünf Sätzen plus O-Ton ausreichend gewürdigt. Zudem werden sie auch genau an diesem Sendeplatz erwartet.

In allen kommerziellen Programmen, die es sich nicht leisten können, mit Wortbeiträgen Abschaltfaktoren zu produzieren, sollte eine Frage immer gestellt werden, wenn es darum geht, ein Thema auf die Antenne zu bringen: Interessiert dieses Thema in der von uns geplanten Aufbereitung und Länge am Tag und zur Uhrzeit der geplanten Ausstrahlung mehr als die Hälfte unserer Hörer? Also ist es massenkompatibel?

Lokalität an sich genügt für einen Inhalt nicht als Kriterium – im Gegenteil. Wäre Lokalität ein Kriterium für erfolgreiche Radioinhalte, würden

E1 Themenkriterien

die Märkte in Österreich, der Schweiz und vielen, vielen deutschen Bundesländern – allen voran Bayern – andere Marktführer hervorbringen als die überregionalen, nationalen bzw. landesweiten Sender. Was gibt es in Rosenheim, Linz, Passau, St. Gallen usw. auch ständig Spannendes zu berichten? Wenig, das so attraktiv ist, wie die Telefoncomedy „Callboy" auf Ö3 oder die aktuelle Single von Avicii auf *DRS 3*. Natürlich gibt es gelegentlich auch massenkompatible, interessante lokale Themen – aber eben nur gelegentlich das eine oder andere und nicht mehrere am Tag.

> Noch nie hat ein Sender Hörer verloren, weil ein Beitragsplatz nicht besetzt war. Viele Sender haben aber bereits jede Menge Hörer verloren, weil sie Inhalte gesendet haben, die nichts mit dem Leben der Zielgruppe zu tun hatten und dadurch zum Abschaltfaktor geworden sind.

Unendlich viele Arbeitsstunden fleißiger Redakteure haben ihrem Arbeitgeber also letztendlich eher geschadet als genutzt. Dieser Satz ist zwar nicht sehr populär, aber leider wahr. Dabei gibt es doch so viele Inhalte und unendlich viele kreative und fesselnde Aufbereitungsformen, die Spaß machen und einem Produkt und seinem Image nützen!

E Themen finden und kreativ umsetzen

E2 THEMEN-GEBIETE

Sex, Geld, Gesundheit

Statt Pressetermine abzuarbeiten oder krampfhaft nach lokalen Geschichten zu suchen, ist die bessere Herangehensweise, Themen zu finden, die die Zielgruppe betreffen. So bewegen wir uns in der Lebenswelt unserer Hörer und machen durch sorgfältig ausgewählte Inhalte den gesamten Sender relevanter. Jedes Thema kann lokal „heruntergebrochen" werden – keine Frage! Der Ansatz ist aber nicht: Was ist in der Region gerade los? Der Ansatz lautet: Was bestimmt das Leben unserer Hörer gerade und kann man diese Idee eventuell regional aufbereiten?
Relevante Themenfelder sind z. B.:

» das nationale oder regionale Topthema des Tages bzw. der Woche,
» das größte und wichtigste Ereignis der Woche oder das wichtigste regionale Ereignis (des kommenden Wochenendes) oder
» das Top-TV-Thema der Woche.

Je nach Zielgruppe und Format gibt es natürlich jede Menge mehr relevante Themenfelder, von Musikevents über Internettrends bis hin zu technischen Neuerungen wie einem neuen Smartphone oder dem bahnbrechenden Elektroauto.

Sex, Geld, Gesundheit

Es gibt Redakteure, die behaupten, „Tiere und Kinder gehen immer". Ich behaupte: kommt drauf an, in welchem Kontext und welcher Umsetzung. Mein Credo: drei Themenfelder gehen immer und zwar

» Sex (=Beziehungen aller Art),
» Geld und
» Gesundheit.

Thema Sex: Alles rund um das Thema Männer und Frauen ist ein Dauerbrenner. Mario Barth füllt mit Ausführungen über das Zusammenleben mit seiner Freundin das Olympiastadion in Berlin, alle Frauenzeitschriften beschäftigen sich regelmäßig mit dem „Mysterium Mann", Männerzeitschriften haben ebenfalls viele Tipps zum geheimnisvollen weiblichen Geschlecht parat, Alan und Barbara Peases Buch „Warum Männer nicht zuhören und Frauen schlecht einparken" beherrschte jahrelang die Bestsellerlisten und Millionen von Filmen und Songs haben „den kleinen

Unterschied" zum Thema. Irgendwas scheint also dran zu sein an diesem Themenfeld. Warum machen wir im Radio nicht mehr daraus?

Geld und Gesundheit: Wenn es an den Geldbeutel und die eigene Gesundheit oder die der Familie geht, verstehen die Deutschen keinen Spaß! Preiserhöhungen, geknackte Kreditkartenkonten, eine neue Grippewelle, Schweinegrippe, Vogelgrippe, verseuchtes Essen – solche Themen lassen niemanden kalt. Sie betreffen jeden einzelnen und sind sicher interessanter als die Ausführungen eines Stadtrates zum geplanten Jahresbudget für den Neubau der städtischen Museumstoiletten.

Möglicherweise erscheinen Ihnen die Themenfelder „Geld und Gesundheit" auch nicht besser als das Budget für die städtische Museumstoilette. Die Umsetzung macht hier den Unterschied. Dabei sind gebaute Beiträge mit O-Ton, Umfragen oder Interviews sicher eine Möglichkeit – manchmal auch die einzige – oft aber langweilige Standardumsetzungen mit wenig Unterhaltungswert, die dem Sender nur selten ein eigenes „Gesicht" geben. Dabei können auch die kreativen Umsetzungsvarianten ein USP sein – vor allem am Morgen.

E2 Themengebiete

E Themen finden und kreativ umsetzen

E3 UMSETZUNGS-VARIANTEN

E3 Umsetzungsvarianten

Es gibt viele Möglichkeiten, ein Thema aufzubereiten! Hier eine Auswahl an Umsetzungsvarianten:

- **Stunts:** Ein Sender hatte die Pornodarstellerin und Filmproduzentin Dolly Buster zu Gast in der Morgensendung. Der Moderator des Verkehrsservice und Sidekick der Morgensendung ging mit ihr auf eine Verkehrsinsel in Hamburg, wo Frau Buster „Verkehr machte", also die Verkehrsmeldungen verlas und damit zu Stau rund um die Verkehrsinsel führte. Oder: die Blutkonserven werden knapp. Ein Moderator spendet live in der Show Blut.
- **Spiele:** Angenommen, ein neuer Lebensmittelskandal erschüttert die Republik. Der Moderator spielt „Gut oder giftig" und nennt Inhaltsstoffe von Lebensmitteln. Ein Hörer am Telefon muss erraten, ob diese natürlich und „gut" sind oder ungesund und „giftig". Als Preis gibt es einen Einkaufsgutschein für einen Bioladen.
- **Hitliste:** Es stellt sich heraus, dass die meisten Scheidungen nach den Sommerferien eingereicht werden. Der Moderator findet „fünf Punkte, an denen Sie schon im Urlaub erkennen, dass Ihr Partner die Scheidung einreichen wird".
- **Soundalike:** Der Frühjahrsputz steht an, ein Sender macht aus dem Hit „Happy" von Pharell Williams den Song „Dreckig".
- **Umsetzung mit Musik:** Royale Hochzeit in Großbritannien – ein Sender spielte anlässlich der Trauung von Kate und William nur Hits aus England.
- **Unterhaltsames Erklärstück:** *SWR3* hatte eine zeitlang die Rubrik „Tim fragt Tom" on air. Dabei hat ein kleiner Junge namens Tim dem damaligen *tagesthemen*-Moderator Tom Buhrow Fragen gestellt wie „Was sind Eurobonds?".
- **Showopener zum Thema:** Beispielsweise zu großen Fußballevents könnte man die Showopener der Morgensendung anpassen und den Anchor mal als „Kapitän", den Sidekick als „Stürmer" usw. vorstellen. Diese Idee funktioniert in den verschiedensten Varianten – zu Nikolaus, zum neuen Kino-Blockbuster usw.
- **Charaktere:** Toll, wenn eine Show über Charaktere bzw. Figuren verfügt, die aktuelle Themen auf eine andere Art und aus einem anderen Blickwinkel aufgreifen können, wie z. B. der Dialekt sprechende Studiotechniker oder die „grantelnde" Putzfrau oder die echte (!) Oma des Anchors Flo Kerschner bei *Hitradio N1* in Nürnberg.

E Themen finden und kreativ umsetzen

- » **Fun Spot:** Einprägende Werbespots werden zu kleinen Comedys umgetextet.
- » **Promotion:** Heizöl ist diesen Winter unglaublich teuer? Perfekt für eine einwöchige Promotionaktion in der Morgensendung, bei der im Finale der Öltank einer Familie gefüllt wird.
- » **Meldung mit Punchline:** Der Klassiker und mittlerweile kostengünstig von verschiedenen guten Autoren im Abo erhältlich: eine kurze aktuelle Geschichte endet mit einem witzigen Ausstieg. Eine schöne Variante, wenn Meldung und Gag zum Charakter des Moderators passen bzw. auf ihn zugeschnitten getextet sind.
- » **Benchmark:** Feste Serien sind perfekt, um aktuelle bunte Themen unkompliziert in die Show zu hieven.
- » **Abstimmung:** Es gibt mittlerweile tolle Tools, um auf der Homepage oder über Facebook Pro- und Contra-Befragungen durchzuführen. Hieraus lässt sich eine Menge machen – vom „offiziellen Endergebnis" am nächsten Morgen inkl. Nachrichtenmeldung, die sich über den Tag zieht, bis zu einer Pressemitteilung für andere lokale Medien.
- » **Pro und Contra in 30 Sekunden:** Ein Thema, zwei Meinungen. Die Befürworter der Schwebebahn über der Alster dürfen in 30 Sekunden Werbung für ihre Idee machen, die Gegner des Projekts bekommen ebenfalls 30 Sekunden.
- » **Call In:** Ein Klassiker, der zwar immer geht, aber leider überstrapaziert wird. Da er von den O-Tönen der Befragten lebt, nur dann einzusetzen, wenn die Töne entsprechend viel hergeben.
- » **Umfrage:** Ebenfalls ein überstrapazierter Klassiker. Kreativ gestaltet aber ein echter Hinhörer. Beispiel: Statt Kinder zu fragen, was sie sich vom Nikolaus wünschen, fragen Sie, auf welche Streiche sie verzichtet haben, damit die Geschenke üppig ausfallen. Der Trick ist, ins Gegenteil zu denken und so mit unkonventionellen Fragen interessante O-Töne zu bekommen.
- » **Dialog/Crewtalk:** Fast jedes Thema ist in einer mit mehreren Personen besetzten Morgensendung leicht über einen Dialog oder Crewtalk umsetzbar. Am besten mit unterschiedlichen Sichtweisen und Meinungen. Eine schöne Umsetzungsvariante, weil sie große Teile der Zielgruppe widerspiegeln kann (wie sieht eine Mutter das Thema „vegetarisch essen", wie ein junger Single-Mann?).

E3 Umsetzungsvarianten

Natürlich gibt es zur Themenumsetzung auch die Klassiker wie Interviews, Reportagen, Berichte oder die Umsetzung über Social Media Tools wie Facebook, Twitter, die eigene Homepage oder Apps wie „Crowdradio". Wichtig sind vor allem zwei Dinge:

1. Dem Hörer über das Abbilden der wichtigen Tagesthemen das Gefühl zu geben, wir wissen, was ihn beschäftigt
2. Dabei immer wieder neue Formen auszuprobieren – damit die Wortbeiträge eines nie werden: langweilig und zum Abschalten.

E Themen finden und kreativ umsetzen

E4 REDAKTIONS-KONFERENZEN

Protokoll führen	**198**
Verantwortlichkeiten festlegen	**199**
Vorausplanung systematisieren	**201**
Quellen erweitern	**202**
Big Data zur Themenfindung	**202**

Mitte der 1980er-Jahre war das Besetzen von Pressekonferenzen und das anschließende schematische Abarbeiten der Ergebnisse dieser Termine (neben den Nachrichten) der Hauptbestandteil des Wortprogramms der meisten deutschen Lokalsender. Erstaunlicherweise gibt es auch heute noch Redaktionskonferenzen mit dem Ziel, „Sendeplätze zu füllen". Als Ergebnis einer Redaktionskonferenz sollten aber Inhalte gestaltet werden, die das angepeilte Image des Senders unterstützen und so stark sind, dass sie (siehe oben) mit einem tollen Song auf einem Konkurrenzsender mithalten können – zumindest bei Programmen, die auf Einschaltquoten angewiesen sind. Natürlich gibt es Pflichtthemen. Die Topthemen (national, international, lokal, TV, Event) des Tages, der Woche und des kommenden Wochenendes sollten standardmäßig abgefragt und kreativ umgesetzt werden.

Darüber hinaus sollten wir in der optimalen Redaktionskonferenz nach Ideen suchen, die ein besseres Abbilden der Themen sicherstellen, über die unsere Hörer sprechen. Wie immer, wenn es um Themenfindung geht, gilt „Augen und Ohren offen halten. Die besten Ideen liegen auf der Straße". Jeder Teilnehmer sollte also verpflichtet sein, einen Vorschlag in die Konferenz mitzubringen. Gleichzeitig sollte sich jeder Teilnehmer einer Redaktionskonferenz im Vorfeld mit den aktuellen Inhalten der eigenen oder einer (der) Konkurrenzsendung(en) beschäftigt zu haben. Das gezielte Abhören der Wettbewerber wird am besten vorab festgelegt (wer beobachtet welchen Sender in welcher Sendestunde?).

Der Ablauf einer Redaktionskonferenz mit dem Ziel, einerseits die nächste Morgensendung spannend und unterhaltsam zu planen sowie evtl. den Rest des Tages mit interessanten Wortstrecken zu bestücken, könnte wie in nachfolgender Tabelle aussehen.

Die Umsetzung der Ideen, dass diese sich positiv auf die Senderimages auswirken, die Hörer binden, Einschaltgründe liefern und für Gesprächsstoff sorgen – das ist die eigentliche Herausforderung einer Redaktionskonferenz. Marc Haberland sagte in seiner Funktion als Redaktionsleiter von „Arno und die Morgencrew" und stellvertretender Programmdirektor von *104.6 RTL* bei einem Vortrag auf den Lokalfundfunktagen 2012 in Nürnberg zu diesem Thema: „Die Themen für den nächsten Tag stehen in der Regel fest. Es gibt ja meist nur wenige große Tagesthemen. Es ist bei uns selten die Frage WAS wir machen. Die Frage, um die sich unsere Redaktionskonferenzen drehen, lautet WIE wir ein Thema umsetzen. Das WAS ist für fast alle Sender gleich. Aber im WIE kann ich besser sein."

E Themen finden und kreativ umsetzen

Ablauf einer Redaktionskonferenz	
10:15	Feedback zur eigenen Morgensendung
10:18	Was haben die Wettbewerber heute gemacht?
10:21	Blick auf die Pflichtthemen des Tages und des nächsten Tages
10:24	Welche Ideen haben die Teilnehmer der Konferenz mitgebracht?
10:29	Fragen zur Erweiterung der Bandbreite:
	Gibt es ein Ereignis im Leben der Morgenshowmoderatoren, aus dem man etwas machen kann?
	Was beschäftigt unsere Freunde und Familie gerade?
	Gibt es eine verrückte oder kreative Idee?
	Was wird derzeit am häufigsten bei Google gesucht?
	Welche lokale Nachricht wird am intensivsten auf der Senderwebsite geklickt?
	Was haben andere große Sender derzeit in ihrem Themenportfolio?
	Und viele mehr!
10:34	Bewertung: Welche Themen setzen wir wann um?
10:37	WIE setzen wir die Themen um?

Protokoll führen

Zu jeder Redaktionskonferenz gehört ein Ergebnisprotokoll in einer einfachen Form mit den wichtigsten Eckdaten:
» Wer macht was bis wann und wie?
» Welche Themen haben wir zwar für gut befunden aber erstmal beiseite gelegt?

E4 Redaktionskonferenzen

Verantwortlichkeiten festlegen

Viele Redaktionskonferenzen beginnen ambitioniert und lassen dann qualitativ stark nach. Weil wir doch alle gerne mal ein bisschen bequem sind und uns nicht von selbst darum kümmern, fremde Websites zu checken, durch die Seiten internationaler Radiosender zu surfen, Termine weiter im Voraus zu prüfen usw. Es führt für den leitenden Redakteur also kein Weg an klaren Verantwortlichkeiten vorbei.

Einige Aufgaben kann man generell festlegen (XY ist für alle lokalen Ereignisse der kommenden zwei Wochen zuständig), andere sollten regelmäßig neu vergeben werden, damit z. B. jeder Mitarbeiter einmal im Monat für das Abhören der Wettbewerber zuständig ist.

Redaktionskonferenz

» Wer stellt die politischen Topthemen des Tages vor?
» Wer ist für alle lokalen Themen und Termine verantwortlich und wie weit im Voraus sind die Termine zu prüfen?
» Wer sorgt dafür, dass kein wichtiges Sportereignis verpasst wird?
» Wer kennt alle wichtigen TV-Shows, auf die geachtet werden muss?
» Wer erfasst alle Promi- und Musiktermine (Geburtstage, Konzerte, usw.)?
» Wer achtet auf die wichtigen „bunten" Themen und Termine?
» Wer checkt wann die Internetseiten der Mitbewerber?
» Wer liest welche Foren, die die Themen der Zielgruppe widerspiegeln? Wer prüft die Themen bei Google-Trends?
» Wer surft durch die Seiten großer deutscher und internationaler Sender?
» Wer hört am nächsten Morgen welche Stunde der eigenen Morgensendung gezielt ab?
» Und wer beobachtet am nächsten Morgen welche Stunde der Wettbewerber-Morgensendung?

CHECKLISTE

Wenn es gelingt, alle diese Aufgaben zu verteilen und zuverlässig Ergebnisse geliefert zu bekommen, wird die so reichlich mit Themen und Ideen versorgte Redaktionskonferenz es leicht schaffen, zu den Unternehmenszielen beizutragen, indem sie das Produkt mit ihrem Output noch hörernäher und erfolgreicher macht.

E Themen finden und kreativ umsetzen

Thema	Wer?	Bis wann?	Wie?
Scheidungsboom nach dem Urlaub – Gründe und wie man sie vermeidet	Petra	Fr., 30.08. Petra	Anwalt, Erfahrungen Freunde, Mitarbeiter – O-Töne besorgen
Musikspecial zum Geburtstag von Michael Jackson	Mike	Töne und Geschichten: 20.08. Petra, Musikplan 22.08. Daniel	Interviewtöne MJ, Fantöne, Mitarbeitertöne *YouTube*, Songs, extremste Geschichten, größte Erfolge, auf Emotionen achten (!) die Marke MJ beleuchten
Was bedeutet die politische Situation für Kleinsparer? Situation und Tipps	Helen	Do., 30.08.	versch. Anlageexperten und Verbraucherzentrale
weitere Verzögerung bei der Flughafeneröffnung	Daniel Petra	Tippspiel auf Homepage steht Do. 30.08. (Daniel). Faktencheck bis 31.08. (Petra) Gag-Showopener bis 31.08. (Mike)	Tippspiel auf Homepage. Faktencheck – Chronologie Gag-Showopener zum Start des Tippspiels
offene Ideen:			
Morgenmoderator lebt einen Tag als Frau (Stunt)			
Handtaschencheck – was schleppen Frauen so alles mit sich rum?			

offene Ideen:			
Blutspende live im Studio			
Männer und ihre Angst vor Glatzen			
Was hat die Umstellung auf Energiesparlampen den Verbrauchern (finanziell) gebracht?			

Abb. 19: Beispiel für ein Protokoll einer Redaktionskonferenz

Vorausplanung systematisieren

Natürlich können nicht alle Themengebiete täglich in der Konferenz besprochen werden, das würde zu viel Zeit in Anspruch nehmen. Feste Rhythmen für eine mittel- und langfristige Planung sorgen dafür, dass große Sujets nicht von heute auf morgen vorbereitet und umgesetzt werden müssen. Bewährt hat sich folgender Rhythmus:

» Eine längere Konferenz pro Woche für eine zweiwöchige Vorausplanung der Standardtermine (Lokales, TV Shows, Sport Events und andere Standards) – z. B. montags für 20 Minuten im Anschluss an die reguläre Konferenz.
» Eine intensive Besprechung pro Monat für eine mittelfristige Planung und ein kreatives Brainstorming zu größeren Aktionen, zu monothematischen Shows bzw. Themensendungen, zur Planung und Vorbereitung von Stunts usw. Bei diesem Termin werden auch alle wichtigen vorhersehbaren Ereignisse wie Musiktermine, Promi-Geburtstage, TV-Events, Sportereignisse, lokale Ereignisse usw. von den jeweils verantwortlichen Mitarbeitern vorgestellt.
» Ein Termin im Quartal für Inhalte, die z. B. die Kooperation mehrerer Abteilungen oder langfristige organisatorische Planungen notwendig machen.

Quellen erweitern

Wenn Sie Ihre Quellen erweitern bekommen Sie automatisch ein größeres Potenzial für interessante Wortbeiträge in Ihrem Radioprogramm. Die üblichen Quellen von Tageszeitung und lokalen Websites über *bild.de* und *SPIEGEL ONLINE* bis hin zu den Agenturen liefern meist nur Nachrichten, selten Emotionen oder die kleinen Alltagsthemen, die Radio so unverwechselbar und gerade morgens so einmalig machen.

Suchen Sie deshalb neue, andere Quellen, die zu Ihrer Zielgruppe passen. Viele Frauenzeitschriften und Männermagazine haben Foren, auf denen die interessantesten Themen und Alltagsgeschichten diskutiert werden. Wenn im *BRIGITTE*-Forum fast 2.000 Antworten auf die Frage „Welche Essensticks haben Sie?" gegeben wurden und die entsprechende Seite 200.000 Hits anzeigt, ist dies ein Indiz für ein unterhaltsames Alltagsthema. Eine weitere Idee, mit der ich persönlich gute Erfahrungen gemacht habe, ist das Erweitern der Konferenz um Teilnehmer, die nicht zum Redaktionsteam gehören. An einem Tag der Woche gibt es eine „offene Konferenz", an der auch alle anderen Abteilungen teilnehmen dürfen. Was beschäftigt die Dame vom Empfang gerade, worüber spricht der Kollege aus dem Key Account mit seiner Familie, welche Gespräche belauscht der Azubi aus der Technik jeden Morgen in der U-Bahn? Diese erweiterten Redaktionskonferenzen sind nicht nur ein prima Quelle für neue Themen, sondern tragen auch zu einem guten Betriebsklima bei.

Big Data zur Themenfindung

Big Data wird früher oder später auch in die Redaktionen von Hörfunksendern Einzug halten. Was früher Google Trends national bzw. global anzeigte – nämlich welche Themen online gerade am meisten gesucht oder bei *YouTube* aufgerufen werden – erledigt heute Big Data ganz individuell. Bei einigen großen Sendern in den USA ist das Einsetzen von Big Data Tools zur Themenfindung bereits Standard (z. B. bei *ALT* in Los Angeles). In Deutschland werden die ersten Analyse-Tools gerade gelauncht. Vorreiter dafür war die Firma FuturiMedia mit ihrem Tool „Topic Pulse", das vor allem bei Newstalk-Stationen eingesetzt wird, um zu zeigen, welches Thema in welcher Zielgruppe zu welcher Zeit gerade „hot" ist und wann der Peak überschritten wurde.

E4 Redaktionskonferenzen

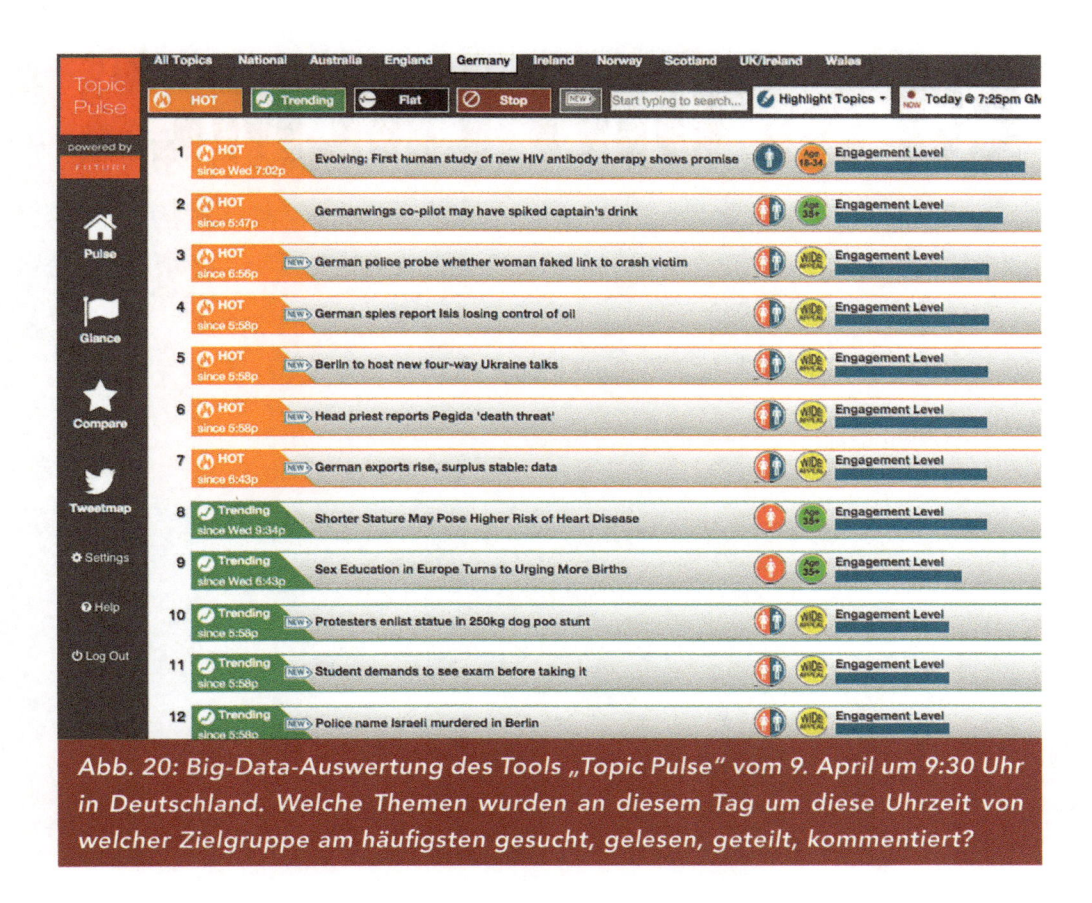

Abb. 20: Big-Data-Auswertung des Tools „Topic Pulse" vom 9. April um 9:30 Uhr in Deutschland. Welche Themen wurden an diesem Tag um diese Uhrzeit von welcher Zielgruppe am häufigsten gesucht, gelesen, geteilt, kommentiert?

E Themen finden und kreativ umsetzen

E5 SPORTTHEMEN

E5 Sportthemen

Die entscheidende Frage für die Wahl eines Sportthemas lautet: „Ist dieses Thema um diese Uhrzeit an diesem Tag in der geplanten Machart und Länge interessant für mehr als die Hälfte unserer Hörer – auch diejenigen, die sich nicht für diese Sportart interessieren?" Beantwortet man diese Frage gewissenhaft aus einer Metaperspektive lautet die Antwort sehr oft „nein".

Man kann es drehen und wenden wie man will: Für breite Unterhaltungsformate eignet sich Sportberichterstattung nur bedingt. Die verschiedensten Radiomarktforschungsunternehmen haben diese Frage in unterschiedlichen Märkten in Deutschland, Österreich und der Schweiz gestellt und das Ergebnis war immer dasselbe: Mit wenigen Ausnahmen (WM, entscheidende Spiele des lokalen Vereins – z. B. um den Ligaabstieg) ist Sport ein Thema für eine Minderheit.

Dabei ähneln sich die Ergebnisse der unterschiedlichen Institute nicht nur tendenziell sondern auch in absoluten Zahlen. Fußballberichterstattung z. B. interessiert in der Regel zwischen 20 und 30 Prozent der Nutzer eines musikdominierten Unterhaltungsformates. Mehr als die Hälfte der Hörer dagegen sind außerhalb der Nachrichten und abseits bunter Geschichten nicht an Fußball interessiert.

Das Institut ifak hat im Auftrag der Bayrischen Landeszentrale für neue Medien (BLM) im Jahr 2012 eine Studie zu Inhalten im Radio durchgeführt und dabei sehr differenziert nach dem Interesse an unterschiedlichen Sportarten im Radio gefragt. Das Ergebnis zeigt ein genauso klares Bild wie oben beschrieben – siehe Abbildung 21.

Sport ist ein Minderheitenthema. Daran besteht kein Zweifel. Mit beliebigen Sportberichten und langatmigen Sportthemen schafft man einen Abschaltfaktor.

Natürlich gibt es Sportereignisse, die im Radio stattfinden müssen. Entscheidend sind hier einerseits die sorgfältige Auswahl der Themen und andererseits die Aufbereitung. Eine emotionale Collage zum deutschen WM-Sieg ist ein Hinhörer. Klar. Ein Interview mit dem Trainer des heimischen Fußballclubs zum Grund der gestrigen Niederlage mehrheitlich ein Abschaltgrund. Garantiert.

Die meisten Sportthemen können innerhalb der Nachrichten optimal abgebildet werden: kurz, ergebnisorientiert und eventuell mit O-Ton.

Fußballthemen, die polarisieren (HSV versus St. Pauli, 1.FCN versus SpVgg Fürth, pro und contra Bayern München) sind für Talks in der

E Themen finden und kreativ umsetzen

Interesse an Sportarten im Radioprogramm – Radiohörer

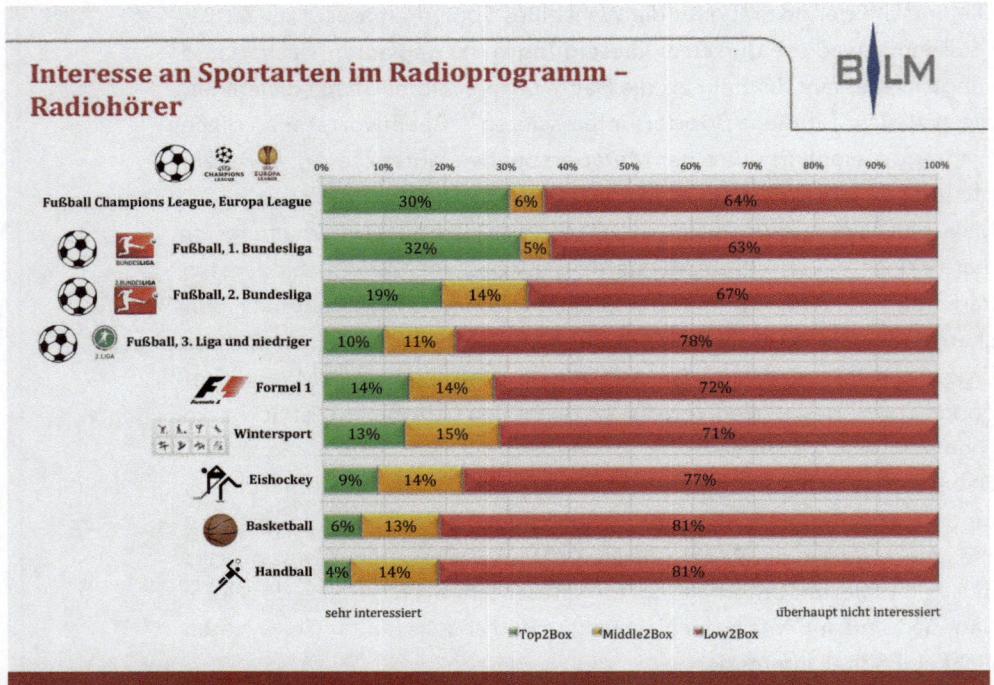

Sportart	Top2Box (sehr interessiert)	Middle2Box	Low2Box (überhaupt nicht interessiert)
Fußball Champions League, Europa League	30%	6%	64%
Fußball, 1. Bundesliga	32%	5%	63%
Fußball, 2. Bundesliga	19%	14%	67%
Fußball, 3. Liga und niedriger	10%	11%	78%
Formel 1	14%	14%	72%
Wintersport	13%	15%	71%
Eishockey	9%	14%	77%
Basketball	6%	13%	81%
Handball	4%	14%	81%

Abb. 21: Ergebnis einer Hörerbefragung des ifak-Instituts in Bayern (n = 2.906) zum Thema Interesse an Sport im Radio

Morgensendung mit unterschiedlichen Positionen geeignet. Große Ereignisse mit viel Emotion werden perfekt über Soundcollagen ins Programm gebracht. Aktuelle wichtige (!) Fußballspiele relevanter (!) Vereine, abgebildet über ganz kurze Stimmungs-O-Töne und ohne spielerische Details, schaden nicht, wenn sie (am Samstag- oder Sonntagnachmittag) unter 60 Sekunden lang sind.

Auf der sicheren Seite ist man, wenn man sich in Livesendungen auf Tore bzw. Ergebnisse beschränkt und die ausführlichere Berichterstattung dorthin abgibt, wo sie von den Hörern auch erwartet wird: In die Nachrichten. Der Sportfan besorgt sich seine Infos sowieso von spezialisierten Quellen, mit denen wir als Massenmedium weder mithalten können noch wollen.

Eine schöne Alternative ist ein „Gefäß" für den Sport, alleinstehend oder angegliedert an eine(r) klassische(n) Nachrichtenposition – z. B. zur halben Stunde – und außerdem noch so „verpackt", dass der Titel Kürze impliziert, beispielsweise als „Der 60-Sekunden-Sport bei Radio XY".

E5 Sportthemen

Interessierte bekommen eine Orientierung und haben einen Einschaltimpuls für ihre tägliche Ration Sportinfos, weniger Sportbegeisterte wissen, dass es gleich wieder mit anderen Inhalten weitergeht. Diese Variante setzen viele Sender um (manche sogar in einer 30Sekunden-Variante) und befriedigen so unterschiedliche Interessengruppen im Haus und am Radio: Der Verkauf hat sein Sportgefäß für potenzielle Kunden, die lokalen Vereine wissen verlässlich, dass und wo sie stattfinden und die Programmverantwortlichen können diese Rubrik gut in einen Service- oder Informationsblock (mit Wetter und Verkehr plus eventuell Schlagzeilen oder Nachrichten) integrieren.

Welche Themen auch immer durch die jeweils Verantwortlichen ins Programm gehoben werden – Hauptsache, sie können einen Haken hinter die großen drei Kriterien für Themen im einschaltquotenabhängigen Unterhaltungsradio machen:

Massenkompatibilität – Unterhaltungswert – Relevanz. Denn jeder Inhalt, den wir senden, konkurriert mit einem Musikhit beim Wettbewerber.

F

GEWINNSPIELE

F1   **210**
Nutzen und Schaden

F2   **214**
Design eines Gewinnspiels

F3   **218**
Mit Gewinnspielen Quoten und Images optimieren

F4   **224**
Welcher (Geld-)Preis ist der beste?

F5   **228**
Dauer und Intensität von Gewinnspielen

F6   **234**
Wenn „kein Gewinnspiel" die beste Promotion ist

F7   **240**
Promotion Design

F Gewinnspiele

F1 NUTZEN UND SCHADEN

F1 Nutzen und Schaden

Große Gewinnspiele (auch Major Promotions genannt) können viel für einen Radiosender erreichen: z. B. Positivimages stärken, Negativimages reduzieren oder die WHK-Konversion verbessern und so mithelfen, die Einschaltquoten zu optimieren – wenn man die passende Major Promotion zur richtigen Zeit in einer angemessenen Dosis einsetzt.

Gewinnspiele können einem Sender massiv schaden – wenn die eigentlich entscheidenden Images nicht stark genug sind, wenn die falschen Konzepte eingesetzt werden und vor allem, wenn die Dosis nicht stimmt.

> Alles, was on air stattfindet, bestimmt die Wahrnehmung der Hörer, d. h. auch Gewinnspiele kreieren Images.

Dominiert eine Promotion mehrere Wochen entscheidende Programmteile, wird der Sender zuerst mit diesem Gewinnspiel assoziiert. Handelt es sich dabei um ein Spiel mit geringem Appeal und niedriger Teilnahmequote ist schnell Schaden angerichtet.

Beispiele für den schädlichen Einsatz von Major Promotions gab es seit dem Jahrtausendwechsel zuhauf. Der eine oder andere Sender hatte seinen Quotenrückgang dem massiven Einsatz von Radiogewinnspielen zu verdanken. Besonders bitter ist das für die Verantwortlichen, weil sie von einer positiven Auswirkung von Aktionen mit hohen Geldpreisen, wertvollen Reisen oder kostspieligen Neuwagen ausgegangen sind und oft bis zu sechsstellige Budgets investiert haben – manchmal sogar noch mit Plakatkampagnen begleitet, die ebenfalls sechsstellig zu Buche geschlagen haben.

Dass Gewinnspiele sich automatisch positiv auf die Einschaltquote auswirken, ist ein Irrglaube. Schon allein die Mitspielerstatistik macht klar, dass Sender Gewinnspiele immer für eine Minderheit veranstalten. Je nach Attraktivität des Preises und Spannungsfaktor des Spiels nehmen selten mehr als ein Fünftel der Hörer aktiv an einem Gewinnspiel teil – in der Regel sind es deutlich weniger. Im Schnitt – so meine Erfahrung – gut zehn Prozent, also nur einer von zehn Hörern. Natürlich regiert auch hier das Geld die Welt – je höher die Summe, desto mehr Hörer machen mit. Deutlich spürbar steigt die Bereitschaft, zur Gewinnspielteilnahme bei Summen über 10.000 Euro. Bei Summen, die vermeintlich gar das Leben verändern bzw. verbessern können, also Gewinne ab 50.000 Euro aufwärts sind Hörer auch bereit, ihre Hörgewohnheiten für eine Promotion drastisch zu verändern. Bei Summen über 100.000 Euro, z. B. bei dem Spiel

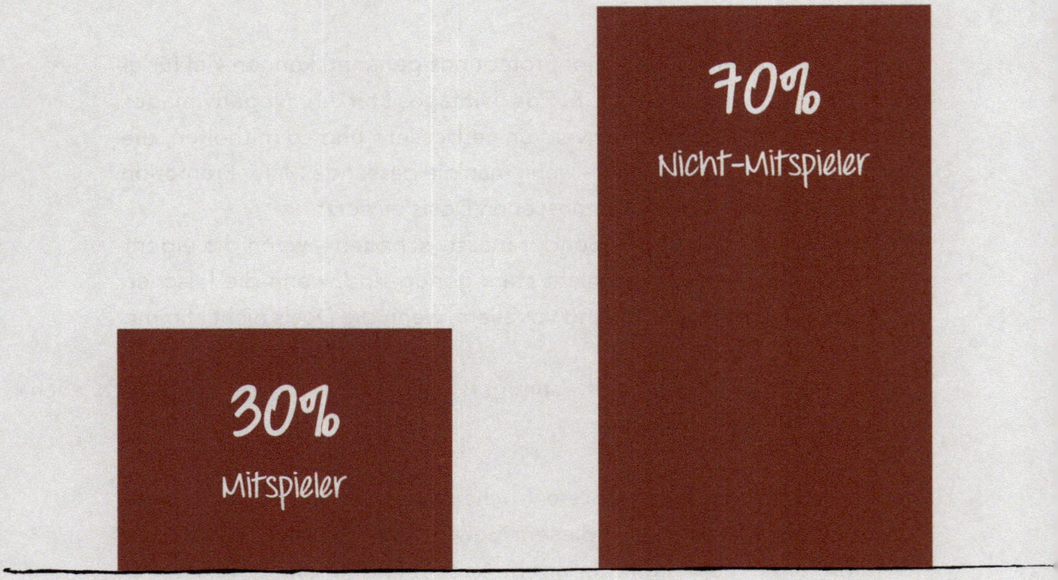

30%
Mitspieler

70%
Nicht-Mitspieler

Abb. 22: Spieler und Nicht-Mitspieler bei einem sehr attraktiven Gewinnspiel wie „Das geheimnisvolle Geräusch"

„Das geheimnisvolle Geräusch", sah man Anfang der 2000er-Jahre auch schon mal Teilnahmequoten um die 30 Prozent. Wichtig ist beim Design von Gewinnspielen vor allem die Ausgangssituation:

Wir kreieren Gewinnspiele vor allem für diejenigen, die nicht mitspielen, denn die Mitspieler sind immer in der Minderheit. Ein gutes Gewinnspiel für die breite Masse lässt sich also am besten entweder in wenigen Worten erklären und on air abwickeln oder es ist unterhaltsam – z. B. durch einen spannenden Mitrate-Effekt!

F1 Nutzen und Schaden

F Gewinnspiele

F2 DESIGN EINES GEWINNSPIELS

F2 Design eines Gewinnspiels

„Was soll das Gewinnspiel für den Sender bewirken?" Diese Frage sollte vor jeder weiteren Überlegung stehen. Auch wenn Major Promotions nie als alleinige Maßnahme ausreichen, um bestimmte Imageprobleme oder Schwierigkeiten bei den Einschaltquoten zu bekämpfen, so können sie doch unterstützend wirken – als begleitende Maßnahme innerhalb eines Gesamtkonzeptes.

Unterscheiden Sie dabei am besten zwischen Gewinnspielen mit Auswirkungen auf die entscheidenden Senderimages und solchen, die lediglich an der Quotenschraube drehen sollen. Wobei Gewinnspiele, die die entscheidenden Images in der Wahrnehmung der Hörer bewegen, nachhaltig sind und dem Produkt insgesamt mehr nutzen, als Spiele mit kurzfristiger Auswirkung auf die Quote, z. B. durch die Optimierung der WHK-Konversion.

Promotions zur Beeinflussung von Senderimages sollten sich dabei vor allem auf musikalische Images auswirken, also auf den Haupteinschaltgrund werbefinanzierter Massenprogramme, wie z. B. auf das Image für „die besten aktuellen Hits". Bei derartigen Problemstellungen können Gewinnspiele ganz gezielt eingesetzt werden und bei kreativer und konsequenter Umsetzung nachhaltig Images bewegen.

Zur Vorbereitung einer klassischen Major Promotion gehört eine Analyse der Wettbewerber und deren Zielen. Wenn ein Mitbewerber Ihren Sender z. B. mit massiver Promotion der „besten neuen Hits" angreift, macht es wenig Sinn, mit einem Gewinnspiel zu kontern, bei dem man z. B. ein Geräusch erraten muss und das soviel Platz auf dem Sender braucht, dass es gar keine Gelegenheit mehr zur Promotion des Hit-Images gibt.

Natürlich können Spiel-Aktionen auch gezielt zur Bekämpfung bestimmter Quotenprobleme eingesetzt werden – vorausgesetzt alle wichtigen Senderimages sind „gesund" und das Programm liefert keine massiven Abschaltfaktoren.

Einfach nur zu entscheiden, ein Gewinnspiel zur Verbesserung der Quote einzusetzen, wird vermutlich nur selten zum Ziel führen – vor der Kreation einer Major Promotion sollte genauer analysiert werden, an welchem Parameter vorrangig angesetzt werden muss: WHK-Konversion, Recycling der Hörer vom Morgen in den Nachmittag, regelmäßige Einschaltungen zu einer bestimmten Sendezeit am Morgen usw.

Das Erreichen folgender strategischer Ziele kann durch Gewinnspiele unterstützt werden:

F Gewinnspiele

» Optimierung musikalischer Images z. B. für bestimmte Dekaden oder Sounds,
» musikalische Umpositonierung z. B. von einem „Gold"-Format in ein „Hit"-Format,
» Positionierung eines neuen Senderclaims,
» Unterstützung wichtiger Morgenshow-Images wie „Spaß am Morgen", „sympathische Moderatoren", „überraschende Morgenshow" usw.,
» Stützung von Moderatoren (Bekanntheit, Sympathiewerte oder Eigenschaften wie „kümmert sich um die Sorgen der Hörer"),
» Verstärken der Einschaltungen in eine bestimmte Sendestunde (z. B. 7-Uhr-Stunde am Morgen),
» Optimierung des Office Listenings,
» Recycling von Hörern vom Morgen in den Nachmittag (oder umgekehrt),
» Optimierung des Time SpentListening (funktioniert nur bedingt und unter bestimmten Umständen),
» WHK-Konversion,
» Erhöhung der Anzahl der Stammhörer.

Einige Promotions erfüllen zwar zwei oder drei Aufgabenstellungen gleichzeitig, dennoch zeigt diese Liste, wie wichtig es zunächst ist, die Ziele eines Gewinnspiels zu definieren. Denn jede dieser Problemstellungen erfordert andere „Hauptakteure" beim Design der passenden Promotion sowie speziell abgestimmte Spielmodi.

Sobald die Zielsetzung feststeht, können auch aktuelle Ereignisse und Themen in die Kreation mit einbezogen werden, um mehr Hörernähe zu erzeugen und immer wieder neue, kreative Ansätze zum Verkaufen der Aktion zu finden. So hieß ein und dasselbe Spiel bei *Capital FM* in London kurz nach der Finanzkrise 2008/2009 „Beat the Banker" und bei *BB Radio* in Potsdam im Jahr 2012 auf dem Höhepunkt der Benzinpreisschraube in Deutschland „Schröpf den Scheich". Bei einem Spiel regnete es Geld, beim anderen floss Benzin – jeweils solange bis der Hörer „Stopp" sagte. Der Hörer gewann die Geldsumme bzw. die Benzinmenge, die zuletzt genannt war. Waren der „Banker" bzw. der „Scheich" schneller mit dem Stoppen des Geld- bzw. Benzinflusses, gewann der Hörer gar nichts.

Die Ideen der Anderen

Es gibt so tolle Ideen auf dem internationalen Radiomarkt. Und mein erster langjähriger Chef, der Programmdirektor Arno Müller von *104.6 RTL* sagte einmal „Lieber gut geklaut als schlecht selbst gemacht".

Das Adaptieren fremder Ideen kann tatsächlich funktionieren. Vorausgesetzt, man versteht auch alle Hintergründe, die zu der jeweiligen Idee geführt haben. Ich erlebe sehr oft, wie Verantwortliche bei kleineren Sendern zu den „Großen" schielen und deren Ideen kopieren – leider oft, ohne die Hintergründe, die Senderhistorie und den jeweiligen Markt des Senders, von dem kopiert wird, zu hinterfragen und zu verstehen.

Ein Beispiel: Wenn *Radio Hamburg* rund um seinen Morgenshow-Star John Ment, der dort seit mehr als zwei Jahrzehnten die Morgensendung moderiert, eine Promotion mit dem Titel „Wer schlägt John" entwickelt, geschieht dies auf einer sinnvollen Basis. John Ment ist ungestützt einer der bekanntesten Moderatoren Deutschlands, eine Marke im Kernsendegebiet und beliebt bei den Stammhörern des Senders. Außerdem hat er ein großes Allgemeinwissen und kann dadurch einen echten Spannungsbogen bei einer Art „Quizduell im Radio" aufbauen und halten. Wenn nun der neue Moderator eines kleinen Senders diese Idee adaptiert, hat der Sender im schlimmsten Fall einen langweiligen Break on air, der durch die Länge von fünf Minuten (und mehr) zu einem täglichen Abschaltfaktor wird. „Aber da funktioniert die Idee doch." ist das schlechteste Argument, eine Promotion (oder jede andere Programmidee) zu adaptieren. Die einzigen relevanten Argumente beim Kopieren der Ideen anderer sind:

» Der Hintergrund dieser Idee passt optimal auch zu unseren strategischen Defiziten und Zielen.
» Dieser Sender hat in etwa ein ähnliches Format und Konkurrenz-Umfeld wie wir.
» Die Senderhistorie gleicht der unsrigen, die Idee anzupassen, könnte unsere Strategie unterstützen.

F3 MIT GEWINN-SPIELEN QUOTEN UND IMAGES OPTIMIEREN

Musik im Mittelpunkt	**219**
Moderator und Morningshow im Mittelpunkt	**221**
Gewinnspiele für die Einschaltquote	**222**

Ein Radioprofi erkennt bei einem gut gemachten strategischen Gewinnspiel sofort, welche Images der durchführende Sender ausbauen oder korrigieren möchte. Setzt ein Sender auf ein Musikgewinnspiel, bei dem es z. B. für einen Geldpreis gilt, in jeder Stunde auf einen aktuellen Hit zu achten (und handelt es sich bei den vorgestellten Hits um die ganz großen aktuellen Charterfolge), dann führt dieser Sender dieses Gewinnspiel höchstwahrscheinlich zur Stärkung seines Images für die besten aktuellen Hits durch.

Musik im Mittelpunkt

Eine bestimmte (tragende) musikalische Dekade oder einen bestimmten für den Erfolg des Senders wichtigen Sound in den Mittelpunkt eines Gewinnspieles zu stellen, ist immer dann hilfreich, wenn bestimmte Senderimages gestärkt oder korrigiert werden sollen.

Ein Beispiel: Der Sender *Radio TON* wurde zu Beginn der 2000er-Jahre nicht ausreichend als AC-Format mit allen beliebten aktuellen Hits wahrgenommen, sondern es haftete dem Sender aus früheren Zeiten immer noch ein Oldie-Image an. Um dieses endgültig abzuschütteln und gleichzeitig im Wettbewerb unter anderem gegen *SWR3* und *antenne 1* zu bestehen, brauchte der Sender zu diesem Zeitpunkt dringend höhere Images für aktuelle Hits. Also wurde ein Gewinnspiel zur Stärkung der Hit-Images kreiert. Die aktuellen Hits wurden damals bei diesem Sender „Superhits von heute" genannt. Zusätzlich wurde gerade die Öko-Steuer eingeführt, die zu Beginn des neuen Jahrtausends für steigende Benzinpreise sorgte. Der Sender setzte auf ein Gewinnspiel mit dem Titel „Spritsuperhits". Zu Beginn jeder Stunde wurde ein aktueller Hit – „der Spritsuperhit der Stunde" – genannt und kurz angespielt. Lief dieser Song innerhalb der folgenden 60 Minuten, gewann der erste Anrufer eine Tankfüllung für sein Auto. Im für seine Sparsamkeit bekannten Baden-Württemberg eine sehr erfolgreiche Major Promotion mit hohen Teilnahmequoten trotz des vergleichsweise kleinen Gewinns.

Zugleich sorgte dieses Spiel auch noch für eine realistische Verlängerung der Verweildauer. Denn den nächsten Song wartet man vielleicht noch ab, oder man schaltet bei der Ankunft am Arbeitsplatz doch noch mal schnell den Sender ein – der Gewinn ist ja ganz nah und man muss für eine realistische Gewinnchance bei diesem Spiel nicht alle seine Gewohnheiten verändern.

F Gewinnspiele

Dieses Spiel hatte noch einen weiteren Vorteil: Es war kurz! Kurzer Aufruf zu Beginn der Stunde, kurzer Pay Off, kurzer Teaser auf die nächste Gewinnchance. In weniger als einer Minute war alles erledigt und der Moderator konnte innerhalb eines einminütigen Pay Offs sogar noch einige persönliche Sätze mit dem Hörer wechseln. Außerdem bot das Spiel durch das Thema „Benzinpreise" immer neue aktuelle und kreative Aufhänger für die Moderatoren.

All das zusammen hat die Einschaltquoten positiv beeinflusst. Das Image für aktuelle Hits wurde nachhaltig optimiert. Ein rundum sinnvoller und gelungener Einsatz einer Major Promotion!

Ebenso für den Aufbau von musikalischen Images geeignet, aber nicht ganz so optimal in der Umsetzung ist das Beispiel dieses Spiels, das gerne unter Titeln wie „Cash-Dreier", „10.000 Euro Mix" o. ä. läuft:

Drei Songs werden vorgestellt. Läuft einer, gibt es 100 Euro zu gewinnen, laufen zwei dieser Songs hintereinander geht es um 1.000 Euro und laufen alle drei Songs aus dem jeweiligen „Cash Dreier" oder „10.000 Euro Mix" gewinnt ein Hörer die stattliche Summe von 10.000 Euro.

Dieses Spiel eignet sich für das exakte Abbilden der Musikmischung eines Senders – z. B. mit einer Kombination von einem Pophit aus den 1990ern, einem Rockhit aus den 2000ern und einem rhythmischen Song oder einem Dancehit aus den aktuellen Charts.

Allerdings hat das Spiel auch einen Nachteil: Es erfordert ausdauerndes und langes Hören des Senders. Längeres TSL funktioniert aber nur bedingt und für eine kleine Gruppe von Mitspielern. Nur ein Bruchteil der Hörer verändert ihr Leben für ein Gewinnspiel, das sich über viele Tage, teils einige Wochen bis zum Höhepunkt – z. B. der Verlosung von 10.000 Euro – ziehen soll.

Fazit: Einfache Modi rund um wichtige Sounds, Dekaden oder die „richtige" Musikmischung eignen sich, um nachhaltiges „Imagemanagement" zu betreiben und nebenbei noch etwas für das TSL oder – bei sehr hohen Gewinnsummen oder großen Preisen – für die WHK-Konversion zu tun. Garniert man diese Ideen mit einem aktuellen Aufhänger oder einem anderen Extra (z. B.: ein Scheck oder Bargeld werden noch am selben Tag von Moderator beim Hörer vorbeigebracht), gestaltet man seine Promotion obendrein lebendig und bietet den Moderatoren viele Möglichkeiten, dieselbe Aktion immer wieder neu und anders zu präsentieren.

Moderator und Morningshow im Mittelpunkt

Promotions eignen sich auch, um Moderatorenimages zu verstärken oder zu korrigieren oder um einen neuen Morgenmoderator einzuführen bzw. eine neue Morgensendung zu promoten.

Da auch hier gilt: „Alle Programminhalte eines Senders bestimmen die Wahrnehmung des Produkts durch den Hörer", kann man auch mit einer Promotion rund um einen Morgenmoderator eine Menge Schaden anrichten! Ein Beispiel aus dem Jahr 2013: für den Launch einer neuen Morgensendung in einem wettbewerbsintensiven Markt wünschten sich die Programmverantwortlichen möglichst aufsehenerregende Aktionen, um Gesprächsstoff zu generieren und so den WHK zu erweitern. Kreiert wurden zwei Aktionen mit hohem Klamaukfaktor. Den Gesprächswert hat der Sender tatsächlich geliefert, aber hinterher war eine Menge zu tun, um den angerichteten Schaden wieder glatt zu bügeln. Der Morgenmoderator wurde nicht als „jemand wie du und ich" empfunden und wirkte durch zu viel Klamauk nicht wie „ein echter Kerl", was dem Sender zunächst Probleme in der Zielgruppe „Männer" einbrachte.

Ein positives Beispiel, das den Plot einer Morgensendung unterstützt hat, ist der „*BB Radio*-Geschlechtertest", bei dem der Sender die Mann-Frau-Konstellation am Morgen und die Show prägenden Mann-Frau-Themen in den Vordergrund gestellt hat. Jeden Tag wurde eine geschlechtsspezifische Frage mit hohem Gesprächswert diskutiert, z. B.: „Wie viel Prozent aller Männer in Berlin-Brandenburg erledigten schon mindestens einmal Arbeiten im Haushalt absichtlich schlecht, um sie nicht wieder machen zu müssen?" oder Spektakuläres wie „Wie viel Prozent aller Männer sehen sich regelmäßig heimlich Pornofilme an?" – übrigens fast 80 Prozent …

Die Morgensendung warf die Frage des Tages um kurz nach 7:00 Uhr auf, sendete viele kleine Gespräche, Call Ins und Interviews zum Thema. Am nächsten Morgen um 7:07 Uhr traten eine Hörerin und ein Hörer gegeneinander an und tippten die Lösung. Wer näher an der richtigen Prozentzahl lag, gewann einen Geldpreis. Diese Promotion stärkte den Unterhaltungswert der Show und vor allem die Konstellation der Morgensendung – zu diesem Zeitpunkt mit einem verheirateten Anchor in den 40ern,

F Gewinnspiele

einer Single-Frau um die 30 in der Doppelmoderation und einem jungen verrückten Sidekick, der zwar wenig Ahnung vom Leben, aber viele lustige Sprüche zu den entsprechenden Themen parat hatte.

Diese Promotion hat noch weitere positive Effekte: sie kann sich auf WHK-Konversion, Ausbau des WHK durch das Generieren von Gesprächsstoff und das TSL auswirken und – geschickt kreiert – auch Hörer von einem Tagesteil in den nächsten recyceln (z. B.: Hinweis auf die Lösung des aktuellen Geschlechtertests versteckt sich in einem Interview um 17:17 Uhr).

Gewinnspiele für die Einschaltquote

Gewinnspiele einsetzen, um die Quote zu steigern, funktioniert das? Kommt drauf an! Es kommt darauf an, wie der jeweilige Markt „tickt". Ist der Markt übersättigt oder nur moderat mit Promotions „bespielt"? Und es kommt darauf an, wofür der eigene Sender und die Konkurrenz stehen. Steht der Hauptwettbewerber für Gewinnspiele mit attraktiven Preisen oder ist der „eigene Sender" derjenige, bei dem Spiele erwartet werden? Lässt sich das jeweilige Quotenproblem mit einer Gewinnaktion überhaupt beheben oder ist das Produkt insgesamt so schwach, dass erst andere Baustellen geschlossen werden müssen, bevor überhaupt wieder an Promotions gedacht werden kann?

Hat der Sender ausreichend positive Images für Musik und Unterhaltung oder würde ein hohes Gewinnspielimage, die eigentlich kriegsentscheidenden Images überlagern? Gewinnspiele zur Steigerung der Quote einzusetzen, macht also nur unter folgenden Bedingungen Sinn:

» Alle wichtigen Senderimages sind in Ordnung.
» Das Quotenproblem ist mit einem Gewinnspiel in den Griff zu bekommen.
» Der Markt ist noch nicht mit Promotions übersättigt.

Auch im Radio gilt: für Geld bekommt man fast alles – und für sehr hohe Geldsummen auch mehr TSL und eine bessere WHK-Konversion. Wohlgemerkt für eine kurze Zeit und unter zwei Voraussetzungen. Nummer eins: Das Gewinnspiel ist spannend und attraktiv auch für Nicht-Mitspieler. Voraussetzung zwei: Man akzeptiert, dass dieser „Hörerkauf" nur kurzfristig hilft und der Effekt mit dem Ende des Gewinnspiels sofort

F3 Mit Gewinnspielen Quoten und Images optimieren

verpufft – im Gegensatz zu den oben erwähnten Gewinnspielen rund um Musik oder die Morgensendung und deren Protagonisten. Diese wirken nachhaltig, weil sie auf die entscheidenden Images einzahlen.

> Gewinnspiele können kurzfristig etwas für die Optimierung der Quote tun. Aber in dem Moment, in dem man das Spiel vom Sender nimmt, ist der Effekt vorbei. Sich allein auf Gewinnspiele zur Quotenoptimierung zu verlassen, ist deshalb auf Dauer sehr kostspielig und nie nachhaltig.

Wenn ein Spiel so attraktiv ist, dass der WHK animiert wird, den Sender öfter und/oder länger zu hören, wird es positiv sich auf die WHK-Konversion und damit auf die Stundennettoreichweite auswirken.

Optimierung der Quote durch Gewinnspiele — CHECKLISTE
» eine Idee, die noch nicht im Markt „besetzt" ist und daher nicht mit einem anderen Sender assoziiert werden kann,
» ein Konzept, das die „Werte" des Senders repräsentiert und nicht konterkariert,
» eine Idee, die mindestens sechs Wochen „trägt" und sich nicht schnell totläuft,
» ein attraktiver, massenkompatibler Preis – am besten eine hohe Geldsumme.,
» ein Modus, der in drei Sätzen erklärbar ist und nicht länger als 60 maximal 90 Sekunden Zeit für einen Pay Off braucht.

Das ideale Gewinnspiel ist also noch nicht im Markt besetzt, in wenigen Worten erklärbar, in 30 bis 90 Sekunden umsetzbar, verspricht attraktive Preise und trägt mindestens sechs Wochen.

F Gewinnspiele

F4 WELCHER (GELD-)PREIS IST DER BESTE?

Am besten Sie verschenken Geld

> **FÜR WIRKLICH GROSSE SUMMEN SIND HÖRER BEREIT, IHR LEBEN ZU ÄNDERN UND EINEN SENDER ENTGEGEN IHRER SONSTIGEN GEWOHNHEITEN ZU HÖREN.**
>
> YVONNE MALAK

Tickets für Fußball-WM-Endspiele, Reisen in die Karibik, große Sachpreise ... Keiner dieser Preise ist genauso attraktiv wie Geld oder „geldähnliche" Preise (nicht mal die Tickets für die WM-Endspiele in Berlin 2006 waren annähernd so begehrt wie vergleichbar hohe Geldpreise!).

Dank moderner Telefontechnik kann man glücklicherweise messen, wie viele Anrufversuche von wie vielen unterschiedlichen Telefonnummern für welchen Preis unternommen werden. Und Geld regiert die Welt. Auch bei Radiogewinnspielen. Alternativ funktionieren geldähnliche Preise wie z. B. Tankgutscheine.

Bringt das ganze Geldverschenken wirklich etwas? Ja! In jedem Markt finden Sie ca. 10 bis 15 Prozent Hörer, die für Gewinnspiele empfänglich sind. Bei einer ifak-Studie für die bayrische Landesmedienanstalt im Sommer 2012 bezeichneten immerhin 10 Prozent der Befragten Gewinnspiele als einen sehr wichtigen Bestandteil in einem Radiprogramm (BLM-Positionierungsstudie). Es gibt also durchaus Hörer, für die ein attraktives Gewinnspiel einen Grund ist, über einen längeren Zeitraum zu einem anderen Sender zu wechseln. Ist der Preis des Gewinnspiels sehr attraktiv und massenkompatibel, bewegt er auch die „eigenen Hörer" dazu, länger, öfter und zu anderen Zeitpunkten einzuschalten.

Am besten Sie verschenken Geld

Beim Geldverschenken haben Sie zwei Möglichkeiten: Sie können mit einer großen Summe arbeiten, wie 10.000, 50.000 oder gar 100.000 Euro oder Sie arbeiten mit dem „Viele-Chancen-Prinzip".
Erfahrung, Anruferstatistiken und Marktforschung zeigen: Für wirklich große Summen sind Hörer bereit, ihr Leben zu ändern und einen Sender entgegen ihrer sonstigen Gewohnheiten z. B. zusätzlich tagsüber bei der Arbeit zu hören, anstatt wie vielleicht sonst nur am Morgen und am Nachmittag. Es gilt aber, sorgfältig abzuwägen, ob man sich als Radiomacher damit zufrieden geben will, über mehrere Wochen ein Gewinnspiel on air zu haben, das am Ende nur einen einzigen Gewinner hervorbringt. Allerdings kann ein Gewinnspiel mit einer derart hohen Gewinnsumme schon mal ein Viertel der Stammhörer zum Mitspielen bewegen. Die Wahrscheinlichkeit, dass diese 25 Prozent die Quote (TSL, Einschaltungen an mehreren Tagen usw.) positiv beeinflussen, ist sehr hoch.
Die Erfahrung (und die Marktforschung) zeigen auch: Hörer nehmen fast genauso intensiv an (guten!) Gewinnspielen teil, wenn sie hörbar viele Gewinnchancen haben. Bei einem Budget von z. B. 30.000 Euro würde ich persönlich empfehlen, lieber über sechs Wochen werktags stündlich von 7 bis 17 Uhr jeweils 100 Euro zu verschenken, als drei mal 10.000 Euro. 300 Gewinner on air regen beim nächsten Mal mehr Menschen zur Teilnahme an, als drei Gewinner. „So habe ich das Gefühl, ich habe wirklich eine Gewinnchance und werde nicht veräppelt", sagte mal ein Hörer in einer Fokusgruppe, in der es um die Hörerpräferenz bei Geldpreisen ging.
Natürlich hängt die Entscheidung für oder gegen eine große oder viele kleinere Geldsummen immer von der Situation, dem Konkurrenzumfeld und der Zielgruppe ab – und von der Glaubwürdigkeit! „Das gewinnt doch sowieso keiner" war auch eine Aussage in einer Fokusgruppe, in der über Geldpreise bei Radiogewinnspielen gesprochen wurde. Erfordert eine Situation den großen Paukenschlag, eignet sich möglicherweise eine einzige große Summe. Sympathischer, glaubwürdiger und nachhaltiger sind sicher viele kleine Geldsummen über einen langen Zeitraum.

F4 Welcher (Geld-)Preis ist der Beste?

F Gewinnspiele

F5 DAUER UND INTENSITÄT VON GEWINN- SPIELEN

Sechs Wochen Mindestlaufzeit	**229**
Die richtige Dosierung	**230**
Intensität – und ihre Auswirkung auf Märkte	**231**
Der richtige Zeitpunkt für den Ausstieg	**232**

Gute Gewinnspiele können – mit Pausen – jahrelang laufen. Ja, sie lesen richtig: JAHRELANG – wenn sie kurz gehalten werden können, massenkompatible Preise vergeben, Senderimages positiv beeinflussen und im Idealfall noch viele schöne Hörer-O-Töne on air bringen.

Wie eine Promotion wachsen und zur Benchmark werden kann, zeigt die Geschichte der Idee „KIIS pays your bills" des Senders KIIS FM in Los Angeles. Dennis Clark, zu diesem Zeitpunkt Executive Producer der KIIS-Morningshow:

„Die Aktion war im Januar 2007 als sechswöchige Promotion zum Start des neuen Jahres geplant, denn gerade nach Weihnachten – so vermuteten wir – stellen unverhofft eintrudelnde Rechnungen schnell ein Problem für die (junge) Zielgruppe dar. Dann passierte folgendes: die Marktforschungen zeigten, dass der Sender einen gewaltigen Beliebtheitsschub durch die Promotion erfuhr. Die Kernzielgruppe hatte das Gefühl, KIIS weiß genau, wo der Schuh drückt. So entschieden wir, die Aktion zu einer festen Benchmark zu machen. Seitdem läuft „KIIS pays your bills" jeweils von Januar bis Mai und dann wieder von September bis November."

Dieses Spiel erfüllt alle Voraussetzungen für einen Dauerbrenner: Man kann es on air sehr kurz halten, der Preis (Geld) ist massenkompatibel, es sorgt für immer neue interessante Hörer-O-Töne on air und trifft obendrein noch genau ein Bedürfnis der Zielgruppe – unverhoffte Rechnungen sind kein Problem mehr.

Sechs Wochen Mindestlaufzeit

Sechs Wochen sind eine gute Mindestlaufzeit für ein Spiel. Nach zwei Wochen haben Ihre Hörer gerade angefangen, die Promotion zu verstehen. Und bei einer strategischen Aktion, die sich positiv auf ein Image auswirken soll, braucht es sowieso etwa sechs Wochen, bis die Botschaft nachhaltig in ihrem WHK angekommen ist. Nach sechs Wochen hat der gesamte WHK eines Senders im Schnitt dreimal Kontakt mit dem Spiel gehabt – eine gute Chance, dass jeder Hörer weitgehend verstanden hat, worum es geht. Wenn ein Spiel in die Jahreszeit, zu den aktuellen „Befindlichkeiten" und Topthemen passt und nicht mit der Nachrichtenlage kollidiert, (z. B. die

F Gewinnspiele

Verlosung einer Kreuzfahrt nach einem großen Schiffunglück), können Sie es gut und gerne mit einer Laufzeit von 10 bis 12 Wochen einplanen. Planen Sie deshalb Ihre Promotions lange genug im Voraus, um genügend Platz im Programm dafür reservieren zu können und Kollisionen mit Sales Promotions zu vermeiden. Aber planen Sie so, dass Sie immer die Gelegenheit haben, auf aktuelle Marktveränderungen und die neueste Marktforschung zu reagieren.

Die richtige Dosierung

Die perfekte Dosis für ein Gewinnspiel hängt von verschiedenen Faktoren ab:
» Art und Ziel des Spiels,
» geplante Laufzeit,
» Unterhaltungs- und Spannungsfaktor,
» notwendige Länge der einzelnen Breaks, um das Spiel immer nachvollziehbar zu machen,
» Zyklus innerhalb einer Staffel (Beispiel: „Das Geheimnisvolle Geräusch" – kurz vor der Auflösung darf das Spiel für einige Tage natürlich deutlich intensiver stattfinden als zu Beginn einer neuen Staffel).

Ausgehend davon, dass die durchschnittliche Hördauer an einem Stück ca. 30 Minuten beträgt, sollte ein Spiel also ca. ein Mal in 30 Minuten stattfinden bzw. promoted werden. Das kann als Liner in einem Showopener sein, als Aufruf und Pay Off oder als Promo. Alles andere ist zu viel und führt zu einer Wahrnehmung, die kein Senderchef anstreben kann: zur Wahrnehmung, ein Gewinnspielsender zu sein.

Ein Gewinnspiel zweimal pro Stunde im Programm zu haben, ist eine gute Richtlinie. In manchen Fällen genügt einmal pro Stunde – weniger ist zu wenig und lässt Spiele ihre Ziele verfehlen. In einigen Fällen darf eine Promotion auch dreimal pro Stunde stattfinden. Mehr ist zu viel und beschädigt auf Dauer das Gesamtprodukt.

Intensität – und ihre Auswirkungen auf Märkte

Ein interessantes Beispiel dafür, wie man Märkte mit Spielen übersättigen oder im Gegenteil Spiele lange „am Leben erhalten" kann, ist das Anfang der 2000er-Jahre erstmals in Deutschland on air gebrachte Spiel „Das Geheimnisvolle Geräusch". Ein tolles Spiel, um WHK-Hörer in Stammhörer umzuwandeln und kurzfristig etwas für die Einschaltquote zu tun – wenn man es moderat einsetzt.

Radio Hamburg hat dieses Spiel als Marktführer seit Beginn der 2000er-Jahre für sich besetzt – und spielte es Mitte der 2010er-Jahre immer noch. Der Sender hat diese Promotion nie marktschreierisch verkauft und immer moderat eingesetzt.

In vielen anderen Märkten von Bayern bis Berlin ist dieses Spiel überreizt worden – zu intensiv beworben, zu marktschreierisch umgesetzt, zu lang und zu häufig gespielt. Der eine oder andere Sender hat es dank eigener Übertreibung geschafft, sich selbst das perfekte WHK-Konversions-Tool zu zerstören. Ich habe einige Marktforschungsergebnisse gesehen, in denen Sendern bescheinigt wurde, dass Hörer wegen dieser zu intensiv betriebenen Major Promotion den Sender gewechselt haben und dass dieses zunächst beliebte Spiel nach fünf, sechs Staffeln plötzlich als „ärgerlich und überflüssig" empfunden wurde.

Im deutschlandweiten „Geräusche-Spiel-Hype" wurden einige Märkte dermaßen mit diesem Modus überstrapaziert, dass alles, was nur annähernd daran erinnerte, sofort von einem guten Teil der Hörer als nervtötend empfunden wurde und ganze Märkte für einige Zeit kaum noch ähnliche Gewinnspiele vertrugen, weil jeder Sender dafür von seinen Hörern abgestraft wurde – ganz egal, ob dieser Sender sich an dem o. g. Hype beteiligt hatte oder nicht.

F Gewinnspiele

Der richtige Zeitpunkt für den Ausstieg

Oft kommt irgendwann der Zeitpunkt, an dem das Spiel kippt und plötzlich von einem Einschaltgrund zu einem Abschaltgrund wird. Denn kein Gewinnspiel hat 100 Prozent aller Hörer als Fans – es gibt immer einen gewissen Prozentsatz, der generell von Gewinnspielen genervt ist. Mit Dauer und Intensität eines Spiels wächst dieser Prozentsatz natürlich. Stimmt dann das Verhältnis „Beliebtheit versus Nervfaktor" nicht mehr, wird es Zeit, die Notbremse zu ziehen.
Seriöse Auskunft über den „Nervfaktor" einer Promotion kann Ihnen nur eine Marktforschung geben – die Mitarbeiter eines Senders sind hier kein guter Maßstab. Ginge es nach denen, wären viele Spiele und Benchmarks schon lange vor Erreichen ihres Beliebtheits-Peaks „tot" gewesen.

F5 Dauer und Intensität von Gewinnspielen

F Gewinnspiele

F6 WENN „KEIN GEWINNSPIEL" DIE BESTE PROMOTION IST

Die gewinnspielfreie Oase	**235**
Negative Gewinnspielimages	**237**
Zurückhaltung bei Relaunches und großen Imageproblemen	**237**

F6 Wenn „kein Gewinnspiel" die beste Promotion ist

Es gibt in Deutschland einige Sender, die so stark an Gewinnspiele als Quotenbringer glauben, dass sie wenigstens zwei große Promotions im Jahr veranstalten – eine im Winter zu Beginn des neuen Jahres und eine im Herbst nach dem Ende der großen Ferien, jeweils zu Beginn der neuen Periode, in der die Einschaltquoten erhoben werden.

Dabei würden sich einige Sender einen Gefallen tun, wenn sie auf Gewinnspiele verzichten oder gar diese „gewinnspielfreie Zone" als Promotion nutzen würden.

Folgende Kriterien sind Anzeichen dafür, dass der Verzicht auf ein Gewinnspiel die beste Aktion zur Steigerung der Einschaltquoten ist:

Wann sollte man auf Gewinnspiele verzichten?
» wenn alle anderen Sender in Ihrem Markt ständig Gewinnspiele machen,
» wenn ein Wettbewerber über einen langen Zeitraum eine marktschreierisches Promotion mit großer Intensität auf dem Sender hatte,
» wenn Ihr Hauptkonkurrent als „der Gewinnspielsender" gilt,
» wenn die Marktforschung Ihrem Wettbewerber bescheinigt, dass mehr als 20 Prozent der Hörer diesen als „Sender mit zu vielen Gewinnspielen" empfinden,
» wenn Sie keine Chance haben, mit den großen (Geld-)Preisen des Wettbewerbers mitzuhalten,
» wenn Sie ein massives Imageproblem korrigieren müssen, das sich nicht mit einer Promotion unterstützen lässt,
» wenn Sie einen neuen Sender starten und natürlich
» wenn das eigene Negativ-Image für zu viele Gewinnspiele zu hoch ist.

CHECKLISTE

Wenn mindestens einer dieser Punkte zutrifft, kann eine „gewinnspielfreie Zone" ein großer USP sein.

Die gewinnspielfreie Oase

Genauso wie es ca. 10 bis 15 Prozent gewinnspielaffinen Hörern gibt, die für eine attraktive Promotion bereit sind, den Sender zu wechseln, gibt es einen genauso großen Anteil an Hörern, die auf der Suche nach der gewinnspielfreien Oase sind. Nehme ich alle Erfahrungen und Zahlen

F Gewinnspiele

der letzten Jahre zusammen, schätze ich diesen Anteil an Hörern auf ca. 25 Prozent. Wenn man Hörerwanderungen zwischen ähnlichen Formaten analysiert, findet man oft als einen Grund für eine sonst kaum nachvollziehbare Hörerwanderung von Sender A zu Sender B bei Sender B USPs wie Gewinnspielfreiheit des Senders.

Wenn Ihr Hauptkonkurrent als „Promotionmaschine" gilt, die ständig attraktive Spiele mit großen Preisen on air hat, gibt es mehrere gute Gründe, auf Gewinnspiele zu verzichten – z. B. um ein relevantes Unterscheidungsmerkmal zu haben.

Ich habe diesbezüglich folgende kuriose Geschichte in einem wettbewerbs- und gewinnspielintensiven Markt erlebt:

» Sender A war bekannt für seine attraktiven Geldgewinnspiele.
» Sender A spielte alle großen, gängigen Promotions vom „Geheimnisvollen Geräusch" bis hin zu „50.000 für 5" (hierbei kann man seinen 5-Euro-Schein mit der „richtigen" Seriennummer in 50.000 Euro „tauschen").
» Sender A hatte irgendwann das Problem, für „zu viele nervige Gewinnspiele" zu stehen und stellte für eine gewisse Zeit große Geld-Promotions gänzlich ein.
» Sender B war der Hauptkonkurrent und spielte auch gerne große Gewinnspiele.
» Nachdem Sender A fast zwei Jahre mit großen Geldgewinnspielen pausiert hatte, schnappte sich Sender B scheinbar clever das Gewinnspiel „50.000 für 5" und spielte es auf seinem Sender.
» Drei Monate nach dem Start von „50.000 für 5" auf Sender B evaluierte Sender A sein Programm in einer groß angelegten Marktforschung. Das Ergebnis:
» Fast die Hälfte derjenigen, die das Gewinnspiel auf Sender B irgendwie wahrgenommen hatten, rechneten es Sender A zu.

Das Gewinnspiel hat also zu einem großen Teil Sender A genutzt. Aber das negative Gewinnspielimage von Sender A stieg ebenfalls wieder an. Sender B hat es so zwar geschafft, seinem Hauptwettbewerber zu schaden – aber sicher auf andere Art als eigentlich geplant. Das teure Gewinnspiel hat allerdings gar nichts gebracht – es hat nur eine Menge Geld gekostet.

Negative Gewinnspielimages

Wenn die eigenen Gewinnspielimages überhandnehmen und den strategisch wichtigen Musikimages gefährlich nahe kommen oder diese gar übertreffen, wird es höchste Zeit, die Notbremse zu ziehen und eine Zeit ohne Gewinnspiele im On Air Marketing entsprechend zu betonen. Genauso kann man natürlich die negativen Gewinnspielimages des Wettbewerbers ausnutzen und all die genervten Hörer abholen, die auf der Suche nach mehr guter Musik (und weniger Unterbrechungen) gerne auf Promotion-Aktionen im Radio verzichten.

Der Verzicht auf Gewinnspiele kann gerade für kleinere Sender ein doppelter USP sein: Man repositioniert den „großen Wettbewerber" als „nervige Gewinnspielmaschine" und man hat eine tolle Aktion ohne einen Cent dafür auszugeben. Gerade im Kampf „Lokalsender gegen Landesweite", „kleine Private gegen große Öffentlich-Rechtliche" wie z. B. in Baden-Württemberg, wo kleine Sender gegen einen übermächtigen *SWR3* kämpfen, ist diese Strategie clever und kostengünstig. Oder nehmen wir Bayern, wo sich kleine lokale Sender gegen eine übermächtige, finanziell bestens ausgestatte *Antenne Bayern* behaupten müssen: Auch hier macht es aus vielerlei Gründen Sinn, auf Gewinnspiele zu verzichten. Gegen die Summen, die einem derart großen Sender zur Verfügung stehen, nehmen sich die Preise bei kleineren Sendern wie ein „Kramladen" aus. So saß ich kürzlich im Taxi, als ein Hörer bei *Antenne Bayern* bei der Aktion „Wir bezahlen Ihre Rechnungen" ein neu angeschafftes (gebrauchtes) Auto im Wert von fast 6.000 Euro bezahlt bekam – der Taxifahrer war ganz begeistert. Welcher kleine Lokalsender soll bei solchen Geldpreisen mithalten? Also lieber gar keine Gewinnspiele und aus der Not eine Tugend machen.

Zurückhaltung bei Relaunches und großen Imageproblemen

In einigen Situationen ist der Einsatz von Gewinnspielen besser zu vermeiden. Wenn ein Hot-AC- oder Adult-CHR-Sender z. B. massiv in den wichtigen Bereichen „viel Musik", „Hören bei der Arbeit" oder „abwechslungsreiche Musikmischung" angegriffen wird, wirkt ein Gegenangriff mit

F Gewinnspiele

einem Gewinnspiel kontraproduktiv. Hier gilt es, über On Air Marketing erst einmal diese Baustellen in Ordnung zu bringen und über die strategisch wichtigen Dinge on air zu reden, bis man sich wieder nachgelagerten USPs wie attraktiven Gewinnspielen zuwenden kann.

> Gewinnspiele und ihr positiver Effekt werden oft falsch eingeschätzt bzw. überschätzt. In der BLM-Positionierungsstudie 2012 sagten 61 Prozent der Befragten, Gewinnspiele seien für sie „überhaupt nicht wichtig".

Alles, was man am Anfang in einem neuen Radioprogramm sendet, bestimmt besonders stark das künftige Senderimage. Bei einem „neuen" Sender – z. B. während eines Relaunches – muss es also schon einen sehr guten strategischen Grund geben, den Start mit einem Gewinnspiel zu begleiten. Ist dieses nämlich während der ersten Wochen und Monate on air der alles bestimmende Inhalt, ist die erste Senderwahrnehmung die als „Sender für Gewinnspiele". Das kann kein Sender als wichtiges Images generieren wollen – es sei denn, man startet *9live* im Radio.

> **ALLES, WAS MAN AM ANFANG IN EINEM NEUEN RADIOPROGRAMM SENDET, BESTIMMT BESONDERS STARK DAS KÜNFTIGE SENDERIMAGE.**
>
> YVONNE MALAK

F Gewinnspiele

F7 PROMOTION DESIGN

F7 Promotion Design

Promotions kreieren Images. Die Wahrnehmung der Hörer entscheidet über den Erfolg eines Senders. Wenn man das immer im Hinterkopf hat und einige wesentliche Überlegungen und Analysen vor das Design der Promotion setzt, kann eine Promotion Gutes bewirken. Deshalb hier alle wesentlichen Kriterien kompakt:

Gewinnspiel-Design

» Bevor Sie eine Promotion designen, fragen Sie sich: „Was braucht mein Sender?" Musikimage? WHK-Konversion? Aufmerksamkeit für die Morningshow? Erst nach der Beantwortung dieser Frage, lohnt sich das Kreieren eines Gewinnspiels.
» Parallel sollte eine Konkurrenzanalyse erfolgen. Möglicherweise ergibt sich daraus eine „Verteidigungsstrategie" als Basis für die nächste Promotion.
» Wenn Sie eine erste Promotionidee haben, fragen Sie sich: „Was tut diese Promotion für mein Senderimage?". Jede Promotion beeinflusst das Senderimage. Eine krawallige „Talk of the Town"-Aktion kann zwar kurzfristig für Gesprächsstoff sorgen, aber auch langfristig einen Sender beschädigen
» Wird der Sender überhaupt für Gewinnspiele eingeschaltet?
» Wird Ihr Sender vielleicht gerade wegen seines Verzichts auf Gewinnspiele eingeschaltet?
» Achten Sie auf den Unterhaltungswert der Promotion, denn Sie machen die Promotions immer für die, die NICHT mitspielen – das sind 70-99 Prozent Ihrer Hörer.
» Wenn die Promotion keinen hohen Unterhaltungs- oder Mitratefaktor hat, achten Sie darauf, dass die einzelnen Breaks dazu sehr kurz sind.
» Stellen Sie sicher, dass es nicht schadet, als Gewinnspielsender wahrgenommen zu werden, z. B. weil der Sender gerade ein Musikproblem hat (übrigens können Promotions IHREM Sender auch dann schaden, wenn der Mitbewerber ein negatives Gewinnspielimage hat!).
» Stellen Sie sicher, dass neben dem Gewinnspiel noch genug Platz bleibt, die Programmpunkte zu promoten, die langfristig den Sendererfolg ausmachen und Hörerbindung herstellen.
» Wenn der Mitbewerber der Player für die großen Geldsummen ist, machen Sie das Gegenteil. Verschenken Sie kleine Geldsummen

CHECKLISTE

oder sympathische Preise wie Gutscheine für den Wochenendeinkauf – lieber zuverlässig und stündlich kleine Preise als ein großer Preis ein Mal innerhalb von 10 Wochen.
» Verlosen Sie am besten Geld. Und wenn das nicht geht, bargeldähnliche Preise wie Gutscheine für Elektronikkaufhäuser, Warenhäuser oder auch eine Supermarktkette.
» Prüfen Sie die Option einer „gewinnspielfreien Zone". Repositionieren Sie damit Ihre Mitbewerber und nutzen Sie die frei gewordenen Sendeplätze, um das zu promoten, was langfristig den Erfolg ausmacht: Ihre Morningshow, Ihre Musik, Ihre Musik und Ihre Musik.

F7 Promotion Design

G

MUSIK

G1 **246**
Warum breite Musikformate weniger Chancen haben

G2 **250**
Die Erwartungen des Hörers erfüllen

G3 **252**
Musikmarktforschung

G4 **256**
Herausforderung „aktuelle Rotation"

G1 WARUM BREITE MUSIKFORMATE WENIGER CHANCEN HABEN

G1 Warum breite Musikformate weniger Chancen haben

Neun von zehn Radiohörern in Deutschland bevorzugen Popmusiksender. Eine hervorragende Ausgangsposition haben dabei Sender, die die Chance „Erster" zu sein, genutzt haben. Diese können musikalisch etwas breiter agieren als ein neues Produkt, das als zweites, drittes oder gar viertes in einen Markt kommt. Die Position des „Ersten" ist also ein unbezahlbarer Vorteil – egal für welches Format.

Für die musikalische Auswahl und Breite wichtig ist außerdem die „Kampfposition" des Senders: Angreifer oder Verteidiger? Beispiel Bayern: in den meisten Märkten ist *Antenne Bayern* „der Angreifer" und kann deshalb bei der Musikzusammenstellung auch breiter agieren.

Eines der ersten Seminare, die ich im Bereich „strategisches Radiomachen" Anfang der 1990er besuchen durfte, hieß „War College", „Schule des Krieges". Die entscheidende Botschaft lautete: „Stumpfe Speere haben keine Kraft. Zum Angreifen braucht man spitze Waffen."

Wer in einem bereits gesättigten Markt eine relevante Position erobern möchte, braucht also ein klares Format. Tatsächlich gibt es aber auch heute noch bei einigen Senderverantwortlichen die Auffassung: „Wenn mein Sender viele verschiedene Musikrichtungen anbietet, bekommt er automatisch eine breite Hörerschaft." Das Gegenteil ist der Fall (vgl. Kapitel A ab Seite 13). Gerade als „neuer" Sender – im Web, als App, auf DAB+ oder ganz klassisch auf UKW ist musikalische „Breite" keine gute Idee, denn …

» „breite" Sender bekommen nie eine klare musikalische Position und bieten damit keinen Mehrwert für neue Hörer.

» jeder große Markt ist meist bereits mit einem klassisch „breiten Sender" bestens versorgt. Meistens haben diese Sender auch die Macht der starken Marke sowie erfahrene und beliebte Moderatoren und eine unterhaltsame eingeführte Morgensendung (*SWR3, Bayern 3, FFN, FFH, 104.6 RTL, NDR 2*). Es gibt also in der Regel bereits ein ähnliches oder gar deckungsgleiches Angebot in bester Qualität

» man weiß als Hörer nicht, was man von diesem Sender zu erwarten hat und sieht deshalb keinen Grund, diesen Sender im Kopf als „relevant" abzuspeichern. Denn wofür ist dieser Sender relevant?

» eine Hörergruppe vergrault man immer, wenn man z. B. Rockclassics und Dance Hits zusammen spielt – sofern man nicht aus einer komfortablen Position wie z. B. die bereits genannten Stationen

G Musik

SWR3 oder *Antenne Bayern* agiert (beides Sender mit einem WHK über bzw. nahe an der Zehnmillionenmarke).
» es gibt eine große Verwechslungsgefahr, da einige der gespielten Songs anderen Sendern zugerechnet werden.
» Songs, die anderen Sendern zugerechnet werden, zahlen auf diese ein (der Hörer wähnt sich bei einem anderen Sender).
» es ist meistens sinnvoller, eine nicht bediente Nische gut auszuschöpfen, als in Gewässern zu angeln, die bereits von anderen abgefischt sind.
» breite Angebote in gesättigten Märkten zu etablieren, ist meist sehr teuer und langwierig.

Klar positionierte Sender und Spartenprogramme haben im Kampf um die Hörergunst gute Karten – sofern sie ein Musikformat mit ausreichend Potenzial und ausreichender technischer Reichweite anbieten, wie z. B. ein Rockformat im Markt Berlin-Brandenburg. Solche klar formatierten Programme haben ein Alleinstellungsmerkmal. Sie sind einzigartig, sie sind jederzeit wiedererkennbar, haben treue Fans und man weiß immer, was man bekommt. In einigen mittelgroßen Städten in Deutschland (wie z. B in Nürnberg) oder in der Hauptstadt Berlin gibt es Spartensender, die mit relativ geringen Mitteln eine treue Hörerschaft erreichen und sich erfolgreich im Markt behaupten. Ein Rockformat wird in Berlin wahrscheinlich nie die Marktführerschaft erreichen, kann aber mit einer guten Morgenshow und wenig Aufwand im Tagesprogramm zufriedenstellende Einschaltquoten generieren. Wie in Kapitel A bereits ausgeführt, kommt es darauf an, eine eigene Position zu haben und für eine Musikfarbe zu stehen, die nicht bereits von einem anderen Sender besetzt ist. Ein neuer Sender, der in Berlin mit aktuellen Hits punkten wollte, hätte die schlechtest mögliche Ausgangsposition. Sender mit aktuellen Hits und hervorragenden Morningshows gibt es dort bereits.

Wo zwei Sender das gleiche anbieten, wird immer der gewinnen, der die besseren Rahmenbedingungen hat – die bessere Morgensendung, die unterhaltsameren Inhalte und die größeren Mittel für das Marketing. Grundlage für ein erfolgreiches Musikformat ist also eine eigene Position.

G1 Warum breite Musikformate weniger Chancen haben

Stay on Track

Diese eigene Position sollte gehalten und nicht verwässert werden. Neue Trends in der Musik verführen dazu, doch mal den einen oder anderen Song zu spielen, für den ein Sender eigentlich gar nicht steht oder der dort nicht erwartet wird. Alles, was ein Sender on air tut, bestimmt, was Hörer über ihn denken. Jeder Song, den Sie spielen, beeinflusst das Image, die Wahrnehmung des Senders. Spielen Sie in einem konservativen AC-Format plötzlich den neusten Track von David Guetta, verwässern Sie das Format und beschädigen Ihre Marke. Erweitert ein aktuell geprägter Hitsender sein Musikangebot um die Hits der 1980er-Jahre in einem Markt, in dem es bereits woanders ein 1980er-Jahre Angebot gibt, verwässert er sein Format und beschädigt die Marke. Spielt ein junger Hitsender, der für coole DJ Tracks und Dancesounds steht, auch die Rockhits von den Toten Hosen und seichte Deutschpopsongs von Juli, Silbermond und Co verwässert er sein Format und beschädigt seine Marke. Bleiben Sie Ihrem Format treu – oder wie die Amis sagen: „Stay on track!"

G2 DIE ERWARTUNGEN DES HÖRERS ERFÜLLEN

G2 Die Erwartungen des Hörers erfüllen

Kennen Sie folgende Situation? Sie schalten einen Radiosender ein und hören ein Lied, das Sie irritiert. Daraufhin prüfen Sie noch mal, ob sie wirklich den „richtigen" Sender eingeschaltet haben. Anscheinend hat dieser Sender gerade einen Fehler in der Musikplanung gemacht: Er hat einen Song entgegen Ihrer Erwartung gespielt.
Vielleicht kennen Sie auch diese Situation: Sie zappen durch die Radioprogramme ihres Autoradios und bleiben bei einem Sender hängen, weil der eben laufende Musiktitel Ihren Geschmack trifft. Dann kommt der nächste Song – Sie mögen ihn nicht und schalten weg. Natürlich lässt sich dieses Wegzappen wegen eines „falschen" Titels nicht verhindern, aber es lässt sich minimieren. Vergleicht man die Verweildauer von erfolgreichen Radiostationen mit denen weniger erfolgreicher Mitbewerber stellt man oft eklatante Unterschiede fest.

> Natürlich haben große Sender mit einer treuen Stammhörerschaft und einer zufriedenstellenden Verweildauer noch andere Produktvorteile wie eine beliebte Morgensendung und sympathische Moderatoren sowie oft auch die „Macht einer großen Marke". Ein wesentliches Kriterium für anhaltenden Erfolg eines Radioproduktes bleibt aber die Kompatibilität der auf dem Sender gespielten Musik sowie Songs, die der Erwartung der Hörer an den Sender entsprechen.

Bei der Titelzusammenstellung sind also – neben dem Format und der Zielgruppe – folgende Kriterien entscheidend:
» Wofür steht der Sender?
» Bei welchem Sender wird ein Song erwartet?
» Wie gut passen die einzelnen Titel zusammen?

Wenn ein Sender also in eine Musikmarktforschung investiert, dann sollte diese Marktforschung zusätzlich zu reinen Beliebtheitswerten zwei weitere Parameter beinhalten: Wo wird der jeweilige Song erwartet und wie passen die einzelnen Titel in sich zusammen?

G Musik

G3 MUSIKMARKT- FORSCHUNG

Was ein Musiktest können muss	**253**
Zusammenstellung eines Musiktests	**254**
Auswertung eines Musiktests	**255**

"Dieser Song hat aber gut getestet" – das schlechteste Argument für die Auswahl eines Titels. Die Frage ist nicht nur, ob ein Musikstück generell gut getestet hat, sondern eben auch, wie kompatibel es mit dem Core Sound des Senders ist und ob es nicht möglicherweise eher beim Mitbewerber erwartet wird.

Gute Musikmarktforschung ist teuer. "Billig einzukaufen" kann hier schaden, weil möglicherweise wichtige Kriterien fehlen. Standards wie Like/Dislike, Passion/Hate, Burn, Bekanntheit bietet jeder Test. Meiner Erfahrung nach reicht das nicht aus. Die Märkte werden immer segmentierter und wer die Bedürfnisse seiner Hörer nicht befriedigt, verliert immer schneller an Wettbewerber, die besser auf die Erwartungen der Hörer eingehen und ihre Musik kompatibel zusammenstellen. Natürlich führt diese Vorgehensweise zu kleineren Rotationen. Aber lieber wiederholt man einen Song, den die Zielgruppe liebt, alle zwei Tage (in unterschiedlichen Tagesteilen zu unterschiedlichen Stunden), als die Rotation um einen Titel zu erweitern, der einen großen Teil der Zielgruppe zum Umschalten bewegt, weil er deren Geschmack nicht genau trifft. Viele große erfolgreiche Flaggschiffe mit Schwerpunkt auf aktueller Musik haben eine Rotation mit weniger als 300 Songs. "Ältere" und daher etwas breitere Formate, die auf mehrere Dekaden zurückgreifen können, spielen zwischen 300 und 500 Songs.

> Reduktion bringt Erfolg. Denn nur durch Reduktion der Songs kann ein Sender ausschließlich sehr beliebtes Material on air haben.

Was ein Musiktest können muss

Sind die Teilnehmer eines Tests nicht optimal zusammengestellt, kann der Test mehr schaden als nützen. Ich habe Tests für Hitformate gesehen, deren Teilnehmer allesamt älter als 25 Jahre waren oder Tests für Hot CHR-Sender, die einen erheblichen Anteil an Rockfans im Auditorium hatten oder preisgünstige Tests, die in den Altersgruppen unausgewogen waren. In solchen Fällen ist auch das Geld für einen preisgünstigen Test zum Fenster hinaus geworfen. Wahrscheinlich wird sich das Testen von Musik in Zukunft größtenteils online abspielen, was sich einerseits preislich positiv niederschlägt und andererseits die Rekrutierung junger Teilnehmer erleichtert. Die Filter und die Ansprüche an die Quotierung der Teilnehmer bleiben aber dieselben.

CHECKLISTE

Was einen guten Musiktest auszeichnet
» optimale Quotierung der Zielgruppe: Anteil jüngerer versus älterer Hörer, Anteil Männer versus Frauen, Anteil Stammhörer des eigenen Senders versus Anteil Stammhörer des/der Hauptwettbewerber(s),
» zum Format passende Vorauswahl der Teilnehmer (ein eingefleischter Rockfan hat in einem Musiktest für ein UrbanBlack-Format nichts zu suchen, und umgekehrt)
» Ausweisung der Erwartung (Welchem Sender wird der jeweilige Song zugerechnet?),
» Berechnung der Kompatibilität(Wie gut passt ein Song zum Core Sound des Senders?).

Zusammenstellung eines Musiktests

Schon das Zusammenstellen der Testliste hat viele Tücken. Wer etwas Erfahrung mit Musiktests hat, bekommt schnell ein Gefühl dafür, welche Songs in welchen Formaten überhaupt eine Chance haben. Leider sehr wenige. Album-Cuts und B-Seiten sind nur etwas für Fans, einstige Discokracher wie „Lambada" oder der „Ketchup Song" waren genau für einen Sommer brauchbar und Titel, die in einem Markt nicht bekannt gespielt wurden, haben ebenfalls kaum Chancen. Vergeuden Sie den Platz im Musiktest nicht für Songs, die sowieso an einfachen Parametern wie „Bekanntheit" oder „allgemeine Beliebtheit" scheitern werden. Aber nutzen Sie die Gelegenheit, Ihren Mitarbeitern und Kollegen ebenfalls eine Idee zu vermitteln, welche Stücke im Format Ihres Senders laufen können und welche nicht. Reservieren Sie eine ordentliche Anzahl von Songs im Test für Ihr Team! Jeder darf zwei Songs beisteuern und sieht am Ende deren Ergebnisse. Achten Sie auch darauf, im Musiktest die formatbestimmenden Sounds und Dekaden so widerzuspiegeln, wie sie sich am Ende auch im Programm finden sollen. Also beispielsweise für ein Format, das zu 50 Prozent aus Oldies der 1980er in einer bestimmten Zusammenstellung aus Pop und Rock besteht, auch ebendiese Mischung in den Test zu geben – beispielsweise bei einer Testliste mit 1.000 Songs in diesem Beispiel 200 1980er Pophits, 150 1980er Rocksongs und 150 Poprock 1980er. Klingt selbstverständlich, ist es in der Praxis leider nicht immer. Der Sound der Titel im Musiktest sollte also der Zusammenstellung des gewünschten On Air Sounds möglichst entsprechen.

Auswertung eines Musiktests

Die am besten getesteten Songs nicht zu spielen, kann die richtige Entscheidung sein. Klingt paradox. Macht aber Sinn, wenn man einen Musiktest wie folgt auswertet:

» Ist der Song bekannt genug für die jeweilige Kategorie und die entsprechende Position (wird dieser Song an Openerpositionen laufen?) und den geplanten Turnover des Songs?
» Passt der Song zum Kernsound des Formats? Also hat er auch hohe Beliebtheitswerte bei den Hörern, die den Kernsound eines Formats gut bewerten?
» Ist der Titel bei den Stammhörern des Senders ausreichend beliebt?
» Hat der Song eine ordentliche Leidenschaft und einen geringen Ablehnungswert?
» Wird das Stück beim Sender erwartet? Oder gilt er als typisch für einen Wettbewerber?
» Passt der Sound zum Programm?
» Ist der Titel bei Männern und Frauen sowie bei jüngeren und älteren Hörern gleichermaßen beliebt oder polarisiert er in einer wichtigen Zielgruppe so stark, dass sein Einsatz im Programm zu riskant wäre

Wenn man dann noch darauf achtet, innerhalb der einzelnen Kategorien ein ausgewogenes, dem strategischen Ziel entsprechendes Soundbild zusammenzustellen, erhält man eine für die Zielgruppe optimale, in sich kompatible Musikmischung mit dem geringstmöglichen Abschaltrisiko. Zu wenigen Themen habe ich so leidenschaftliche Diskussionen erlebt, wie zum Thema „Musik". Welcher Song ist richtig, welche Zusammenstellung bringt den größten Erfolg? Jeder in einem Sender hat etwas dazu beizutragen. Wenn sich ein Sender einen Musiktest leistet, kann es für das Team nachhaltige Erkenntnisse bringen, jeden Kollegen – von der Sekretärin bis zum Geschäftsführer – ebenfalls einen solchen Test machen und extra auswerten zu lassen. Anhand dieser Ergebnisse werden die Mitarbeiter verstehen, wie schwer es ist, Männer und Frauen, jüngere und ältere Kollegen unter einen „musikalischen Hut" zu bringen.

G4 AKTUELLE ROTATION

Behalten Sie den Kernsound im Blick	**258**
Vernachlässigen Sie den Burn	**258**
Behalten Sie die richtigen Songs lange genug in der Rotation	**259**

G4 Aktuelle Rotation

Klar: Je häufiger ein Song läuft, desto sensibler muss er ausgewählt werden. Gerade kleinere Sender, die sich keine regelmäßigen Tests für die aktuelle Rotation – also die angesagten Charthits, die alle vier, fünf oder gar drei Stunden laufen – leisten können, haben hier natürlich einen großen Teich vor sich, aus dem man gerne mal den falschen Fang rausfischt. Denn Hit ist nicht gleich Hit.

Egal wie „hot" ein Format ist, egal wie jung die Songs sind – auch eine aktuelle Rotation sollte unter strategischen Kriterien zusammengestellt werden. Ein Beispiel: Gerade in den 2010er-Jahren gab es viele Rap- und HipHop-Interpreten wie Macklemore oder Eminem, die Hits mit gefälligen Refrains auf den Markt gebracht haben. Dennoch blieben es Rap- bzw. HipHop-Songs, die polarisieren und in erwachsenen Formaten mehr geschadet als genützt haben.

> Bei Musik gilt wie bei allem anderen auch: Was man nicht spielt, kann einem Sender nicht schaden.

Genauso wenig wie Chartpositionen taugen auch die Rotationen anderer Sender als Auswahlkriterium. Wie oft habe ich bei dem Einwand „der Song passt nicht in euer Programm" das Gegenargument gehört: „Aber *Antenne Bayern* spielt den auch." *Antenne Bayern* ist in einer komfortablen Position – schon allein wegen der technischen Reichweite, die weit über die 12 Millionen Einwohner in Bayern hinausgeht. Kein Außenstehender kennt die Beweggründe für die Aufnahme eines Songs in die Rotation eines anderen Programms. Wenn z. B. ein Sender ein (kostenloses) Open-Air-Konzert veranstaltet, könnte es doch sein, dass um den Zeitraum des Konzerts herum Titel von Künstlern bei eben diesem Sender gespielt werden, die sonst nicht in dieser Intensität gelaufen wären oder dass diese Songs dort früher on air kommen, als es ohne dieses Konzert der Fall gewesen wäre? Es gibt so viele Gründe, warum Sender Titel in ihre Rotation aufnehmen – Strategieänderung, etwas ausprobieren, Künstler hofieren, Abmachungen mit Plattenfirmen, schnelle Verjüngung des Formats und vieles mehr. Die Rotation anderer Sender ist also nie eine gute Vorlage für das eigene Programm.

Behalten Sie den Kernsound im Blick

Eine weitere Gefahr für die aktuelle Rotation und den Gesamtsound des Senders besteht in der Vernachlässigung des Gesamtsounds der jeweiligen Kategorie. Wenn drei von fünf aktuellen Hits, die alle fünf Stunden laufen nicht zum Kernsound des Senders passen, klingt ein Programm schnell anders als es soll – zu poppig, zu rhythmisch oder zu rockig. Auch die aktuelle Rotation sollte die angepeilte optimale Soundzusammenstellung im Fokus haben, also z. B. einen hohen Rhythmic Anteil gemixt mit einem hohen Popanteil.

Vernachlässigen Sie den Burn

Viele Musikredakteure reagieren zu schnell auf einen scheinbaren „Burn". Klar bekommt ein Song, der bei allen AC- und CHR-Formaten im Markt läuft und noch dazu im TV als Unterleger eingesetzt wird, schnell erste „Ermüdungserscheinungen". Na und? Es bleibt vielleicht ein beliebter Song. Wenn die eigenen Hörer und der WHK immer noch eine hohe Leidenschaft für den Titel haben und er ansonsten nicht polarisiert (zwischen jungen und älteren Hörern und/oder Männer und Frauen), behalten Sie ihn in der Rotation. Erst wenn ein Hit deutlich über dem durchschnittlichen Burn der gesamten aktuellen Rotation liegt und/oder plötzlich polarisiert, ist das ein Grund, ihn zu entfernen bzw. in eine langsamere Rotationsstufe zu verschieben.

Ein guter „älterer" Hit mit hoher Leidenschaft und strategisch passendem Sound ist für viele erwachsene Formate geeigneter als ein ungetesteter brandneuer Song, den mehr als die Hälfte der Hörer noch nie gehört haben. Viele große erfolgreiche Sender, behalten strategisch sinnvolle Hits bis zu einer Anzahl von über 1.000 Plays in der aktuellen Rotation – wenn diese Songs nach wie vor eine hohe Leidenschaft bei den Hörern haben und nicht überdurchschnittlich stark „verbrannt" sind.

Behalten Sie die richtigen Songs lange genug in der Rotation

Natürlich ist es auch – je nach Format – wichtig, die richtigen neuen Songs zu entdecken und in die Rotation aufzunehmen. Genauso wichtig ist es aber, die richtigen Hits lange genug zu spielen. Viele aktuelle Rotationen in AC-Formaten für eine Zielgruppe von 25 bis 45 bzw. 30 bis 50 enthalten zu viele neue und zu unbekannte Songs. Gleichzeitig werden noch gut funktionierende und immer noch frisch klingende Hits ohne Not in eine andere Kategorie verschoben und der Sender geht sinnlos Risiken ein. Hintergrund ist meistens die unterschiedliche Wahrnehmung durch Macher und Hörer.
Eine strategische Musikplanung ist der Grundstein für den Erfolg von Unterhaltungssendern. Es lohnt sich also immer, diese zu hinterfragen und zu überprüfen. Oder wie sagte mir kürzlich der Musikberater Thomas Roth: „Ich gehe ja auch regelmäßig zum Zahnarzt, um sicherzugehen, dass alles o. k. ist. Manchmal muss er eingreifen, um Schlimmeres zu verhindern."

H

WERBUNG UND SALES PROMOTIONS

H1   **262**
Werbeplanung optimal gestalten

H2   **268**
Sales Promotions gewinnbringend umsetzen

H Werbung und Sales Promotions

H1 WERBEPLANUNG OPTIMAL GESTALTEN

Die besten Spots zu Beginn des Blocks senden	**264**
Viele kurze oder wenige lange Stopsets?	**265**

H1 Werbeplanung optimal gestalten

Ausgelastete Werbeblöcke erhalten Arbeitsplätze und damit Programmqualität. Natürlich haben werbefreie Jugendprogramme wie *SPUTNIK* vom *MDR* oder *n-joy* vom *NDR* einen starken USP mit der Botschaft „und das alles ohne Werbung". Gut gemachte und sinnvoll geplante Werbung schadet allerdings weit weniger, als viele Radiomacher befürchten. Susanne Baldauf, Leiterin Kommunikation Radiozentrale:

„Werbung ist bezogen auf die Auswahl des Lieblingssenders kein Einschalt-, aber eben auch kein Abschaltfaktor. Denn es ist wissenschaftlich belegt, dass Menschen sich von Werbung via Radio viel persönlicher angesprochen fühlen als von TV- oder Printbotschaften. (Radio Ad Effectiveness Lab, USA). Und gut gemacht, wird Radiowerbung gerade in der Region als Informationsquelle wertgeschätzt, die von der Neueröffnung des ersten Möbel-Citycenters bis zu besonderen Aktionen oder Angeboten erzählt."

Programmmacher klagen aber über lange Werbeblöcke und schieben Hörerverluste gerne auch mal auf „fünf Minuten Werbung am Stück. Und das zweimal pro Stunde". Viel entscheidender als die Länge eines Blocks sind allerdings zwei ganz andere Faktoren:

» die Qualität der Spots,
» vor allem aber die Planung der Werbeuhren.

Die Gattungskampagne „Geht in's Ohr, bleibt im Kopf" der Radiozentrale – nichts anderes als Werbung (für Radiowerbung) – wird von Hörern als unterhaltendes Element empfunden. Susanne Baldauf:

„Die beliebtesten Spots werden im Social Web weit über 140.000mal weitergedreht und auch kommentiert. Schulbuchverlage wollen Lizenzen, Hörer schicken uns unaufgefordert neue Ideen für weitere Motive, die Spots werden sogar illustriert. Nehmen wir Motive von der Antenne, werden diese vermisst – und wir auf allen Kanälen bestürmt. Im September 2013 wurden der Radiozentrale und Grabarz & Partner bei den Radiostars 2013, dem Kreativpreis der AS&S Radio, mit dem Sonderpreis der Jury ausgezeichnet."

Die besten Spots zu Beginn des Blocks senden

Aus der Erfahrung mit dem PPM in den USA haben wir gelernt: Hörer schalten meist entweder gleich zu Beginn eines Werbeblocks ab oder hören ihn komplett. Den qualitativ besten Werbespot am Anfang eines Blocks zu planen, hilft sicher, den Abschaltimpuls zu verringern.

Tatsächlich sind Werbebreaks (nur) für bis zu zehn Prozent der Hörer ein Abschaltfaktor. Umgekehrt heißt das: 90 Prozent der Hörer bleiben auch bei langen Werbeblöcken am Radio (vgl. www.colemaninsights.com, „What happens when the spots come on"). Während der Morgenshow ist der Abschaltimpuls übrigens deutlich geringer als im Tagesprogramm.

Natürlich sind kurze Werbeblöcke (bis drei Minuten) ein geringerer Abschaltfaktor (nur vier Prozent der Hörer verlassen einen Sender bei Werbeblöcken bis drei Minuten) als lange Werbeblöcke (fünf und mehr Minuten sind bereits für mehr als zehn Prozent der Hörer ein Grund, das Programm zu wechseln). Die entscheidenden Faktoren für ein hohes Werbeimage sind aber andere. Ein Image als „Sender mit zu viel Werbung" entsteht durch:

» eine große Anzahl an Sonderwerbeformen (Patronate, Sponsorings),
» viele Sales Promotions und
» ungünstig geplante Uhren.

Die richtige Werbeuhr verwenden

Ist die Werbung innerhalb der Sendestunde clever platziert und liegen zwischen zwei Werbeblöcken ca. 30 Minuten, ist die Länge der einzelnen Werbeblöcke fast egal (die maximale Gesamtwerbezeit pro Stunde ist von den Landesmedienanstalten sowieso reglementiert). Die einzelnen Werbeblöcke zu verkürzen, aber dafür mehrere davon auszustrahlen, führt dabei nur zu häufigeren Unterbrechungen und damit zu einem Anstieg des Werbeimages. Sender, die dreimal drei Minuten Werbung in einer Stunde ausstrahlen, werden als werbelastiger wahrgenommen als Sender mit zwei sechsminütigen Minuten Werbeblöcken.

Alle Erfahrungen zeigen: mehr als zwei Werbeunterbrechungen pro Stunde steigern nur das Image als „Sender mit zu viel Werbung". Die klassische „Two Stopset Clock" ist also nach wie vor die cleverste aller Uhren.

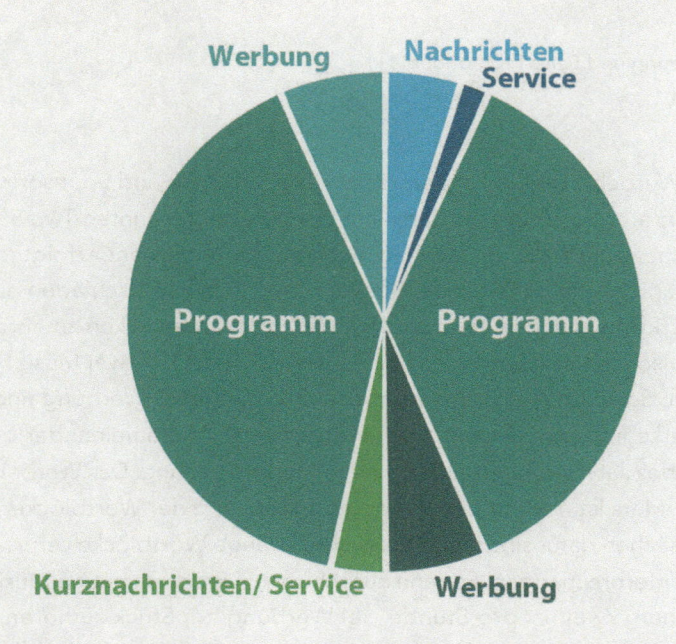

Abb. 23: Two Stopset Clock – die optimale Sendeuhr für die Platzierung von Werbung in Musiksendern

Auch wenn es paradox klingt: Das Zusammenlegen von Werbung und Nachrichten bzw. Moderationsplätzen und Werbung in zwei lange Breaks erweckt den Eindruck von weniger Wort als das Auseinanderziehen dieser Plätze in eine Uhr mit vier Stopsets.
In Phasen mit geringem Werbeaufkommen ist es ein zusätzlicher USP, nur einen langen Werbeblock pro Stunde zu senden, sofern dieser eine Länge von sechs Minuten nicht überschreitet. Drumherum zu promoten, dass gleich/nun eine werbefreie Stunde folgt bzw. der Hörer sich mitten in einer werbefreien Stunde befindet, wiegt den Nachteil des langen Blocks mehrfach wieder auf.

Viele kurze oder wenige lange Stopsets?

Einer meiner Kunden hatte Anfang der 2010er-Jahre Probleme mit seinem Werbeimage – er wurde im Vergleich zum Wettbewerb als sehr werbelastig wahrgenommen. Zu diesem Zeitpunkt waren auf diesem Sender einerseits

H Werbung und Sales Promotions

lange Werbeblöcke und andererseits viele Patronate und Sponsorings on air. Dort arbeitete man bis dahin mit der bereits genannten Two Stopset Clock, bei der Werbung und Nachrichten direkt aufeinanderfolgten – zur vollen und zur halben Stunde. Die Verantwortlichen entschieden nach einer Marktforschungsauswertung, die langen Wortstrecken zu entzerren und zwischen Werbung und Nachrichten noch ein bis zwei Musiktitel zu spielen. So sollte außerdem vermieden werden, dass Werbung und Wetter-, Verkehrs- sowie Showopener-Patronate zu dicht aufeinanderfolgten. Ein halbes Jahr später ergab eine neue Marktforschung: Das Werbeimage des Senders ist noch höher als vor der Entzerrung der Wortblöcke.

Die Ursachen dafür sind vielfältig: Mehrere lange Wortblöcke verursachen mehr Unterbrechungen. Es kann nur schwer ein Programm- und Musikfluss entstehen. Zweimal pro Stunde viel Werbung am Stück zu hören, stört weniger, als in kürzeren Abständen immer wieder kurze Werbeblöcke zu hören. Wird die Musik ständig durch Werbung und Wort unterbrochen, klingen zwölf Songs pro Stunde nach weniger Musik, als dieselbe Anzahl von Titeln bei zwei Unterbrechungen.

Im Umkehrschluss heißt das auch: Viele kleine Patronate und Sonderwerbeformen erwecken den Eindruck von viel Werbung, auch wenn diese jeweils nur wenige Sekunden lang sind.

Vor allem Sonderwerbeformen in der Fläche, die viel Zeit brauchen, aber keine massenkompatiblen Themen bedienen, schaden dem Programm und sind ein Abschaltfaktor. Clever umgesetzt und gut in das Programm und dessen angestrebte Images integriert, können Sonderwerbeformen ein wunderbarer Faktor sein, um den Umsatz eines Radiosenders zu steigern und Kunden besondere Sendeplätze außerhalb des Werbeblocks anzubieten.

> **ZWEIMAL PRO STUNDE VIEL WERBUNG AM STÜCK ZU HÖREN, STÖRT WENIGER, ALS IN KÜRZEREN ABSTÄNDEN IMMER WIEDER KURZE WERBEBLÖCKE ZU HÖREN.**
>
> YVONNE MALAK

ZITAT

H Werbung und Sales Promotions

H2 SALES PROMOTIONS GEWINN- BRINGEND UMSETZEN

Wenn Programm und Verkauf zusammenarbeiten	**269**
Fertige „Gefäße" nutzen	**270**
Ein gutes Moderatoren-Briefing ist die „halbe Miete"	**271**

H2 Sales Promotions gewinnbringend umsetzen

Auch Sonderwerbeformen sind imageprägend. Sie erinnern sich: „Alles, was wir senden, bestimmt das Bild, das sich unsere Hörer von unserem Sender machen." Natürlich gelten deshalb für diese Art von Werbung dieselben Regeln wie für alle anderen Beiträge und Gewinnspiele auch:

Sales Promotion
» Das Thema sollte massenkompatibel sein.
» Bei Gewinnspielen sollte der ausgelobte Preis mehrheitsfähig sein.
» On-Air-Beiträge müssen mit einem beliebten Song beim Wettbewerber mithalten können oder sehr kurz sein (unter einer Minute).
» Spiele und Inhalte sollten zu den wesentlichen Sender- und Moderatorenimages passen.
» Werbeformen mit Musik müssen mit den angestrebten musikalischen Images harmonieren.
» Denken Sie an das K-I-S-S Prinzip – Radio ist und bleibt ein Nebenbei-Medium.
» Der Spielmodus sollte einfach und in drei Sätzen vermittelbar sein.
» Ein Pay Off darf nicht länger als in 30 Sekunden dauern.
» Idealerweise lassen sich Aufruf/Payoff oder die gesamte Sonderwerbeform direkt vor dem Werbeblock oder einer anderen Benchmark platzieren, damit nicht extra ein Sendeplatz dafür aufgemacht werden muss.
» Kreative, witzige Umsetzungen nützen dem Sender und dem Kunden.

CHECKLISTE

Eine gute Sales Promotions fügt sich also organisch ins Programm ein. Idealerweise kann sie in ein bestehendes Programmelement integriert werden! Damit Programm und Sonderwerbeform ein homogenes Bild ergeben, kann die Programmabteilung einiges tun, um die Arbeit der Verkaufsabteilung zu erleichtern.

Wenn Programm und Verkauf zusammenarbeiten

Eine gute Zusammenarbeit zwischen Programm und Verkauf beginnt bei einem offenen Informationsaustausch. Kennen die Kollegen aus der

Verkaufsabteilung die Marktforschung des Senders? Wissen alle Verkäufer, welcher Morgenmoderator für welche wichtigen Charaktermerkmale steht? Ist den Kollegen im Verkauf klar, wie viele Informationen ein Moderationsbreak maximal enthalten darf? Haben die Verkäufer in einer Messung schon mal miterlebt, wie schnell Hörer bei Desinteresse an einem Inhalt den Sender wechseln? Ist allen Beteiligten klar, dass Radio anders als eine Zeitung nicht einfach „weitergeblättert" werden kann, wenn ein Thema nicht interessiert? Im Praxistest bekomme ich erstaunlich selten auf mehr als eine dieser Fragen die Antwort „Ja".

Was für die Moderation und die Nachrichten geeignet ist, taugt ganz wunderbar auch für die Zusammenarbeit zwischen Verkauf und Programm: ein gemeinsam erarbeitetes Stylebook. Wie soll ein produziertes Promo aufgebaut sein? Welche Regeln gelten für das Anbieten von Gewinnspielen? Sind in solch einem Stylebook auch noch alle organisatorischen Fragen geklärt, steht die Zusammenarbeit der Abteilungen auf einer soliden Basis. Weiterer positiver Effekt eines gemeinsam erarbeiteten Stylebooks: Beide Abteilungen haben das Gefühl, es sind ihre eigenen Regeln und keine von der jeweils anderen Abteilung oktroyierten.

Fertige „Gefäße" nutzen

In den meisten Sendern sind Programmgefäße, die jederzeit verkauft werden können, eine Selbstverständlichkeit: gelernte Spielmechanismen und Programmideen bzw. -bestandteile die baukastenartig angeboten werden, wenn eine schnelle Idee beim Kunden gefragt ist. „Besetzen" Sie Ihre eigenen Spielmechanismen, die auf Ihren Sender einzahlen und nicht akustisch beim Mitbewerber verortet werden können. Bieten Sie auch besondere Elemente an wie den Stinger des Morningshow Openers oder die Verpackung einer Comedy Benchmark. Alles, was sowieso gesendet wird, ist programmverträglicher als das Eröffnen eines neuen, zusätzlichen Moderationsplatzes.

Sales Promotions können den Erfolg eines Senders auch befördern – vorausgesetzt für deren Design gelten dieselben Kriterien, wie für das Design von Major Promotions, die Auswahl von Themen und die Kreation von Aktionen:

» Kann die Aktion/Sales Promotion helfen, ein wichtiges Senderimage

zu betonen ("aktuelle Hits", "Spaß am Morgen", "der Sender kümmert sich um die Belange der Menschen in der Region")?
» Oder unterstützt die Promotion ein wichtiges Images eines der Morgenmoderatoren (z. B. "ständig auf Diät", "seit Jahren Single", "macht jeden Blödsinn mit")?
» Ist der ausgelobte Preis so attraktiv, dass Hörer deshalb fünf Minuten länger am Radio bleiben oder das Radio später – beispielsweise am Arbeitsplatz – wieder einschalten, z. B. weil es eine Party für das ganze Kollegenteam zu gewinnen gibt?
» Erreicht der Preis eine bestimmte Zielgruppe, die sonst nicht so gut erreicht wird (Führerschein zu gewinnen, Schulsporthalle wird kostenlos renoviert, usw.)?
» Gibt es innerhalb des Gewinnspiels einen Modus, der hilft, Hörer von einem Tagesteil in einen anderen zu recyceln?

Ein gutes Moderatoren-Briefing ist die "halbe Miete"

Wenn Sales Promotions on air nicht optimal klingen, kann das auch am Briefing der Moderatoren liegen.

Moderatoren-Briefing für Sales Promotions
» Nur so viel Text und Infos wie unbedingt notwendig weitergeben. Was nicht in drei Sätzen erklärt werden kann, gehört nicht ins kommerzielle Radio.
» Konzentration auf EINE Kernaussage zum Produkt/Kunden.
» (Zusätzliche) Informationen im Notfall rollierend einsetzen, so dass jeder Break auf eine Kerninformation beschränkt bleibt.
» Kundennennungen vom Moderator fernhalten und in Elementen (Intro, Outro) kommunizieren.
» Mit Stichpunkten arbeiten – den Moderatoren keine ausformulierten Sätze "vorsetzen". Der Moderator sollte in seinen eigenen Worten formulieren können.
» Ermuntern Sie die Moderatoren, bewusst umgangssprachliche Elemente einzubauen.

H Werbung und Sales Promotions

Eine klare, kurze Botschaft bleibt in jedem Fall besser hängen, als drei oder fünf Botschaften in einem langen Break. Wenn Sales Promotions einfach, klar und kurz sind, hat am Ende also auch der Kunde mehr davon.

> Der Hörer unterscheidet nur zwischen „gefällt mir" und „gefällt mir nicht". Sorgen Sie für Airchecks der Promotions – denn für den Hörer ist alles „eine Aktion des Senders". Und so soll sie dann auch klingen.

H2 Sales Promotions gewinnbringend umsetzen

ROBERT KINDERMANN: JUNGE ZIELGRUPPEN EROBERN

I1 **276**
Radio und Werbung individualisieren

I2 **284**
Investition in digitale Empfangbarkeit und Bewegtbild

I3 **290**
Big Data nutzen

I4 **294**
Relevanz für Digital Natives

I Robert Kindermann: Junge Zielgruppen erobern

11 RADIO UND WERBUNG INDIVIDUALISIEREN

11 Radio und Werbung individualisieren

Robert Kindermann verbrachte die ersten elf Jahre seines Arbeitsleben in verschiedenen öffentlich-rechtlichen Sendern. *SWR, HR, NDR* und zuletzt beim *WDR*. Er ist leidenschaftlicher Zukunftsoptimist, freut sich über nahezu alles, was technologisch möglich ist und ärgert sich umso mehr darüber, dass die Radiobranche ihre Chancen verschläft. 2013 zog es ihn in die freie Wirtschaft, zur Hamburger Fernsehproduktionsfirma Leitwolf TV- und Filmproduktion. Als Leiter für Digitale Projekte berät er unter anderem Radiosender und Verlage in Digitalisierungsprozessen mit dem Schwerpunkt auf Bewegtbild. Dem Radio bleibt er aus Leidenschaft verbunden, hofft auf ein kollektives Erwachen und innovative Kraft von Innen & Außen.

Im August 2014 verändert sich mein Leben. Grundlegend, für immer. Mein Sohn schreit sich in mein Leben und bleibt. Als er im Bauch seiner Mutter reifte, spielten wir ihm immer wieder zwei Kinderlieder vor, die nicht so oft im Radio laufen. Bob Marleys „Three Little Birds" und die Akustikversion von „Don't You Worry Child" von der Swedish House Mafia:

„*Up on the hill across the blue lake / That's where I had my first heart break / I still remember how it all changed / My father said / Don't you worry, don't you worry child / See heaven's got a plan for you.*"

Radio wird für meinen Sohn etwas nostalgisch Abstraktes haben. Ich werde ihm erzählen, dass ich elf Jahre „beim Radio" mein Geld verdient habe und gemeinsam mit dem Buchautor, Journalisten und *1live*-Wellenchef Jochen Rausch sowie einem brillanten Team aus Radiomachern ein Jahr vor seiner Geburt mit *1live diggi* einen der erfolgreichsten Digitalradiosender Deutschlands entwickelt und gelauncht habe. Mein Sohn wird vielleicht antworten: „Wie nett. Aber in meinem Geburtsjahr hat Apple Beats Music gekauft. Wieso hast du nicht Beats Music erfunden? Oder Google, oder Facebook, oder Whatsapp, oder einfach nur Candy Crush?".
Wenn mein Sohn das erste Mal im selbstfahrenden Auto durch Hamburg kutschiert wird, wird er vermutlich kein Radio hören. Vielleicht schaut er ein Video, vielleicht telefoniert er über Skype mit seiner Freundin oder spielt die neuste Version QuizDuell auf dem riesigen Screen, der früher mal ausschließlich eine Windschutzscheibe war.

I Robert Kindermann: Junge Zielgruppen erobern

Radio spielt schon in meiner Lebenswelt eine immer geringere Rolle. Ich gehe dem Medium nicht aus dem Weg, es dringt nicht mehr zu mir durch. In meinem Haushalt gibt es kein klassisches UKW-Radiogerät, im Auto wird das iPhone mit dem InCarEntertainment-System verknüpft. Da läuft, was mir gefällt. Radio deutlich seltener, als in den Jahrzehnten zuvor.
Bei all diesen Entwicklungen stehen wir erst am Anfang. Wie 2007, als wir mit dem iPhone das erste echte Smartphone in unseren Händen hielten. Ich saß damals in der n-joy-Morgenkonferenz und wir diskutierten darüber, ob das iPhone ein Thema für die „Fläche" sei oder ob das Thema zu werblich wäre. Ein Kollege meinte, dass andere Handys all das längst können würden: Internet, Fotografieren, SMS verschicken und Telefonieren. Warum jetzt darüber berichten, nur weil eine bestimmte Firma ein Handy entwickelt hat, das weitestgehend ohne Knöpfe auskommt, dafür einen unfassbar hohen Preis von 400 Euro plus Zweijahresvertrag mitbringt? Ganz tief in mir drin war dieses Gefühl, dass dieses Ding wirklich etwas Grundlegendes verändern könnte. Ich konnte das zu dem Zeitpunkt noch nicht so gut in Worte fassen wie wenige Jahre später in einem kleinen Blogbeitrag am Rande des Internets – das Blog gibt es nicht mehr, ich zitiere aus meiner Erinnerung:

„Ein Hammer verstärkt unseren Arm, ein Auto beschleunigt unsere Beine, eine Brille unterstützt unsere Augen und das Smartphone erhöht die Kapazität unseres Gehirns ins Unendliche."

Das Internet – und das zeichnete sich mit der Entwicklung von Smartphones ganz klar ab – ist für eine zivilisierte Gesellschaft genauso wichtig wie Strom. Und dieses Internet kommt jetzt erst ins Auto. Ganz langsam. Wer also glaubt, dass das Medium und die Branche „Radio" von der Digitalisierung verschont bleiben, lebt in einer Phantasiewelt. Wie die Musikindustrie Ende der 1990er, die Zeitungsverlage in den vergangenen 25 Jahren und der Versandhandel am Tag des Börsenganges von Amazon. Und für all die genannten Industriezweige war der Aufschlag auf den Boden der Realität schmerzhaft.
Warum hole ich soweit aus? Ich glaube es braucht das berühmte „Bigger Picture". Wir müssen den gedanklichen Schritt aus unserer kuschligen Radiowelt gehen, um zu erkennen, wie tiefgreifend die Veränderungen in unserer Gesellschaft sind. Wie werden junge Menschen heute sozialisiert?

Wie sieht ihr Alltag aus? Wie konsumieren sie? Wo sind sie erreichbar und warum nehmen sie am Bahnsteig nicht die schönen Menschen um sich herum wahr, sondern richten die Augen auf den Touchscreen ihres Smartphones?

Das klassische Radio wurde lange Zeit von der Digitalisierung ignoriert. Das liegt zum einen daran, dass in anderen Bereichen deutlich mehr Geld zu erobern ist, zum anderen ist am Radio nichts weiter auszusetzen. Außer vielleicht, dass die Musik meistens nervt, Moderatoren unkreativ sind und zu viel – wahlweise aber auch zu wenig – quatschen, die Comedys in den seltensten Fällen lustig sind, der Verkehrsservice den Stau erst meldet wenn man schon mitten drin steht und das Wetter selbst bei Stadtsendern nicht wirklich genau ist, sondern maximal einen groben Überblick gibt („Im Radio haben sie gesagt, dass heute die Sonne scheint. Aber wo denn bitte?" – „In Kreuzberg." – „Oh."). Ich übertreibe – und sollten Sie mit diesen Problemen zu kämpfen haben, scheinen Sie Ihre Hausaufgaben nicht gemacht zu haben und mit dem Erwerb dieses Buches sind Sie schon einen gehörigen Schritt weiter.

Radio war und ist in weiten Teilen noch alternativlos in seinem Angebot. Wer Augen und Hände benötigt, um beispielsweise zu bügeln, zu kochen oder eben Auto zu fahren, hat oftmals noch keine Wahl. Außerdem ist der Zugang zum Radio simpel. Kennen Sie die Funktion „OneClick Purchase" von Amazon? Wenn Sie die aktiviert haben, wird das Produkt nach nur einem Klick an die hinterlegte Standardadresse geliefert. Radio war schon immer nur "OneClick". Ein Knopf und das gesamte Produkt breitete sich über die angeschlossenen Lautsprecher in der Umgebung aus. Radio war sozusagen schon immer iPhone: wenige Knöpfe und alles über die Cloud.

Doch eine veränderte Sozialisation der jungen Hörer, Internetzugang im Auto und eine immer härtere Konkurrenz werden auch das Medium Radio in den nächsten Jahren radikal verändern.

Beginnen wir mit einigen Thesen. Einigen knallhart formulierten, zugespitzten Aussagen auf die ich mich festnageln lasse. Danach suche ich nach Ansätzen, dem Thema zu begegnen. Zum Schluss erkläre ich noch kurz den Sinn des Lebens, begründe eine neue Religion und jeder im Publikum bekommt ein Goody Bag mit neuen iPads.

Auf in die Zukunft!

These 1: Junge Menschen individualisieren sich hochgradig und nutzen nur noch Inhalte, die sie wirklich interessieren.
„Gewagte These, Herr Kindermann! War das nicht immer so?" Nun ja, in der Theorie schon. In der Praxis konnte das nicht gelebt werden. Der Zugriff auf Inhalte, seien es Bücher, Texte, Videomaterial, Informationen, Musik, Spiele – also alles, was wir im weitesten Sinne als „Software" bezeichnen können war begrenzt. („Bei uns gab es ja nur zwei Fernsehprogramme.", „Vor *1live* gab es hier keinen guten Radiosender.", „Der Händler muss das Buch erst bestellen, wenn wir Glück haben und der Verlag druckt nach, ist es in zwei Wochen da.", „Heute kommt die neue Folge ‚LOST', da geh ich garantiert nichts mit dir trinken!")
Das kennt die von *YouTube* sozialisierte Generation nicht. Die achte Klasse einer befreundeten Lehrerin bezeichnete das Fernsehprogramm als Diktatur, der sie sich nicht unterwerfen wollen. Die haben das von sich aus gesagt, die haben das nicht auf *dwdl.de* oder in einem Experteninterview bei *W&V* gelesen! Achte Klasse, das ist Kernzielgruppe!
Wer jetzt, in diesem Moment, Miley Cyrus, Coldplay oder die Swedish House Mafia nonstop hören will, kann das. Es wird für den Nutzer noch schöner: Wenn er will, kann er auch „QuizUp!" spielen, ein Y-Titty-Video schauen, noch ein Y-Titty-Video schauen, die Lochis schauen, ein Live-Video von Shakira schauen.

Dies bedeutet für das Radio: Wenn einem jungen Menschen ein Song nicht gefällt, muss er ihn nicht hören.

Er hört einfach etwas anderes. Und wenn ihm das ganze Drumherum – die Comedy, die Nachrichten, die Moderation – nicht gefällt, muss er das nicht „ertragen". Er taucht einfach in eine andere Welt ein, eine buntere, lustigere, mit wunderschönen Menschen, unterhaltsamen Geschichten und fantastischen Bildern.
Konkreter? Wer in Berlin lebt, kann aus rund dreißig terrestrischen Radiosendern wählen. Jetzt stehen dem Berliner ganz neue Hörwelten zur Verfügung. Er nimmt sein Smartphone, haut die EDM-Playlist bei *Spotify* rein und ballert sich mit 160 BPM zum nächsten „Tomorrowland"-Festival. Und wenn Sie sich jetzt fragen was „EDM" und „Tomorrowland" bedeuten, YouTuben Sie das bitte sofort. Ich warte solange hier.
Und weil all diese Angebote keine Landes- oder Sprachgrenzen kennen,

gibt es Radiosender, die sich ausschließlich mit der CosPlay-Szene (unbedingt YouTuben) beschäftigen. Es gibt Podcasts, die sich nur mit dem iPhone beschäftigen. Es gibt *YouTube*-Channel, die sich auf Kleingärtner spezialisiert haben. Und alle sind sie erfolgreich. In ihrem Segment sind das Benchmarks, auch wenn sie „nur" 100.000 Menschen erreichen. Aber 100.000 hochspezialisierte Nerds, Freaks, Fans und Interessierte.

Wir können das schon in ersten Ansätzen im Fernsehen beobachten. Die Zeiten hoher Marktanteile sind vorbei. Es gibt so viele Spartensender, die zwischen 0,1 und 1,5 Prozent quotieren, dass sich das Kleinvieh zu einem riesigen Misthaufen für die etablierten Sendergruppen entwickelt. Die reagieren darauf, indem sie im Halbjahrestakt Spartensender aus dem Boden stampfen *sixx, ProSieben MAXX, Kabel Eins Classics, RTL NITRO* usw.).

> Legen Sie endlich auch im Radio los. Behandeln Sie Ihre Webradios nicht stiefmütterlich, weil Sie Angst haben, Ihrem Hauptprogramm gehen die Hörer flöten. Halten Sie die Hörer immerhin noch in der neu zu gründenden Senderfamilie.

Radio ist technisch begrenzt und noch immer schalten Millionen von Menschen ihren Lieblingssender ein – versuchen Sie diese doch an Ihr Universum zu binden.

Individuelles Radio
» Stellen Sie Ihre wichtigsten Inhalte on demand auf den wichtigsten Plattformen (iTunes, *YouTube*, die eigene Webseite, eventuell Soundcloud) zur Verfügung?
» Welche Spartenprogramme können Sie entwickeln und produzieren, um inhaltlich breiter aufgestellt zu sein?
» Bedienen Sie wirklich die individuellen Bedürfnisse Ihrer Zielgruppe oder erschaffen Sie täglich nur den kleinsten, gemeinsamen Nenner?
» Erschaffen Sie für die gängigsten Hörsituationen und Stimmungen Ihrer Zielgruppe ein optimales Angebot, das jederzeit zur Verfügung steht?
» Führen Sie eine Timeshift-Funktion in Ihrer App und auf Ihrem Onlineangebot ein.

CHECKLISTE

These 2: Werbung verlagert sich ins Digitale, erweitert um Realtime Bidding mit einem immer geringeren Streuverlust.

Das Radio profitiert derzeit von der Print-Krise. Da dort die Auflagen einbrechen, werden die Werbebudgets in andere Bereiche geschoben. Vor allem ins Internet und ins Fernsehen. Einen kleinen Teil bekommt das Radio ab. Deshalb ist der Verlust gerade noch nicht so offensichtlich wie er unumstößlich kommen wird, wenn die Radiosender nicht endlich in den Ausbau individualisierter-RealTime-Werbung mit variablen Preisen investieren. So wie das Facebook macht.

Das Angebot an den Werbekunden muss sein: „Du willst mit einem Werbespot für deinen neuen Lippenstift möglichst viele 14-18jährige Mädchen in Hamburg erreichen? Um 14.55 Uhr haben wir 50.000 davon an den Geräten. Das kostet dich einmalig 250 Euro." Klingt wahnsinnig aufwendig, ist es auch. Facebook, Google, Microsoft, Yahoo können das aber auch. Und der Springer-Verlag sprintet da in großen Schritten hin, wie am 4. November 2013 auf *SPIEGEL ONLINE* nachzulesen war:

„Die Axel Springer Media Impact wird vom kommenden Jahr an die Echtzeit-Vermarktung von Werbeplätzen über die Google-Plattform Doubleclick AdExchange ermöglichen. Die Display- und Textanzeigen von Google würden dann auf den von Springer vermarkteten Websites und Mobilfunk-Angeboten erscheinen. Auf dem Online-Marktplatz werden Werbetreibende und Website-Betreiber ähnlich wie bei einer traditionellen Börse miteinander verbunden."

In den Mediaagenturen sitzen in den Führungsebenen schon bald Google-WhatsApp-Facebook-und-YouTube-sozialisierte Menschen, die nicht verstehen warum es so einen großen Streuverlust geben muss. Denn sie können ihn auf anderen Plattformen längst vermeiden. Denen müssen Sie dann haarklein erklären, warum Radiowerbung trotzdem funktioniert, dass das im Ohr ankommt und im Kopf bleibt.

Jedenfalls können Sie darauf Ihre Energie verschwenden, oder in die Entwicklung von digitalen Audiospot-Target-Systemen investieren – mit einem Backend, in dem ich als Werbekunde die Zielgruppe definieren kann, dann gibt es ein genaues Reporting und der Werbekunde zahlt 50 Prozent fix und die weiteren 50 Prozent performanceabhängig. Dafür müsste aber

I1 Radio und Werbung individualisieren

erstmal die Zuhörer-Messung genauer verlaufen. Es gibt also viel zu tun!

Zufriedene Werbekunden

» Erschaffen Sie neue Werbeumfelder, um die Werbekunden bei Ihnen zu halten.
» Nutzen Sie Ihre neuen Kanäle: Facebook, Twitter, Ihre Webseite, um Ihren Werbekunden neue Sonderwerbeformen und Aktionen anzubieten.
» Üben Sie Druck auf Ihren Vermarkter aus, damit er in die Technik und den Service investiert!
» Spielen Sie Ihre größten Vorteile aus: emotionale Bindung durch individuelle Stimmen in einem regionalen Markt.

CHECKLISTE

| Robert Kindermann: Junge Zielgruppen erobern

12 INVESTITION IN DIGITALE EMPFANGBARKEIT UND BEWEGTBILD

These 3: Betriebssysteme und Telekommunikationsfirmen sind die neuen Gatekeeper.

Gatekeeper: Das waren mal Verlage, Radiosender, Medienfirmen. Sie haben vorgefiltert welche Information zum Konsumenten durchdringt.

Meine Eltern haben in der DDR heimlich *Bayern 3* gehört. Dann kam die Wende, wir konnten *RTL* einschalten und die Süddeutsche lesen. Ich habe versucht, den 11. September auf *spiegel.de* zu verfolgen, die Server sind zusammengebrochen und ich habe den Fernseher eingeschaltet. Elf Jahre später habe ich den Sprung von Felix Baumgartner live auf dem Smartphone über *YouTube* geschaut.

Überall wird gesendet: Wer Content produziert, kann Millionen erreichen. Und weil wir immer mehr Inhalte mobil konsumieren, ist es entscheidend, welcher Content auf unsere Bildschirme durchdringt.

Google und Apple reden dabei ein gehöriges Wörtchen mit. Sie stellen mit „Android" und „iOS" die beiden wichtigsten mobilen Betriebssysteme der Welt. Microsoft versucht derzeit noch mitzuspielen, Samsung bastelt an einem eigenen Betriebssystem namens „Tizen". Das müssen Sie jetzt auch im Auge behalten. Warum zur Hölle ist das so wichtig? Diese Firmen bestimmen in einem weit größeren Maße, als uns das lieb sein dürfte, unseren Zugang zu Informationen, Funktionen und Innovationen. Apple und Google drängen mit Kräften ins Auto („Carplay" von Apple, „Open Automotive Alliance" von Google), auf den Fernseher (Google mit dem „Chromecast", Apple mit „Apple TV") und in den Musikkonsumbereich (Google mit „Google Music" und Apple mit „iTunes Radio" und „Beats Music"). Wir können nur hoffen, dass vielleicht noch ein europäischer Player aus einer Software-Allianz der Autohersteller hervorgeht. Ansonsten wird die Empfangbarkeit europäischen Contents ein echter Kampf. Die Problematik betrifft nahezu alle Branchen, die Content generieren. Als *Sirius XM*, *NBC Universal* oder *New York Times* kann ich schneller einen Kontakt zu Apple oder Google bekommen, als, sagen wir mal, ANTENNE VORARLBERG. Warum ist das so wichtig? Wer entscheidet denn, welche Apps mit welcher Gewichtung im App Store oder bei Google Play landen? „Google Music" ist vorinstalliert, „iTunes Radio" ist standardmäßig auf jedem iOS Gerät. *Antenne Bayern*, *egofm* und *BB Radio* müssen installiert werden. Entweder über eine eigene App oder mit Hilfe von Plattformen wie TuneIn oder radioplayer.de.

Wenn die beiden genannten Konzerne nun in die Autos vordringen, stell ich mir doch als erstes die Frage, wie dort das Radio präsentiert wird. Muss mein Hörer meinen Sender erst installieren? Ist der Streamingdienst schneller aktiviert als ein Sender eingeschaltet? Radio ist aus der Sicht dieser Konzerne weitestgehend unattraktiv. Sie vermarkten dort keine Werbung, haben keinen Zugriff auf die Inhalte und verdienen nichts, wenn jemand mit diesen Geräten klassisches Radio hört.

Der zweite wichtige Partner sind die Telekommunikationskonzerne. Die neue Welt: Wer *Spotify* über die Telekom bucht, bekommt die anfallenden Datenmengen nicht auf seinen Handytarif gerechnet. Habe ich also meine Daten-„Flatrate" aufgebraucht, funktioniert der Radiostream nicht mehr, *Spotify* flutscht aber noch, als hinge ich an einer fetten DSL Leitung.

Es wird Zeit, dass die Radioanbieter spannende Partnerschaften angehen. Alle Hörfunkprogramme der *ARD* sollten als Grundversorgung bei allen Telekommunikationsanbietern datenneutral verfügbar sein. Die Rundfunkgebühr hätte plötzlich echte Fans.

Für Radiosender gibt es also drei wichtige Partner: Betriebssystemprogrammierer, Telekommunikationsanbieter und Autohersteller. Ich habe das 2012 vor wichtigen Radiomenschen im *WDR* erwähnt. Mir wurde gesagt, dass das nicht so einfach sei, mit Apple zu sprechen. Ich glaubte dem Kollegen sofort. Was mich erschrocken hat: Damit war das Thema für den Moment beendet.

Das Problem ist simpel: Wenn ich mich nicht darum kümmere, wie meine Produkte beim Kunden ankommen, bin ich ähnlich am Arsch wie Mode-Labels, die nicht in den für ihre Zielgruppen relevanten Onlineshops vertreten sind.

Hört ein Teil meiner Zielgruppe meinen Sender ausschließlich über das Netz, muss die Qualität sensationell gut sein. Ansonsten ist das Konkurrenzangebot schon beim Sound deutlich attraktiver für den Hörer. Jetzt schreien die „aber die Leute haben doch keine Datenflatrates"-Fanatiker. Stimmt. Noch nicht. Sie müssen die zeitliche Komponenten sehen: Smartphones gibt es in Deutschland seit nicht mal zehn Jahren, *YouTube* ist ebenfalls noch keine zehn Jahre alt, WhatsApp gibt es erst seit 2009. Der digitale Umbruch ist eine Dampfmaschine auf Speed.

Machen Sie die Deals mit den richtigen Partnern, sonst sind Sie in ein paar Jahren raus. Das können Sie nicht allein. Dafür sind starke Verbünde notwendig. Der Radioplayer kann ein guter Start sein.

12 Investition in digitale Empfangbarkeit und Bewegtbild

Perfektes Online-Radio

CHECKLISTE

» Suchen Sie sich den besten, innovativsten Streamingpartner für Ihre digitalen Audio-Produkte.
» Drängen Sie Ihre Streamingpartner dazu, an alle Geräte die bestmögliche Qualität auszuliefern.
» Suchen Sie nach starken Partnern, um den Zugang zu Automobil- und Telekommunikationsfirmen zu finden.
» Finden Sie heraus, über welche Wege Ihre Hörer Ihr Programm nutzen und machen Sie es Ihren Hörern so einfach wie möglich Ihr Programm in der bestmöglichen Qualität zu empfangen.

These 4: Bewegte und interaktive Bilder binden junge Menschen an eine Marke.

Jetzt kommen Sie als Radiomacher einmal von Ihrem hohen Ross herunter und gestehen Sie sich ein: „Breaking Bad" ist deutlich geiler, als der größte Teil, der je in Ihrem Sender produziert wurde und „Flappy Bird" hat mehr Leute süchtig gemacht, als das „Geheimnisvolle Geräusch".

Warum ist das so wichtig? Erstens können die Leute jederzeit auf diese Art von Inhalten zugreifen (vgl. These 1 auf Seite 280), zweitens wird damit mehr Geld verdient, als mit jedem Radiosender und drittens ist die Zuschauer- bzw. Nutzerbindung äußerst hoch. Wir können also viel von diesen beiden Phänomen lernen. Verfallen Sie bitte nicht der Naivität, dass das für Sie als Radiomacher keine Rolle spielt. Wie gesagt: Sie sind jetzt mit diesen Produkten und Marken in Konkurrenz und nicht mehr nur mit dem Programm, das im UKW-Band 1,5 Megaherz entfernt liegt.

Dass ich als Mitarbeiter einer Film- und Fernsehproduktionsfirma jetzt mit der Nummer komme, dass Sie unbedingt in Videocontent investieren sollten, kommt fast schon unglaubwürdig. Deshalb drei Fakten:

*BBC Radio*1 erreicht über den hauseigenen *YouTube*-Channel über eine Millionen Abonnenten

» *businessfm* aus Frankreich, *capital radio* aus Großbritannien und *RTL 102.5* in Italien haben ihr Programm auf digitale Fernsehsender übertragen, um ihre Marke präsenter zu machen.
» Howard Stern ist mit einer täglichen Show auf dem Sender *e!* in den 1990ern gestartet und bespielte bis 2013 einen On-Demand-Digital-TV-Abo-Channel *Howard TV*.

Sie werden bei allen diesen Beispielen feststellen, wie unterschiedlich wir das Thema Bewegtbild angehen können. Beginnen Sie erstmal mit einem erfolgreichen *YouTube*-Channel. Das ist schon schwer genug.

„Badoo", „Lovoo" oder „Tinder" sagen Ihnen nichts? Es handelt sich um fantastische Apps, die Menschen in der Region zusammenbringen. Viele Radiosender denken noch, dass das zu ihren Kernkompetenzen gehört. Menschen verbinden. Wobei „Regionalität" bei diesen Apps einen Radius von 500 Metern bedeutet. Eins zu null für die Apps.

Worüber ich seit dem letzten Absatz jedenfalls sprechen möchte sind „interaktive Bilder". Das waren mal Webseiten, dann Flashspiele, dann Facebook-Games und jetzt vor allem Apps. Hier vor allem Spiele. Radio ist im Spielen eigentlich eine Institution. Nahezu jede Major Promotion ist eine abgewandelte Form eines Spiels.

Wir saßen immer wieder bei *1live* und ärgerten uns, dass wir durch die strikten Regeln, denen der öffentlich-rechtliche Rundfunk unterliegt, nicht viele kleine Apps mit Spielchen und dem Datingportal „*1live* Liebesalarm" machen konnten. Wir wären alle so reich und könnten locker das Radioprogramm quer finanzieren.

Lassen Sie uns doch gemeinsam darüber nachdenken, was alles möglich ist. Wo sind neue Einnahmequellen? Welche Marken aus Ihrem Programm lassen sich auf interaktive und bewegtbildgetriebene Plattformen übertragen? 1984 hat *RTL RADIO* gesagt: Los, wir machen jetzt was mit dieser Plattform „terrestrisches Fernsehen". *RTL plus* wurde erschaffen. Heute einer der wichtigsten Treiber des Bertelsmann-Konzerns. Der Fernsehsender ist mächtiger und größer, als der Radiosender aus dem das Programm hervorging.

Jetzt stehen uns neue Plattformen zur Verfügung. Für neue, spannende Ideen. Mit neuen Geschäftsmodellen, die gerade erste entdeckt und ausprobiert werden. Entdecken Sie Ihre Leidenschaft, denken Sie laut, holen Sie sich kompetente Unterstützung.

Radio in Bewegtbild heißt nicht nur, die Kamera rauszuholen, wenn ein Promi im Studio steht oder der Morgenmoderator Kaffeesahne durch das rechte Nasenloch reinzieht und durchs linke in seinen Kaffee tropfen lässt. Das gibt sicher ein paar Klicks. Aber lassen Sie uns über Shows, Fiktionales, Dokumentationen, Reportagen, animierte Serien, 24-Stunden-Digitalmusikkanäle sprechen.

Es gibt kein begrenztes Frequenzband mehr. Warum sollten Sie Ihre Ideen begrenzen? Seien Sie endlich mal wieder ein NERD! Sind wir doch mal ehrlich: Sie waren ein Nerd, als Sie mit Radio angefangen haben. Im Kinderzimmer haben Sie heimlich auf Kassette eigene Radiosendungen aufgenommen und die ganz Verrückten haben nicht die Musik, sondern das neue Sounddesign der Showopener mitgeschnitten. Erwischt!

Bewegtbild
» Welche Elemente Ihrer Marken-DNA lassen sich in bewegten Bildern inszenieren? Finden Sie es heraus!
» Welche Inhalte lassen sich auf Ihren Plattformen unkompliziert vermarkten und somit mittelfristig refinanzieren?
» Welchen Sponsored Content könnten Sie für Werbepartner gemeinsam mit Ihren OnAir Personalities in Bewegtbild produzieren?
» Auf welchen Video-Plattformen sind Ihre potenziellen Hörer unterwegs – mit welchen Inhalten erreiche ich sie dort und mit welcher Geschichte hole ich sie ins Radioprogramm zurück?
» Suchen Sie nach Content, der in Ihrem Programmalltag entsteht – jedoch eine mittlere bis lange Halbwertszeit besitzt, um eine fortlaufende Nutzung auf Ihren Onlineangeboten zu ermöglichen.
» Schauen Sie in Ihrem Team: Wer hat das Potenzial *YouTube* -Star zu werden, für wen sollte vielleicht eine TV-Sendung konzipiert werden?

I Robert Kindermann: Junge Zielgruppen erobern

13 BIG DATA NUTZEN

> **RADIO WIRD NICHT MEHR DIE ENTSCHEIDENDE ROLLE BEIM ENTDECKEN NEUER MUSIK SPIELEN.**
>
> ROBERT KINDERMANN

ZITAT

These 5: Algorithmen bestimmen, was wir entdecken.
„Ja, wo sollen denn die Menschen neue Musik entdecken, wenn nicht im Radio?" Ich kann diese Frage nicht mehr hören. Ich habe selbst als Musikredakteur gearbeitet – einer der wichtigsten und undankbarsten Jobs in den Redaktionen. Alle meinen, es besser zu wissen und am Ende wertet man vor allem Musiktiteltests, Airplay-Charts und Webparameter (Plays bei *YouTube*, *Spotify* und Fans bei Facebook) aus, um die Rotation zusammenzustellen.

Wer früher beim *SWF3* New Pop Festival einen Gig landete, war wenige Wochen später deutschlandweit bekannt. Die Musikredaktionen von Sendern wie *SWF* (jetzt *SWR3*), *BBC Radio1* und *1live* – also von Sendern mit großer Reichweite – setzten Trends und machten Bands bekannt.

Im HipHop-Bereich reicht heutzutage eine Videopremiere bei *16bars.tv*, im Dance-Bereich sollte man es in den Podcast von *Tiësto* schaffen.

Kennen Sie beides nicht? Fragen Sie Ihre Kinder.

> Radio wird nicht mehr die entscheidende Rolle beim Entdecken neuer Musik spielen. Soziale Netzwerke, Streaming-Dienste, aber auch TV-Serien und andere digitale Musikangebote versorgen den Nutzer mit einer Fülle an neuer Musik.

Das führt ganz nebenbei zu einem weiteren Problem: Es gibt nicht mehr den „neuen" Song im klassischen Sinne. Fein abgestimmte Release-Dates der Plattenfirmen, koordiniert mit der Radiopremiere und/oder Videopremiere funktionieren nur noch bedingt.

Ein Beispiel: In den USA ist ein Song vielleicht längst ein Hit, er läuft in der neuen Folge „Suits", die ich bei iTunes im Staffelpass mitbekomme, ich adde den Song bei *Spotify* und plötzlich wird er mir drei Monate später als „neu" bei meinem Lieblingssender verkauft. Das führt zu einer subtilen Inkompetenz und Verwunderung bei jungen Hörern.

Um das Thema noch ein wenig komplizierter zu machen: Facebook entscheidet zu einem großen Maße, welche Informationen zu den digital sozialisierten Menschen durchdringen. Also ein Algorithmus. Nachrichten, Videos, Musik, interessante Links – all das ergibt sich aus meinem Freundeskreis und den Dingen, die ich „geliked" habe. Ähnlich funktioniert es bei *Netflix*: Auf Basis meiner Bewertungen und bisher angeschauten Inhalte, werden mir neue Serien vorgeschlagen. Noch besser: *Netflix* produziert basierend auf dem Nutzerverhalten passende Serien

Das Argument, dass dabei das Neue verloren geht und nur noch Redundanz produziert wird, weil wir nur noch vorgesetzt bekommen, was wir mögen, ist erstens aus dem Mund einer Radiomacherin bzw. eines Radiomachers fast schon Zynismus und zweitens benötigt auch ein Anbieter wie *Netflix* die Emotion der Überraschung. Das Produkt muss also immer neu und anders sein – es basiert nur auf messbaren Erfolgsfaktoren. Ein bisschen wie Marktforschung, nur mithilfe von Big-Data.

CHECKLISTE

Unterstützung durch Algorithmen und Big Data
- » Werten Sie die Daten Ihres digitalen Angebots nach Abrufzahlen und Beliebtheit von Inhalten und optimieren Sie Ihre Angebote daraufhin.
- » Finden Sie Ihre Rolle im digitalisierten Content-Dschungel: Welche Inhalte kuratieren Sie und welche kreieren Sie, um damit ins Gespräch zu kommen?
- » Wie taucht Ihre Marke in den wichtigen Algorithmen auf, mit Hilfe derer Ihre Zielgruppe Inhalte entdeckt (Facebook, *YouTube* Empfehlungen, Google-Suche)?
- » Nutzen Sie Algorithmen auch im operativen Alltag: Welche Prozesse sind so standardisiert, dass Sie von einer Software erledigt werden können? Schaffen Sie so neue Ressourcen, um die neuen Aufgaben anzugehen.

13 Big Data nutzen

| Robert Kindermann: Junge Zielgruppen erobern

14 RELEVANZ FÜR DIGITAL NATIVES

These 6: Talente werden schwerer zu finden und zu halten sein.
Als Kind der 1980er, sozialisiert mit den Eindrücken von DDR, Wende, Abwanderung, Arbeitslosenquoten von 20 Prozent, Subventionsmissbrauch, Hartz IV bin ich vollkommen paranoid, was den Arbeitsmarkt angeht. Wir haben indirekt vermittelt bekommen, dass wir froh sein können, wenn wir nach der Uni nicht direkt wieder bei Mutti einziehen können. Bullshit.

> Der Fachkräftemangel ist vor allem eine Mangel an jungen Menschen und auf der anderen Seite ein Überangebot an neuen Jobs.

Damals gab es noch kein Google, Facebook, Soundcloud, Twitter, Zalando, Privatfernsehen. Heute bringen sich 14jährige das Programmieren bei, moderieren mit 16 bei einem Webradio oder produzieren mit 17 ihren ersten Welthit (z. B. Martin Garrix mit „Animals").

Niemand von uns ist mit der Illusion unterwegs, dass er ein Leben lang den gleichen Job machen wird. Versuchen Sie mal ein großes Talent zu halten. Das ist über Plattformen wie Facebook oder Xing so gut mit ähnlich Denkenden vernetzt, dass es permanent verführt wird, Neues, noch Schöneres zu entdecken, auszuprobieren und umzusetzen.
Darüber sollten Sie sich Gedanken machen. Wie binden Sie die sehr guten Mitarbeiter dauerhaft an Ihr Unternehmen? Wie werden Sie von guten Mitarbeitern gefunden? Wie machen Sie Ihre Mitarbeiter immer besser?

> Im Silicon Valley haben Apple und Google es mit einem Abwerbeabkommen versucht. Damit die guten Leute nicht geklaut werden, maximal freiwillig gehen.

Sie glauben, das droht Ihnen nicht? Dann fragen Sie sich mal, wann Ihnen das letzte Mal ein brillanter Comedy-Autor zur Tür reingelaufen ist. Fragen Sie sich mal, ob Sie Ihren Mitarbeitern Aktienanteile bieten können, mit der Aussicht, in wenigen Jahren Millionär zu sein. Das ist die neue Konkurrenzsituation bei neuen Mitarbeitern. Sie finden immer jemanden, der den Job macht. Aber bleiben Sie damit wirklich am Puls der Zeit? Machen Sie dann wirklich das Radioprogramm, mit dem Sie Marktführer werden? Sagt Ihnen dann jemand ehrlich in die Augen, dass wir jetzt auch mal einen *YouTube*-Channel mit einer Million Abonnenten haben sollten?

CHECKLISTE

Mitarbeiterbindung und Gewinnung von Talenten
» Führen Sie die Freiflugflächen in den Abend- und Nachtstrecken wieder ein und schaffen Raum für eine organische Personalentwicklung.
» Bieten Sie ein Umfeld, das dem Freiheitswunsch junger Leute gerecht wird. Die Agentur „3M Deutschland" hat beispielsweise eine 15-Prozent-Regel eingeführt. Dieser Prozentsatz der Arbeitszeit kann für eigene Ideen und Projekte verwendet werden.
» Schaffen Sie Raum für eigene Inhalte – Inhalte, die junge Menschen ansprechen – Inhalte, die Lust machen, selbst diese Art von Radio zu produzieren.
» Kooperieren Sie mit Fernsehproduktionsfirmen, um Ihren Talenten auch den Zugang zum Fernsehen zu erleichtern.
» Erschaffen Sie Raum für radioaffine Startups – verlieren Sie Ihre grandiosen Talente nicht an die Selbstständigkeit.

These 7: Sie glauben mir nicht, schütteln ständig den Kopf und ihr ganzer Körper wehrt sich gegen jede Zeile, gegen jede Spitze, die Sie ins Mark trifft und Sie denken laut „NIEMALS!"

Kinder, die mit dem ersten iPhone das Licht der Welt erblickt haben, sind nun vollständig eingeschult. Stellen Sie sich die Welt in zwölf Jahren vor, wenn diese Kinder ihr Abitur gemacht haben.

Wir sind am Beginn der größten industriellen Revolution seit Erfindung der Dampfmaschine. Davon soll die Radiobranche nicht betroffen sein? Vielleicht. Sehr wahrscheinlich jedoch schon und das kommt dann wieder für alle überraschend schnell.

Als die Gründerfamilie der *Washington Post* ihre Zeitung an Amazon-Chef Jeff Bezos verkauft haben, sprachen sie von Fragen, auf die sie keine Antwort gefunden haben. Was für ein mieser Witz. Sie hatten 20 Jahre Zeit. Das Internet ist keine Erfindung aus dem Jahre 2013. Es ist nicht so, dass niemand die Verlage gewarnt hätte. Es ist nur so, dass sie – ruhend auf ihren hohen Renditen – immer so weitermachten und das Internet als Modeerscheinung und unwirtschaftlichen Hype ansahen.

Wir hörten immer wieder dieses unsägliche „Menschen wollen Papier!". „Menschen wollen eine händische Musikauswahl!" „Menschen wollen echte Menschen hören." Ja, manche wollen das. Manchmal.

> Wir können uns nicht hinsetzen und beim Abendessen von unseren Kindern verlangen, dass sie super flexibel, offen für Neues und global ausgerichtet sein müssen und dabei selbst so tun, als würde sich für uns nichts verändern.

Was hat das nun mit dem Titel „MACHT MAL WAS GEILES!" zu tun? Kennen Sie diese Reaktion, wenn Sie einem Freund eine spannende App zeigen, die er noch nicht kennt? „Geil!"
Es wird Zeit, dass Sie etwas richtig Geiles machen. Da kommt etwas Großes auf Sie zu. Sie spüren das. Wenn Sie Ihr Umfeld aufmerksam beobachten. Wenn Sie genau hinhören. Wenn Sie genau hinsehen. Wenn Sie sich fragen, ob Sie mehr private E-Mails oder Facebook-Nachrichten verschicken. Wenn Sie das neue iPhone spannender finden, als Ihre eigene Major Promotion. Dann wird es Zeit, dass Sie mal wieder was Geiles machen. Lachen Sie nicht länger über den Versuch von Apple und Google das Radio zu imitieren, Sie ahnen nicht wie schnell diese Konzerne lernen.
Radio ist die Nummer Eins im mobilen Entertainment. Radio unterhält und informiert. Radio kann das außerordentlich gut und ist einzigartig in seiner Form. Radio hat förmlich ein Monopol auf das mobile Entertainment. Jetzt dringen unzählige Dienste, Anbieter, Firmen und Formen auf den Konsumenten ein.
Das mobile Entertainment wird vom mobilen Gerät Nummer Eins bestimmt: dem Smartphone mit Internetzugang. Das bedeutet auch für Sie: Unzählige neue Möglichkeiten und Chancen gilt es, neu zu erdenken und Neues zu erschaffen. Trauen Sie sich, machen Sie. Aber machen Sie es sehr gut und seien Sie sehr schnell.

> Das bedeutet nicht, dass Sie Ihr Kerngeschäft vergessen sollten. Sie benötigen eine hervorragende Morningshow, intelligentes Marketing, die besten Moderatoren im Markt, zuverlässige und vertrauensvolle Nachrichten, fantastische Unterhaltung, lebensnahe Events und andere Off-Air-Aktionen. Das alles können Sie nicht vernachlässigen.

Meiner Meinung nach wird es nicht reichen, sich darauf zu konzentrieren. Sehen Sie sich nicht mehr nur als Programmchef, sondern als Chef einer Marke. Und fragen Sie sich: Was muss ich tun, damit die Marke auch noch in zehn Jahren die größtmögliche Relevanz für die Menschen in meinem Markt hat? Ein Blick noch nach Großbritannien. Ein brutaler Blick. Wir sehen die

Aufstellung, aus welchen Quellen die Menschen Audio Content beziehen: Auch das Radio wird sich nun auf die Reise in eine digitalisierte Welt machen. Wir können dabei zuschauen und in unserer komfortablen Nussschale aus dem übersichtlichen Tümpel des UKW-Bandes hinaus schippern auf

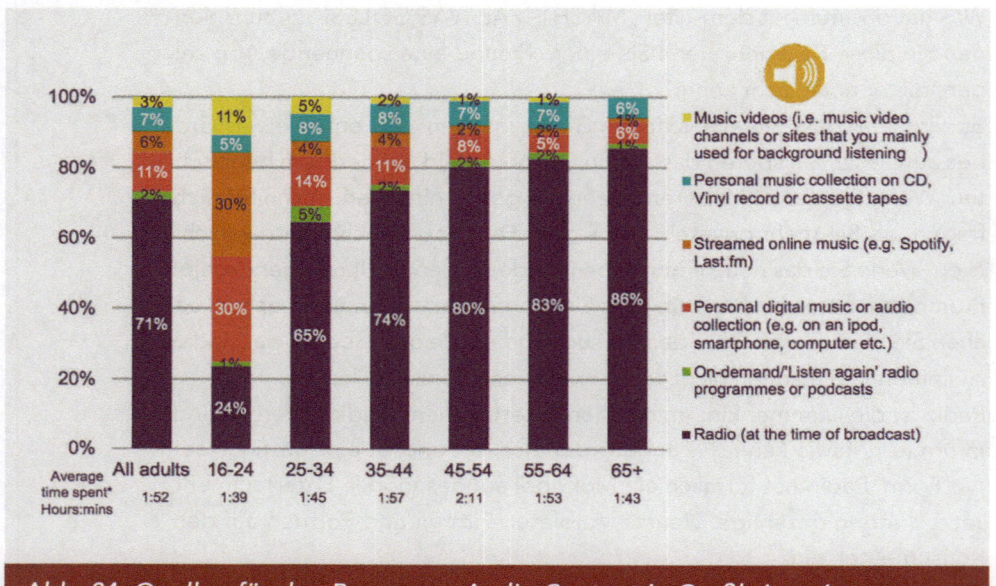

Abb. 24: Quellen für den Bezug von Audio Content in Großbritannien

die großen, weiten Meere der Online-Plattformen und dann schauen, wie uns irgendwer in diesem Schlaraffenland aus Angeboten findet. Oder wir werden aktiv, gestalten die Zukunft mit, überlegen uns neue Geschäftsmodelle, Reichweitenmessungen, Partnerschaften, Produkte, Angebote, Dienstleistungen, Zugänge. Es ist Zeit für Pathos an dieser Stelle – und Danke Jochen Rausch für diese wahren Worte:

ZITAT

„WAS WOLLEN SIE IHREN KINDERN ERZÄHLEN, WAS SIE GEMACHT HABEN ALS FACEBOOK, YOUTUBE, GOOGLE, APPLE, BEATSMUSIC, WHATSAPP, TWITCH, TWITTER, PINTEREST, ZALANDO, CANDY CRUSH, SNAPCHAT, INSTAGRAM, TINDER ENTSTANDEN SIND? NUR ZUR ERINNERUNG: SIE HABEN SCHON DIE MOORHUHN-ÄRA VERPASST."

JOCHEN RAUSCH

X

ANHANG

X1 **302**
Literatur & Links

X2 **304**
Glossar

X3 **311**
Index

X4 **316**
Bildnachweise

X Anhang

X1 LITERATUR & LINKS

BÜCHER

» Trout, Jack: Trout über Strategie (2004). Linde Verlag, Wien
» Ries, Al/Trout, Jack (2001): Die 22 unumstößlichen Gebote des Marketing. Econ, Düsseldorf
» Ries, Al/Trout, Jack (2012): Positioning. Wie Marken und Unternehmen in übersättigten Märkten überleben. Verlag Franz Vahlen, München
» Scheier, Christian/Held, Dirk (2010): Wie Werbung wirkt. Erkenntnisse des Neuromarketing. Haufe Lexware, Freiburg
» Overbeck, Peter (2009) (Hg.): Radiojournalismus. UVK, Konstanz
» Geller, Valerie (2011): Beyond Powerful Radio. Focal Press, Burlington.

ZEITUNGEN UND ZEITSCHRIFTEN

» *W&V* (48/2013, S. 24/25)
» *DIE WELT*, 29.10.2013, Titelseite

LINKS

» Candow, David (Moderatorentrainer zum Thema „Sprache"): www.npr.org/2014/09/20/349882118/a-man-who-knew-the-value-of-the-human-voice
» Duran, Elvis: „Welches Elvis-Duran-Showmitglied bist du": www.z100.com/common/quiz/elvis-duran/
» Hünnekens, Wolfgang (Social-Media-Strategie fürs Radio): www.radioszene.de/74151/prof-wolfgang-huennekens-die-zukunft-des-radios.html
» Mobilität in Deutschland: www.mobilitaet-in-deutschland.de/pdf/MiD2008_Kurzbericht_I.pdf
» Media-Analyse (Mediennutzung): www.agma-mmc.de/media-analyse/radio/datenerhebung/befragung.html
» Nass, Clifford: Interview auf cnn.com zum Thema „Warum Computerstimmen meistens weiblich sind": www.cnn.com/2011/10/21/tech/innovation/female-computer-voices/
» Obama, Barack (Antrittsrede als Präsident): www.youtube.com/watch?v=zncqb-n3zMo
» Radiowerbung: www.colemaninsights.com/cms/wp-content/uploads/2013/07/The-Impact-of-Commercials-on-the-

Radio-Audience-September-2006.pdf
» Uni Kassel: Umfrage zum Thema „Unterhaltung": www.uni-kassel.de/fb4/psychologie/personal/lange_SAV/material/Unterhaltung.pdf
» www.spiegel.de/wirtschaft/unternehmen/springer-und-google-verstaerken-werbekooperation-a-931646.html

INTERVIEWS
» Susanne Baldauf,
  Leiterin Kommunikation Radiozentrale
» Torsten Birenheide,
  Programmdirektor BB Radio
» Dennis Clark, Vice President
  Talent Coaching, iHeartMedia
» Henriette Hofmann,
  gewählte Marktforscherin Radio in der agma Deutschland
» John Mönninghoff,
  President Coleman Europe
» Emma Rodero,
  Universität Pompeu Fabra, Barcelona
» Bernhard Weiss, Vicepresident Sales iHeartMedia New York

X2 GLOSSAR

» **AC-FORMAT (ADULT CONTEMPORARY)**
Stark verbreitetes Musikformat für die Zielgruppe 19-49 basierend auf aktuellen Pophits, ergänzt mit einer breiten Musikmischung der Hits der letzten 20-30 Jahre

» **AGMA**
Arbeitsgemeinschaft Media-Analyse. Die agma führt im Auftrag ihrer Mitglieder (rund 240 der wichtigsten Unternehmen der Medien- und Werbewirtschaft) die Media-Analysen (ma) der Gattungen Radio, Zeitschriften, Tageszeitungen, Plakat sowie die ma Intermedia PLuS (inklusive der TV-Messdaten der AGF/GfK-Fernsehforschung) durch. Mitglieder der agma sind die entsprechenden Medienunternehmen, außerdem Werbetreibende

» **AIRCHECK**
Zusammenstellung der moderierten Wortstrecken einer Radiosendung (evtl. inkl. Elementen, Beiträgen und Nachrichten) mit dem Ziel, das Abhören der Moderationen zu vereinfachen.

» **AIRCHECK GEBEN**
Gemeinames Abhören eines Airchecks durch einen externen Coach oder den Programmchef bzw. Chefmoderator des Senders gemeinsam mit dem Moderator mit dem Ziel, die gesendeten Moderationen zu kontrollieren und evtl. zu optimieren.

» **ALBUM CUT**
Musikstück aus einem Longplayer-Album, das nicht als Single veröffentlicht wurde. Bezeichnet die eher unbekannten Stücke eines Albums.

» **ALTERNATIVE FORMAT**
Musikformat, das sich aus Songs abseits des Mainstream zusammensetzt, wie z. B. Independent Rock (Indie Rock), Indie Pop, Alternative Rock usw.

» **ANCHOR**
Aus dem englischen: Anker. Starke Moderatorenpersönlichkeit, die in einer Sendung mit mehreren Personen die Führungsrolle hat und diese Sendung (oft auch mit ihrem Namen) prägt.

» **ALL TIME GREATEST HITS FORMAT**
Sehr breites, eher durch Oldies geprägtes, Musikformat für eine Zielgruppe 30 plus mit Mainstream Hits der letzten 40-50 Jahre.

» **AUDIOSPOT TARGETSYSTEM**
(Noch nicht verfügbare) Audioversion eines Systems, mit dem Werbespots zu einem bestimmten Zeitpunkt an eine bestimmte Zielgruppe ausgespielt werden können, wie z. B. bei Google. So könnten zum gleichen Zeitpunkt unterschiedliche Hörergruppen unterschiedliche Werbespots hören.

» **BACKEND**
Der Teil des Angebots, der zur Verwaltung des Angebots dient und nicht von den

Besuchern einer Seite einsehbar ist. Beispielsweise eine Eingabemaske für Onlineartikel. Im Backend können diese Artikel außerdem verwaltet, also gelöscht, bearbeitet oder zeitgesteuert, werden. Das Backend ist ausschließlich für die Redaktionen zugänglich.

» **BACKKATALOG**
Songs, die bei einem an Charts orientierten Programm als Position zwischen den neueren Hits laufen und im Gegensatz zu den aktuellen Hits nur alle sechs bis zwölf Monate ausgetauscht werden.

» **BACK TO BACK**
Zwei Musiktitel werden ohne Unterbrechung durch Moderation oder ein Element hintereinander gespielt.

» **BACKSELLER**
Werbendes Element – meist für Gewinnspiele oder die Morgensendung – das Töne vergangener Ereignisse enthält (Gewinner eines Spiels oder kurze Schnipsel aus der Morgensendung).

» **BENCHMARK**
Regelmäßig (täglich, mindestens aber wöchentlich) zur selben Uhrzeit wiederkehrendes Programmelement.

» **BREAK**
Unterbrechung der Musik für Wortbeiträge unterschiedlicher Art.

» **BUMPER**
Intro eines Verpackungselementes, das mit einem Musikbett verbunden ist.

» **BURN**
Wert der angibt, wie viel Prozent der in einem entsprechenden Musiktest Befragten einen Song bereits zu oft gehört haben und diesen nicht mehr so häufig im Radio hören wollen.

» **CALL OUT**
Telefonumfrage zum Abtesten der Akzeptanz von (aktuellen) Musiktiteln.

» **CHARTBREAKER**
In den einschlägigen Hitparaden wie „Billboard Charts", „American Top 40", Airplaycharts oder Deutsche Singlecharts an Top-Positionen gelistete Titel.

» **CHR**
Contemporary Hit Radio. Hitformat für eine jüngere Kernzielgruppe ab 10 bzw. 14 Jahren, das die aktuellen Charthits sehr oft wiederholt und nur Songs beinhaltet, die nicht älter als ca. 10 Jahre sind.

» **CI**
Corporate Identity – die Merkmale, die ein Unternehmen prägen und es von anderen unterscheiden.

» **CLAIM**
Beschreibung des Produktvorteils und Nutzens eines Radiosenders in einem Satz. In der Regel beschreibt der Claim die Musik eines Senders. Bei Infoformaten die zu erwartenden Inhalte.

» **CLIFFHANGER**
Begriff aus der TV-Serienproduktion. Serienfolgen enden oft mit einer offenen Geschichte, deren Fortsetzung zum Einschalten der nächsten Folge animieren soll.

» **CO-STARS**
Moderatoren, die neben bzw. mit dem Anchor eine Sendung (in der Regel die Morgensendung) tragen.

» **CORE SOUNDS**
Die musikalischen Genres und Dekaden,

X Anhang

die das Musikformat eines Senders bestimmen.

» **CLUSTER**
Eine Mischung aus Songs, die sich ergibt, wenn in einem Musiktest mehrere Personen, dieselben Songs mit der besten Benotung bewerten (Bsp: „70s Rock Cluster").

» **DAB/DAB+**
Digital Audio Broadcasting ist ein digitaler Übertragungsstandard für terrestrischen Empfang von Digitalradio. DAB+ ist die Weiterentwicklung höherer Reichweite und Empfangssicherheit als DAB.

» **DROPS/DROP INS**
Gesprochene, produzierte Verpackungselemente ohne Musik, die auf das Intro eines Songs gelegt werden (können).

» **FRONTSELLER**
Werbendes Element – in der Regel für die Morgensendung – das nach vorn schaut und kommende Höhepunkte ankündigt und damit Einschaltimpulse für die nächste (Morgen-)Sendung setzen soll.

» **GOLDFORMAT**
Musikformat auf älteren Dekaden basierend, wie z. B. den Hits der 1970er- und 1980er-Jahre.

» **GOLD VARIETY AC**
Sehr breites Format, das zwar auf älteren Dekaden (z. B. 1980er-Jahre) basiert, aber auch die Hits der 1990er-, 2000er- und 2010er-Jahre beinhaltet.

» **HOOK**
Refrain eines Songs.

» **HOOKPROMOS**
Elemente, die die Musik(-mischung) eines Senders in Worten beschreiben und mit Refrains (Hooks) akustisch demonstrieren, für welchen Sound der Sender steht bzw. stehen will.

» **HOT AC**
Etwas aktueller geprägtes AC-Format.

» **ID**
Senderidentifikation, (Sendername).

» **INTRO**
Einleitendes Element für eine Serie oder eine Sendung, das den Titel des darauffolgenden Beitrages bzw. den Sendungstitel enthält.

» **JINGLES**
Gesungenes Element, das den Sendernamen (sowie den Claim oder Bestandteile davon) enthält und als verbindendes Element zwischen zwei Musiktiteln eingesetzt wird.

» **KEY ACCOUNT**
Key Account Manager kümmern sich um die großen bzw. wichtigsten Kunden eines Radiosenders.

» **KISS-PRINZIP**
Prinzip der Einfachheit („Keep it simple and stupid"), geprägt von dem Luftfahrtingenieur Clarence Johnson.

» **LAUNCH**
Markteinführung eines Produktes/Radiosenders.

» **LINER**
Vorgeschriebener Satz oder Satzteil zur Bewerbung eines Produktvorteils oder zur Erklärung eines Gewinnspiels bzw. einer Senderaktion.

» **LINEPRODUCER**
Mitarbeiter, der für alle eingehenden

Telefonanrufe (heute auch: Kurznachrichten, Postings usw.) während einer Sendung verantwortlich ist und diese (teilweise bereits bearbeitet und geschnitten) an den Moderator weiterleitet

» **MEDIA ANALYSE (MA)**
Einschaltquotenerhebung für alle werbefinanzierten Radiosender, die derzeit per Telefon durchgeführt wird und auf der Erinnerung der Radiohörer basiert.

» **MAJOR PROMOTION**
(Gewinnspiel-)Aktion, die den Sender dominiert und in der Regel während der MA durchgeführt wird.

» **ME-TOO-PRODUKT**
Kopiertes Produkt, das einem anderen sehr stark ähnelt.

» **MUSICSELL**
Musikmoderation mit dem Ziel, den Hörern die Musikzusammenstellung eines Senders nahezubringen.

» **MUSIKMONITOR**
Beobachtung aller (im Tagesprogramm) gespielten Musiktitel der Wettbewerber im Vergleich mit dem eigenen Musikprogramm.

» **ON AIR MARKETING (OAM)**
Kommunikation der Produktvorteile des Programms über Moderationen und Elemente.

» **ON AIR PROMOTION (OAP)**
Zusammenfassung von On Air Marketing und Gewinnspielen.

» **OAM-UHR**
Ablaufplan in Form einer Uhr, der genau festlegt, wann welche Marketing-Aussage in einem Element oder einer Moderation zu erfolgen hat.

» **ON AIR**
Auf Sendung.

» **OFF AIR**
Alle Aktivitäten eines Radiosenders, die sich nicht im Programm abspielen (Werbekampagnen, Events, Aktionen).

» **OFFICE LISTENING**
Die Sendezeit, während der Radio hauptsächlich bei der Arbeit konsumiert wird (ca. 9 bis 15 Uhr).

» **PATRONATE**
Verkauftes Intro und/oder für ein Programmelement, das von einem Werbekunden präsentiert („patroniert") wird.

» **PAY OFF**
Auflösung eines Aufrufs zu einem Gewinnspiel oft verbunden mit der Vergabe des ausgelobten Preises.

» **PLOT**
Eigentlich: „Handlung einer Erzählung". Hier: grobe Umschreibung der Hintergrundgeschichte eines Moderatorenteams (z. B. „Der Alte und der Junge").

» **PPM**
Personal People Meter. Gerät, mit dem in großen Märkten in den USA (z. B. New York) die Einschaltquoten der Radiosender ermittelt werden. Das PPM wird am Körper getragen und ordnet die empfangenen Audiosignale Radiosendern zu.

» **PROMOS**
Werbespots, die eigene Programmteile des Senders bewerben – in manchen Sendern mit dem TV-Äquivalent „Trailer" bezeichnet.

» **PROMOTION**
Aktion on air zu einem bestimmten Thema,

X Anhang

oft in Form eines Gewinnspiels. Auch: Werbung für einen Produktvorteil.

» **PUNCHLINE**
Gag, der nach einer Meldung oder am Ende eines Breaks gesetzt wird.

» **RAMP**
Intro eines Songtitels, das noch keinen Gesang enthält.

» **RAMPTALK**
Moderation auf das Intro eines Musikstücks (bevor der Gesang beginnt).

» **REAL TIME BIDDING**
Ein Werbesystem für Onlineanzeigen, bei dem Werbeflächen in Echtzeit versteigert werden. So variiert der Preis der Werbebuchung je nach Nachfrage für einzelne Zeiträume und Zielgruppen.

» **RECURRENT**
Songs, die nicht mehr in den Hitparaden vertreten, also keine „Currents" mehr sind.

» **REDAKTIONSTON**
O-Ton oder Aufsager zu einem aktuellen (Nachrichten-)Thema, in dem ein Kollege aus der Redaktion Fakten zusammenfasst, Hintergründe erklärt oder weiterführende Informationen gibt.

» **RELAUNCH**
Kompletter Neustart eines Radiosenders, oft unter neuem Namen.

» **ROTATION**
Der Katalog aller Songs, die auf einem Sender gespielt werden, also rotieren.

» **RELEVANT SET**
Auswahl von Produkten einer Kategorie im Bewusstsein des Konsumenten („Zu seinem Relevant Set gehören nur diese drei Radiosender.").

» **RMS**
Radio Marketing Service. Nationaler Werbevermarkter für fast alle privaten Radiosender in Deutschland.

» **SHOWOPENER**
Eröffnendes Element einer Sendestunde – eingesetzt in der Regel nach Nachrichten und Service kurz nach der vollen (manchmal zusätzlich auch halben) Stunde.

» **SIDEKICK**
Männlicher oder weiblicher Co-Moderator einer Morgensendung, der den Anchor unterstützen soll und in der Regel einen geringeren Redeanteil hat, als der Hauptmoderator (Anchor) der Sendung. Große Morningshows haben oft mehrere Sidekicks.

» **SINUSMILEUS**
Die Sinus-Milieus® verbinden demografische Eigenschaften wie Bildung, Beruf oder Einkommen mit den realen Lebenswelten der Menschen, d.h. mit ihrer Alltagswelt, ihren unterschiedlichen Lebensauffassungen und Lebensweisen. Sie gruppieren Menschen nach ihren Auffassungen, Lebensweisen und Werten.

» **SOUNDCOLLAGE**
Zusammensetzen von Originaltönen verschiedenster Art (Soundeffekte, Atmophäre, Meinungen, Interviewaussagen), um ein Ereignis mittels dieser Collage akustisch abzubilden.

» **SPONSORING**
Siehe Patronat.

» **STINGER**
Abschließendes Element zu einem Bumper mit Musikbett. in der Regel

mit einer gesungenen ID.

» **STOPSET**
Längere Unterbrechung des Musikflusses. Oft durch unterschiedliche aufeinanderfolgende Inhalte wie Werbung, Nachrichten und Servicemeldungen.

» **STUNT**
(Aufsehenerregende) Außenaktion eines Senders – meist mit den Moderatoren der Morningshow.

» **STYLEBOOK**
Auch „Senderbibel". Sammlung von Regeln und Liners für Moderatoren und Redakteure, die das On-Air-Erscheinungsbild des Senders klar definieren und Vorgaben zu allen wichtigen und wiederkehrenden Programmelementen enthalten.

» **SWEEP**
Kurze (musikalische) Sendestrecke innerhalb einer Sendung („30-Minuten-Sweep"/„Musiksweep").

» **TAGESTEILELEMENTE**
Verpackungselemente, die sich auf den jeweiligen Tagesteil beziehen und die Hörer in ihrer jeweiligen Befindlichkeit abholen sollen.

» **TEASEN/TEASER**
To tease: necken, reizen. Ankündigung eines Programmpunktes über verschiedene Zeitspannen („Minute-to-Minute-Teaser", langfristiger Teaser).

» **TIMESHIFT-FUNKTION**
Das automatische Mitschneiden von Sendungen, die dann zeitversetzt gehört bzw. angesehen werden können.

» **TIME SPENT LISTENING (TSL)**
Aus dem englischen: die Zeit, die Nutzer über einen definierten Zeitraum (z. B. pro Tag) insgesamt mit Radiohören verbringen. Im Deutschen auch: Verlängerung der Zeit der Radionutzung („TSL-Aktionen").

» **TURNOVER**
Zeitabschnitt innerhalb dessen ein Song sich im Radioprogramm wiederholt („Fünf-Stunden-Turnover für aktuelle Hits").

» **TURN-BY-TURN-NAVIGATION**
Die detailgenaue Routenführung durch Navigationsapps auf dem Handy mittels GPS- und anderen Ortungstechniken.

» **TWO STOPSET CLOCK**
Sendeuhr mit zwei längeren Unterbrechungen der Musik, in der Regel durch zwei „Stopsets" mit Werbung (und Service) bzw. Werbung, Nachrichten und Service.

» **URBAN BLACK**
Format, das nur Songs mit Einflüssen aus der schwarzen Musik spielt, wie z. B. Hip Hop, Rap, Soul, Rythm & Blues.

» **USP**
Unique Selling Proposition oder Unique Selling Point. Alleinstellungsmerkmal eines (Radio)Produktes im Vergleich zum Wettbewerb.

» **VERWEILDAUER**
Gibt an, wie lange jeder Hörer eines Senders im Durchschnitt pro Tag bei diesem Sender verweilt.

» **WEITESTER HÖRERKREIS (WHK)**
Anzahl der Menschen, die ein Sender innerhalb von zwei Wochen erreicht.

X Anhang

- **WHK-Konversion**
  Umwandlung der Nutzer des WHK in tägliche Hörer.
- **WORDING**
  Feststehende Formulierungen im Bereich On Air Marketing.

X3 INDEX

1
104.6 RTL 113, 152

A
Agathe Bauer Songs 118
Aircheck 174, 177
Aircheckprotokoll 177
aktuelle Rotation 257
Algorithmen 291, 292
Anchor 80, 82, 86, 87, 88, 123
Apple 285
Apps 288
Arno und die Morgencrew 103, 113
Auswertung eines Musiktests 255

B
Backseller-Promos 58
back to back 71
Baldauf, Susanne 140, 263
Baumann und Claussen 108
Bayrische Landeszentrale
    für neue Medien 205
bayrische Lokalsender 23
BBC Radio1 287
BB Radio 94, 108, 125
Becker, Marzel 156
Benchmark 104, 106, 109, 164, 194
Betonung 158
Bewegtbild 284, 289
Big Data 202
Birenheide, Torsten 54
Blitzermeldungen 110

Bremser, Frank 108
Burn 258

C
Call In 194
Casting 123, 124
Charaktermerkmale 81, 93, 125
Claim 38
Clark, Dennis 101, 163, 229
Cliffhanger 167
Coleman Insights
    Media Research 27
Comedy 107
Co-Moderation 171
Co-Moderator 88
Cooper, Alice 139
Core Sound 253
Crowdradio 195

D
DAB+ 139
Das Geheimnisvolle Geräusch 231
Der kleine Unterschied und seine
    großen Folgen 109
die neue welle 21
digitale Audiospot-Target-Systeme 282
digitale Empfangbarkeit 284
digitaler Wandel 40, 41
digitale Verbreitungswege 32
Digitalisierung 278
Digital Natives 294
Doppelmoderation 171

Doubleclick AdExchange 282
Duran, Elvis 133

E
eigene Position 248
Einsatz von Gewinnspielen 237
Einschaltquoten 164
Elemente 69

F
FAB 71
Facebook 133, 292
Format 15, 38
Frontseller-Promos 58
Frühstück bei Stefanie 106
FuturiMedia 203

G
Gag 160
Gatekeeper 285
Geldpreise 225
Geller, Valerie 147
Gewinnchancen 226
Gewinnspiel 45, 152, 211, 215, 222, 225, 234
gewinnspielfrei 235, 242
Gewinnsumme 226
Godfrey, Arthus 116
Google 285

H
Haberland, Marc 197
hitradio.rt1 23
Hoffmann, Henriette 143
Hookpromo 59, 61, 62, 65
Hörerbindung 96
Hörergespräche 152
Hörerkauf 222

Hörernutzen 160
Hörer-Recycling 215
Hörer-Testimonials 55
Hörsegment 111
Hünnekens, Wolfgang 133

I
ID 71
iHeartMedia 133
iHeart Radio App 133
Imageaufbau 165
Imagemanagement 220
Imagepromos 58
Images 45, 165
InCar-Entertainment-System 278
individualisierte Playlist 33
Instagram 133
interaktive Bilder 287, 288
iPhone 296

K
Kaiser, Marcus 146
Kernsound 258
Kernzielgruppe 88
Kerschner, Flo 193
KIIS FM 152, 229
Kino im Kopf 153
Kompatibilität 251
Konkurrenzanalyse 241
Kopieren 217
KRONEHIT 17
KRONEHIT Radio 17
Kundennennung 271

L
Lehrich, Jörg 108
Leitwolf TV- und Filmproduktion 277

lokale Informationen 20, 21, 25
lokale Nachrichten 20
Lokalität 187
Lokalkompetenz 147

M
MA 71
Major Promotion 211
Maple, Kenneth 67
Marke 35, 39
Markenbildung 47, 164
Marktforschung 49, 141
Marktlücke 15
Marktposition 15
Media-Analyse 46, 143, 164
Ment, John 103, 217
Mindestlaufzeit 229
Moderation 139, 140
Moderator 80
Moderatoren-Briefing 271
Moderatorenimages 221
Mönninghoff, John 27, 31, 50
Morgensendung 58
Morgenshow 81
Morgenshow-Redaktion 95
Morningshow 77
Müller, Arno 113, 119, 157, 217
Musicsells 142, 144
Musik-Claim 49
Musikfarbe 248
Musikformat 20
Musikgewinnspiel 219
Musikimages 29, 52, 166
Musikmarktforschung 251
Musikmischung 255
Musikmoderation 141
Musikplanung 251

Musikrotation 62
Musikstrategie 138
Musikteaser 145
Musiktest 30, 253, 254
Musiktestliste 254
Musikuhr 65

N
Nachrichten 110, 186
negative Gewinnspielimages 237
Negativimages 49, 53
Nische 248

O
Ö3 16
Obama, Barack 157
Oldie-Formate 148
On Air Marketing 45, 238
Online-Radio 287

P
Patronate 266
Pay Off 152
Personal People Meter 163
Pflichtthemen 197
Plot 125
Podcast 107
Positionierung 46, 145
Printmedien 142
Programmgefäß 270
Promotion Design 240

Q
Quotenprobleme 215

R
Radio Hamburg 146

Radionutzung 163
Radiopersönlichkeit 147
radioszene.de 133
Radiotest 71
Radiowerbung 263
Radiozentrale 263
Rausch, Jochen 277, 298, 299
Realtime Bidding 282
Realtime-Werbung 282
Redaktionskonferenz 197, 200
Relaunch 37, 40, 237
Relevant Set 36
Reynolds, Steve 128
Rockformat 248
Rodero, Emma 84, 89
Rohrer, Susanne 160
Roth, Thomas 259
R.SH 108

S
Sales Promotion 152, 261, 264, 268
Seacrest, Ryan 87, 97, 157
Senderclaim 145
Senderimages 219
Sendeuhr 38
Sinusmilieus 90, 92, 93, 101
Smartphone 278, 286, 297
Snapchat 133
Social Media 133
Sonderwerbeformen 264, 266, 269
Soundalike 193
Sounds 62
Spartenprogramm 248
Sportberichterstattung 205
Sportthema 205
Spotify 32, 280, 286
Stammhörer 47

Stimme 84
Stimmlagen 84
Strategie 19, 21
strategische Marktforschung 29
strategisches Teasing 166
Streamingdienste 149
Streuverlust 282
Stundennettoreichweite 223
Stunts 193
Stylebook 270

T
Tacho Tim 96
Tagesaktualitäten 141
Tagesprogramm 78, 160
Tagesteil 141
Tagesteilbezug 159
Tagesthema 195
Teaser 114
Teasing 161, 163, 165
Teasingplan 167
Teilnahmequoten 212
Testimonials 66
Thema 94, 183
Themenfelder 189
Themenfilter 101, 186
Themenfindung 197
Themenkriterien 184
Timeshift-Funktion 281
Time Spent Listening 114
Titelzusammenstellung 251
Top of Mind 114
TSL 220, 222
Twitter 133
Two Stopset Clock 264, 266

U
Überleitungen 155
Uhrzeit 110
Umfrage 194
Umsetzungsvarianten 190, 193
USP 38, 45

V
Verkehrsmeldungen 110
Verlängerung der Verweildauer 219
Verweildauer 251
Videocontent 287
Video-Plattformen 289
Vorausplanung 201

W
Webradio 149, 281
Weiss, Bernhard 133
Weitererzählfaktor 149
Werbeblock 263
werbefreie Stunde 265
Werbeplanung 262
Werbespot 264
Werbeuhr 263, 264
Werbeumfelder 283
Werbeunterbrechung 264
Werbung 261, 264, 266
Wetter 110
WHK 166, 222, 223, 229
WHK-Konversion 47, 211, 220
Wording 55
Wortbeitrag 185

Y
YouTube 280, 288, 289, 295

Z
Zeus und Wirbitzky 95
Zielgruppe 81
Zielgruppendefinition 186

X Anhang

X4 BILDNACHWEIS

- » Abb. 1: die neue welle, Karlsruhe
- » Abb. 2-6: Coleman Insights Media Research/Coleman Europe, Hamburg
- » Abb. 7-10: eigene Darstellung, Yvonne Malak
- » Abb. 11: Sinus Institut/Sinus Markt- und Sozialforschung GmbH
- » Abb. 12: BB Radio Länderwelle, Potsdam
- » Abb. 13-17: Dennis Clark
- » Abb. 18: MA 2014/II, Darstellung: Radiozentrale GmbH
- » Abb. 19: eigene Darstellung, Yvonne Malak
- » Abb. 20: FuturiMedia/Darstellung: TopicPulse
- » Abb. 21: ifak-Institut im Auftrag der BLM, Bayrische Landeszentrale für neue Medien
- » Abb. 22: eigene Darstellung, Yvonne Malak
- » Abb. 23: eigene Darstellung, Yvonne Malak
- » Abb. 24: Ofcom „The Communications Market Report: United Kingdom" (07.08.2014)

DANKSAGUNG

Ich danke all den kreativen Radiomachern, die mich seit Mitte der 1980er-Jahre mit ihren Gedanken, Ideen und Strategien inspiriert haben. Sie alle aufzuzählen, würde den Rahmen sprengen.

Ganz besonderer Dank gilt den Menschen, von denen ich in den letzten 30 Jahren am meisten gelernt habe: **Dennis Clark, John Mönninghoff und Arno Müller. Danke, dass ich von den Besten lernen durfte.**

NOTIZEN

Notizen

Praktischer Journalismus Band 100

Bibliografische Information der Deutschen Bibliothek
Die Deutsche Nationalbibliothek verzeichnet diese Publikation in der
Deutschen Nationalbibliografie; detaillierte bibliografische Daten sind im
Internet über http://dnb.ddb.de abrufbar.

ISSN 1617-3570
ISBN 978-3-86764-553-9 (Print)
ISBN 978-3-86496-829-7 (EPUB)
ISBN 978-3-86496-830-3 (EPDF)

Das Werk einschließlich aller seiner Teile ist urheberrechtlich geschützt. Jede Verwertung außerhalb der engen Grenzen des Urheberrechtsgesetzes ist ohne Zustimmung des Verlages unzulässig und strafbar. Das gilt insbesondere für Vervielfältigungen, Übersetzungen, Mikroverfilmungen und die Einspeicherung und Verarbeitung in elektronischen Systemen.

© UVK Verlagsgesellschaft mbH, Konstanz und München 2015

Design-Konzeption und Satz: Bureau Heintz, Stuttgart
Druck: CPI – Ebner & Spiegel, Ulm

UVK Verlagsgesellschaft mbH
Schützenstr. 24 · 78462 Konstanz · Deutschland
Tel.: 07531-9053-0 · Fax: 07531-9053-98
www.uvk.de